VICTOR MORDECAI

W0228813

Der Islam —
eine globale Bedrohung?

© Copyright der englischen Ausgabe 1997
by Victor Mordecai
Originaltitel: Is Fanatic Islam A Global Threat?
Übersetzt von Friedhilde Horn

2. Auflage 2003
hänssler-Paperback
Bestell-Nr. 393.093
ISBN 3-7751-3093-4

© Copyright der deutschen Ausgabe 1999 by Hänssler Verlag,
D-71087 Holzgerlingen
Umschlaggestaltung: Daniel Kocherscheidt
Internet: www.haenssler.de
E-Mail: info@haenssler.de
Satz: AbSatz, Klein Nordende
Druck und Bindung: Ebner & Spiegel, Ulm
Printed in Germany

INHALT

VORWORT

Die Bedrohung der judäochristlichen Zivilisation des Westens durch den Islam

Wer an der Geschichte des Zweiten Weltkrieges und des Holocaust interessiert ist, muss das Buch »Mein Kampf« gelesen haben, das Hitler 1923 im Gefängnis geschrieben hat. Von kritischen Leuten erfuhr er damals nur Verachtung. Niemand nahm ihn ernst.

Hitler mag verrückt gewesen sein. Vielleicht litt er auch an Größenwahn — aber er war ehrlich. Er hatte keine versteckten Zielsetzungen. Die Tatsache, dass nur wenige sein Buch wirklich gelesen oder ernst genommen haben, war nicht Hitlers Schuld.

Nach Jahrhunderten der Unterwerfung unter die christliche Welt erhebt der fanatische Islam heute wieder sein Haupt. Das Erdöl verleiht ihm die dazu nötige Macht. Träume von Weltherrschaft und der Bekehrung der ganzen Welt zum Islam sind wieder erwacht. Ajatollah Janati, ein führender Geistlicher in der iranischen Regierung, hat wiederholt geäußert: »Das 21. Jahrhundert wird das Jahrhundert des Islam.«

Der bosnische Ministerpräsident Alija Isetbegovitsch schrieb seine Doktorarbeit darüber, wie er Bosnien aus der Jugoslawischen Republik herauslösen und in einen fundamentalistisch-islamischen Staat verwandeln würde.

Beiden Politikern dient der Koran als Leitfaden — wie einst »Mein Kampf« dem »Führer Großdeutschlands«. Der Koran ist für sie die »unfehlbare göttliche Offenbarung Allahs an Mohammed, seinen Propheten«. Er kann nicht verändert oder anders als buchstäblich ausgelegt werden. Dort heißt es: »Ihr Gläubigen! Nehmt euch nicht die Juden und Christen zu Freunden! Sie sind untereinander Freunde (aber nicht mit euch). Wenn einer von euch sich ihnen anschließt, gehört er zu ihnen (und nicht mehr zu der Gemeinschaft der Gläubigen). Allah leitet das Volk der Frevler nicht recht« (Sure 5,51).

So wie Hitlers »Mein Kampf« das Selbstverständnis des Nazi-Regimes erklärte, sollte auch der Koran unbedingt von Juden, Christen und Moslems gelesen werden, damit sie die Ziele und Absichten der radikalen islamischen Kräfte zu verstehen.

Der nationalsozialistische Propagandaminister Josef Goebbels versorgte die Welt mit Desinformationen. Andererseits sagte die Nazipresse den Deutschen unverblümt, was die Ziele der Regierung waren. Genauso zeigt die islamische Presse klare Richtlinien für moslemische Gläubige in den arabischen Staaten oder im Iran auf, was mit dem korrupten Westen, dem großen »Satan Amerika« und seinem Agenten im Nahen Osten, Israel, geschehen soll.

Sind sich amerikanische Christen und Juden darüber im Klaren, dass sie die Zielscheibe sind? Ist die Demokratie Amerikas und der übrigen Welt bedroht? Besteht die Gefahr, dass der Staat Israel von seinen radikal-islamischen Feinden zerstört wird? Man braucht nur den Koran, den Hadith (die spätere islamische Tradition) und die islamische Presse zu lesen. Leider haben die meisten Menschen im Westen keine Kenntnis davon.

Es gibt Leute, die über eine angebliche Bedrohung für Israel, Amerika und die übrige Welt spotten. Andere sprechen von einem vorübergehenden Phänomen. Ich bete, dass ich mich irre. Aber ich befürchte, dass der radikale Islam in den nächsten 70 Jahren durchaus weiter bestehen wird — wenigstens solange die Welt vom Öl abhängig ist. Wenn das der Fall ist, sind alle nichtislamischen Staaten und Gemeinschaften bedroht, möglicherweise auch durch ABC-Waffen.

Ich bin meiner Frau, mit der ich seit 25 Jahren verheiratet bin, sehr dankbar für ihre Unterstützung. Sie wurde in Kairo geboren und verbrachte die ersten 20 Jahre ihres Lebens dort. Ebenfalls gebührt mein Dank dem israelischen Presseamt der Regierung, das zum Büro des Ministerpräsidenten in Jerusalem gehört. Und schließlich danke ich auch dem Jerusalem Institute for Western Defense, das die Welt mit Übersetzungen aus der islamischen Presse versorgt. Dies sind meine drei wichtigsten Informationsquellen, aus denen ich Einsichten in den Koran, die islamische Presse und die Pläne zur Errichtung einer islamischen Weltherrschaft gewonnen habe.

Leider bekommen die meisten Menschen im Westen nur eine begrenzte Auswahl an Nachrichten zu hören. Der Völkermord an mindestens zwei Millionen sudanesischen Christen in den letzten Jahren wird ebenso wenig erwähnt wie das fortgesetzte Morden, das Moslems seit zwei Jahrzehnten an Christen auf der zum indonesischen Archipel gehörenden Insel Timor (in Ost-Timor) verüben. Von der langen Liste von Gräueltaten fanatischer islamischer Fundamentalisten an anderen religiösen Gruppen, einschließlich gemäßigter Moslems, dringt nur wenig an die Öffentlichkeit.

Aus irgendeinem Grund unterdrücken die Medien negative Nachrichten über Moslems. Der Versuch die beiden Türme des World Trade Center in New York in die Luft zu sprengen, wurde vom CNN zuerst serbischen Nationalisten angelastet. Auch als im Juni 1995 in einer Pariser U-Bahn-Station eine Bombe explodierte, durch die sieben unschuldige Fahrgäste ums Leben kamen, beschuldigte man die Serben. Später stellte sich heraus, dass die Bombe von algerischen Moslems gezündet worden war. Warum sind die Amerikaner nicht besser informiert darüber, aus welchem Grunde amerikanische Flughäfen und Flugzeuge unter ständig wachsender Alarmbereitschaft stehen? Warum hat man in der Presse die islamische Beteiligung an dem Anschlag auf Oklahoma City verschwiegen? Wieso ist der Gedanke, dass die TWA-Maschine von einer islamischen Rakete abgeschossen worden sein könnte, zu entsetzlich, um überhaupt in Erwägung gezogen zu werden?

Die Frage nach dem »Warum« muss unbedingt gestellt werden. Und auch die Antwort muss klar formuliert werden: Es gibt Bestrebungen, die Aufmerksamkeit und die Überlegungen des Westens von dem, was wirklich in der Welt vorgeht, abzulenken. Man muss heiklen Fragen ins Auge sehen, die vielleicht aufgrund vorherrschender Machtstrukturen als »politisch nicht korrekt« angesehen und deshalb von den großen Medienzentren zensiert oder ignoriert werden.

Ich hoffe, dieses Buch kann dazu dienen, einen klareren Blick zu vermitteln und Menschen wachzurütteln.

EINFÜHRUNG

Ich habe den Eindruck, dass ich an zwei Punkten noch eine Beichte ablegen muss: Es geht um die Schuld der Unwissenheit und die Sünde des Vorurteils.

Ich wurde vier Jahre nach dem Ende des Holocaust geboren. Zur gleichen Zeit kämpfte der neugeborene Staat Israel gegen sieben arabische Armeen ums Überleben. Mein Denken und Empfinden war das Produkt einer Umgebung und Gesellschaft, die in hohem Maße von diesen beiden Ereignissen beeinflusst worden war. Da ich zudem die ersten neunzehn Jahren meines Lebens ausschließlich im Großraum New York zugebracht hatte, entsprach mein Denken vollkommen der Mentalität des »liberalen« Nordostens der USA.

1968 wanderte ich nach Israel aus. Zum einen empfand ich — was bis heute meine Meinung ist —, dass die Zukunft des jüdischen Volkes in diesem Lande liegt. Dann kam aber noch ein zweiter, entscheidender Grund hinzu. Und das ist der erste Punkt meiner Beichte. Meine jüdischen Lehrer, Nachbarn und Altersgenossen hatten mir eingeredet, dass sämtliche Nichtjuden uns hassten, wie die Erfahrungen des Holocaust uns so schmerzlich gelehrt hätten. Auf der anderen Seite sagten mir viele Leute — darunter auch meine Schwester, die immer noch im Mittleren Westen der USA lebt — dass ich den USA keine Chance gegeben hätte und dass meine Erfahrungen in New York durchaus nicht typisch für ganz Amerika seien. Doch ich hatte meinen Entschluss gefasst, und so kam ich nach Israel.

Im Jahre 1986 — etwa achtzehn Jahre nach meiner Auswanderung — las ich eine Anzeige in der englischsprachigen jüdischen Tageszeitung Jerusalem Post. Sie war von Ray und Sharon Sanders, den Leitern der Organisation von »Christliche Freunde Israels«, aufgegeben worden. In der Anzeige wurden englischsprechende israelische Brieffreunde für christliche Zionisten auf der ganzen Welt gesucht. Da meine Kinder damals die Mittelstufe einer höheren Schule besuchten, dachte ich, eine solche Brieffreundschaft mit jungen Amerikanern könnte ihrem Englisch förderlich sein. Meine Kinder stimmten zu, und damit begann eine Beziehung, die mein Leben nachhaltig verändern sollte. Die zahlreichen Ausreden meiner Kinder bewahrten diese davor, je wirklich Briefe zu schreiben. Darum begann ich eine Korrespondenz mit der Mutter der beiden christlichen Teenager aus den USA.

Vier Jahre Briefwechsel mit dieser liebenswürdigen Christin aus San Antonio, Texas, zeitigten ein unerwartetes Ergebnis. Nachdem ich unter der Regierung von Ministerpräsident Jitzchak Schamir im Oktober 1990 das Presseamt verlassen hatte, erhielt ich von dieser Christin eine Einladung, in Kirchen und Synagogen, im Rundfunk, im Fernsehen und vor anderen städtischen oder staatlichen Stellen zu sprechen.

In der Gemeinde dieser Dame in New Braunfels, Texas, machte ich eine unvergessliche Erfahrung. Es war die erste Kirche, in der ich öffentlich sprach, ja, die ich in meinem ganzen Leben bis dahin überhaupt betreten hatte. Vor mir saßen Farbige, spanischsprechende Texaner und Mexikaner, und natürlich weiße Amerikaner. Alle hielten sich bei den Händen und beteten gemeinsam Gott an. Der Pastor hielt eine leidenschaftliche Predigt über die Bedeutung Israels und warum Christen Israel lieben sollten.

Als ich mit meiner Ansprache an der Reihe war, bemerkte ich, dass viele der weißen Gemeindeglieder sehr »arisch« aussahen. Tatsächlich ist New Braunfels in Texas das Herz von »New Bavaria« (Neu-Bayern), einem Gebiet, das vor ungefähr 170 Jahren von deutschen Einwanderern besiedelt wurde. Ich war überwältigt, vor mir Hunderte von blonden, blauäugigen Amerikanern deutscher Abstammung zu sehen, die für den Frieden Jerusalems beteten. Mein Leben lang hatte man mich gelehrt, dass alle Deutschen von Natur aus Judenhasser seien. Und nun waren sie plötzlich hier — die Nachkommen von Deutschen, die vor Jahrhunderten in dieses Land eingewandert waren. Sie priesen den Herrn mit erhobenen Händen und Tränen in den Augen. Wie konnte ich diese Menschen nur hassen?

Wie hätte ich sie nicht lieben sollen? Hatten diese Amerikaner deutscher Abstammung auch nur einen einzigen Juden in Amerika umgebracht? Natürlich nicht. Also gab es da auch keine Kollektivschuld. Haben die Juden als Nation, d. h. im Kollektiv Jesus getötet? Jesus war nach dem Neuen Testament ein Wundertäter, ein Rabbi und revolutionärer Sozialreformer. Er stellte eine Bedrohung für die römische Weltherrschaft seiner Zeit dar. Er warf die Tische der Geldwechsler um und wurde von ein paar korrupten Leuten, denen er einen Schrecken eingejagt hatte und die damals Rom und das Palästina des Herodes regierten, getötet. Übrigens kreuzigte unser eigener Hasmonäerkönig Alexander Jannäus im Jahr 100 v. Chr. an einem einzigen Tag 800 Rabbis der Pharisäer, bloß weil er selbst Sadduzäer war und Meinungsverschiedenheiten mit den Pharisäern hatte. So wurden in jenen Tagen eben Meinungsverschiedenheiten ausgetragen. Wenn man etwas glaubte, musste man bereit sein, sein Kreuz auf sich zu nehmen und dafür zu bezahlen. Das lässt sich durch die gesamte Midraschliteratur verfolgen. So ging mir plötzlich auf, dass ebenso wenig wie »das jüdische Volk« Jesus getötet hatte, auch diese Deutschamerikaner die Juden im Holocaust umgebracht hatten. Ich hatte ihnen während den ersten 40 Jahre meines Lebens Unrecht getan!

Seit dem ich von November 1990 an verschiedene christliche Konfessionen in den USA besucht und in vielen amerikanischen Gemeinden gesprochen habe, ist mir klar geworden, wie sehr ich von Vorurteilen und Irrtümern belastet war. Ich hatte mir eine Meinung gebildet und übersehen, dass viele, vielleicht sogar die meisten amerikanischen Christen Israel liebten.

Niemals sind Juden in Amerika getötet worden, nur weil sie Juden waren. Niemals hat es hier Kreuzzüge, Inquisitionen, Vertreibungen, Pogrome, einen Holocaust oder irgendeine andere Form der Judenverfolgung gegeben wie in anderen Teilen der Welt. So lag ich einfach falsch mit meiner Meinung, dass amerikanische Christen Juden oder Israel hassten. Und dasselbe galt für alle christlichen Konfessionen in den USA. Das war meine erste große Sünde. Auf meinen Reisen durch die USA erzählten mir »alteingesessene« Bewohner, dass ihre Vorfahren vor den Verfolgungen durch die großen Kirchen in Europa geflüchtet waren. Gruppen wie die Pilgerväter, die Puritaner, die Quäker, die Hugenotten und manche andere kamen nach Amerika, um endlich ihre Gottesdienste in Freiheit und ihrer Überzeugung gemäß feiern zu können. Ihre Väter und Mütter hatten ein Amerika geschaffen, »eine Nation unter Gott«, die »unauflöslich an Freiheit und Gerechtigkeit für alle Menschen gebunden« war, einschließlich der Juden und der Anhänger aller anderen Religionen.

Meine zweite große Sünde bestand in Unwissenheit. Im Alter von 40 Jahren — nachdem ich 21 Jahre lang in Israel gelebt hatte — beschämte mich diese christliche Frau aus den Bergen von Texas. Sie ließ mich im Licht Gottes erkennen, wie wenig ich von meinen eigenen heiligen Schriften wusste — ganz abgesehen vom Buch der Christen, dem Neuen Testament. Jeder Brief, den ich von ihr erhielt, enthielt Zitate aus Jesaja, den Psalmen, Hesekiel usw., womit ich gar nichts anfangen konnte. Unter dem Einfluss dieser Frau fühlte ich mich schließlich als 41-jähriger verpflichtet, drei Jahre lang am Masorite Movement's Seminary für Judaistik in Jerusalem zu studieren. (Dieses Seminar ist dem konservativen Jewish Theological Seminary in Amerika angegliedert.)

Heute bin ich 48 Jahre alt und halte mich für ein wenig besser informiert, obwohl sich immer noch eine Reihe von »weißen Flecken« in meinem Wissen finden. In diesem Geist möchte ich nun den Rest meines Lebens dem Studium des Wortes Gottes widmen. Was ich gelernt habe, möchte ich mit Juden und Christen gleicherweise teilen. Dabei steht vor meinen Augen ein Zitat von Rabbi Abraham Joshua Heschel, dem ehemaligen Dekan des Jewish Theological Seminary: »Wenn du betest, sprichst du zu Gott. Aber wenn du dich mit Gottes Wort (mit der Bibel) beschäftigst, spricht Gott zu dir.«

Eine letzte Erfahrung möchte ich noch an Juden und Christen weitergeben: Wie diese texanische Freundin mich lehrte, dass ein Christ die jüdischen Schriften kennen muss, um die christliche Lehre besser zu verstehen, so sollten auch Juden (nachdem sie sich intensiv mit den jüdischen Texten beschäftigt haben) das Neue Testament lesen, weil es viel Licht auf die Periode der mündlichen Tradition — der Mischna und des Talmud — wirft, die wesentlicher Bestandteil rabbinischen Denkens und des heutigen Judentums sind. Es beleuchtet auch viele rabbinische Streitfragen jener Zeit und sogar manche, die heute noch eine Rolle spielen.

Nach 2000 Jahren jüdisch-christlicher Feindschaft ist die Zeit gekommen, miteinander zu lernen. Und das nicht nur, weil Juden und Christen zum gleichen Gott beten, dem Gott Abrahams, Isaaks und Jakobs, sondern auch deshalb, weil die beiden größten Gebote des Neuen Testamentes jüdische Gebote sind: »Du sollst lieben Gott, deinen Herrn, von ganzem Herzen, von ganzer Seele und allem Gemüte«, und zweitens: »deinen Nächsten wie dich selbst.« Jesus sagt, dass es keine größeren Gebote als diese gibt (Markus 12,28-31; 5. Mose 6,4-9, 3. Mose 19,18).

Doch über das hinaus, was Juden und Christen in der Theologie gemeinsam ist, gibt es tatsächlich noch einen anderen Grund, unsere Gedanken und Herzen miteinander zu verbinden: Es ist der gemeinsame Feind, der die Vernichtung dessen sucht, was er den »Großen Satan« nennt: das judäochristliche Amerika, die westliche Zivilisation und Demokratie und schließlich die Vernichtung aller anderen Religionen: Es ist der radikale, fundamentalistische Islam.

Wie mir meine Sünde in Bezug auf Vorurteile und Unwissenheit gegenüber den Christen im Allgemeinen und den Christen Amerikas im Besonderen bewusst geworden ist, so sehr ist mir auch klar geworden, dass Juden und Christen zusammenarbeiten müssen, nicht nur um den Namen Gottes zu verherrlichen, sondern auch, um die islamistische Flutwelle überhaupt zu überleben, die unsere auf der Bibel gründenden Religionen unter sich zu begraben und zu vernichten droht.

Aus diesen Gründen schreibe ich dieses Buch: Es soll die jüdisch-christlichen Kontakte pflegen und Israel helfen, das für sich allein nicht bestehen kann. Es soll dazu beitragen, den Westen und seine Demokratie vor dem zu bewahren, was sich im Iran und anderen islamischen Ländern an böser Gewalt zusammenbraut. Darüber hinaus soll es der ganzen Welt bewusst machen, dass sie Zielscheibe des radikalen Islam ist. Das schließt auch Buddhisten und Hindus mit ein, die Hälfte der Weltbevölkerung, die der Islam, als Heiden, die grundsätzlich dem Schwert verfallen sind, zur Vernichtung bestimmt hat. Und schließlich geht es hierbei auch um etwa eine Milliarde Moslems in aller Welt, die als Erste unter dem radikalen, fundamentalistischen Islam khomeinischer Prägung zu leiden haben. Das gilt besonders für 50 Prozent der Moslems, nämlich für alle Frauen, die unterdrückt werden und deren Status noch unter dem der Sklaven steht. Die Rechtsanwältin Taslima Nasreen aus Bangladesch ist eine gute Moslemin. Ihr einziges Verbrechen bestand darin, dass sie den Status der Frauen in den moslemischen Ländern zu verbessern suchte. Heute steht sie in ihrer Heimat auf der schwarzen Liste religiöser Fanatiker und hat in Deutschland Asyl beantragt. Sie wollte das heilige Buch der Moslems, den Koran, dahingehend abändern, dass das Schicksal der Frau in der islamischen Welt erleichtert würde. In Sure 4,34 heißt es im Koran unter dem Titel »Die Frauen«: »Die Männer stehen über den Frauen, weil Allah sie (von Natur vor diesen) ausgezeichnet hat und wegen der Ausgaben, die sie von ihrem Vermögen gemacht haben. Und die rechtschaffenen Frauen sind demütig ergeben und geben Acht auf das, was (den Außenstehenden) verborgen ist, weil Allah (darauf) Acht gibt. Und wenn ihr fürchtet, dass (irgendwelche) Frauen sich auflehnen, dann vermahnt sie, meidet sie im Ehebett und schlagt sie!« Da der Koran von frommen Moslems wörtlich genommen wird, werden Frauen regelmäßig für Ungehorsam oder Meinungsverschiedenheiten geschlagen. Selbst wenn der Mann den Ungehorsam nur befürchtet, gilt das. Das wollte Taslima Nasreen ändern. Und deshalb wurde sie von radikalen Islamisten zum Tode verurteilt.

Es heißt im Koran: »Und wenn ihnen (d. h. den Ungläubigen) unsere Verse (w. Zeichen) als klare Beweise verlesen werden, sagen diejenigen, die nicht damit rechnen, uns (am Tag des Gerichts) zu begegnen: ›Bring uns einen Koran, der anders ist als dieser, oder ändere ihn ab!‹ Sag: Ich darf ihn nicht von mir aus abändern. Ich folge nur dem, was mir (als Offenbarung) eingegeben wird. Wenn ich gegen meinen Herrn widerspenstig bin, habe ich die Strafe eines gewaltigen Tages zu fürchten« (Sure 10,15).

Und dann ist da noch eine Geschichte aus meiner Kindheit: Mein Großvater erzählte mir vom Hunger und Elend seines Lebens in Warschau, unter der Verwaltung russischer Zaren. Als die Deutschen im Ersten Weltkrieg in Polen einmarschierten, wurden sie von den Juden als Befreier begrüßt. Die deutschen Offiziere und Soldaten benahmen sich wirklich wie Gentlemen. Sie gaben den hungernden Juden zu essen, versorgten sie mit den fürs Leben notwendigen Dingen und nahmen ihnen das zaristische Joch ab, unter dem sie so gelitten hatten. Bis 1933 war Deutschland eines der fortschrittlichsten und zivilisiertesten Länder der Welt, das seine Juden segnete.

Im Januar 1933, als Hitler an die Macht kam, veränderte sich vieles in Deutschland. Böse Kräfte nahmen überhand und die Juden wurden zur Vernichtung ausersehen. Für die polnischen Juden des Jahres 1933 war es unmöglich zu glauben, dass eine solche Verwandlung in der Seele des deutschen Volkes stattgefunden haben konnte und dass dieses Mal die Wehrmacht als Gruppe von Massenmördern auftreten würde.

Mit dem Sieg der Alliierten in Europa wurde Westdeutschland im Mai 1945 die »judäochristliche Zivilisation und Demokratie des Westens« von den Amerikanern, Briten und Franzosen aufgezwungen. Und wieder reagierte Deutschland positiv gegenüber den Juden und wurde aufs Neue zu einem gesegneten Land. Es entwickelte sich zu einem der begehrtesten Aufenthaltsorte der ganzen Welt.

Ich möchte dieses Vorwort damit abschließen, dass ich aus meiner Erfahrung in New Braunfels in Texas Folgendes lernte: das deutsche Volk nicht für das zu hassen, was den Juden während des Holocaust angetan worden war. Es war lediglich das teuflische System Hitlers, das diese schrecklichen Dinge ausgelöst hatte. Und so lehne ich auch nicht alle Moslems ab, sondern nur das satanische System, das von der Regierung der Ajatollas in Teheran und ihren Satellitenstaaten propagiert wird.

Ein kurzer Blick in die Geschichte zeigt die positive Rolle, die Persien in der Geschichte des jüdischen Volkes gespielt hat. 516 v. Chr. — 70 Jahre nach der Zerstörung des ersten Tempels in Jerusalem durch die Babylonier und der Wegführung der Juden ins Exil — erlaubte der persische König Kyrus, der in der Bibel »Knecht Gottes« genannt wird, den Juden die Rückkehr nach Jerusalem. Er machte ihnen Mut und unterstützte den Bau des zweiten Tempels.

Es gibt die bekannte persische Erzählung über einen bevorstehenden Holocaust im Königreich des Ahasveros, vor dem das jüdische Volk gerettet wurde. Sie endet damit, dass die jüdische Königin Esther und der jüdische Ministerpräsident Mordechai ein sicheres Leben für die Juden in Persien (Iran) gewährleisteten — und das bis in unsere Zeit.

Und schließlich waren es die Perser, die 614 n. Chr. das Heilige Land von den Byzantinern eroberten und die Juden vor der orthodox-christlichen Verfolgung retteten — bis zur Invasion moslemisch-arabischer Streitkräfte in Jerusalem im Jahr 638 n. Chr.

Die Bevölkerung des Iran gehörte bis zum Jahre 1979, solange Schah Resa Pahlevi den Pfauenthron innehatte, zu Israels Verbündeten und Freunden. Ajatollah Khomeini setzte den Schah mit Hilfe einer Koalition von demokratischen, sozialistischen und von Frauen geführten Gruppen ab. Doch dann machte er es wie Hitler: Er wandte sich sofort nach dem Staatsstreich gegen seine Koalitionspartner und riss die Macht an sich. Heute hat die iranische Führung die totale Auslöschung Israels zum Ziel, genau wie einst die Nazis. Es bleibt zu hoffen, dass es für das persische Volk einen Weg zurück zur Demokratie gibt.

Ich möchte auch betonen, dass viele Moslems, die heute in Amerika leben, iranische Moslems sind, die vor der Tyrannei

Ajatollah Khomeinis geflohen sind. Sie kamen nach Amerika, weil sie Verbündete der westlichen Welt sind und von den islamistischen Fanatikern mit dem Tode bedroht wurden. Die meisten Moslems sind freundliche Menschen, wie andere Leute in andern Ländern auch. Es ist das satanische System, das die totale Vernichtung aller Juden und Christen zum Ziel hat, dem man entschieden entgegentreten muss.

Es ist an der Zeit, dass die Angehörigen aller Religionen, einschließlich der gemäßigten und aufgeschlossenen Moslems, sich zusammenfinden, um die großen westlichen Traditionen und seine Demokratien zu schützen, ebenso die keimenden und sich entwickelnden Demokratien in Lateinamerika, den früheren Sowjetstaaten und der übrigen Welt, die jetzt vom radikalen, fanatischen Islam bedroht sind.

Ich möchte dieses Buch Amerika widmen, seinen Menschen aus allen Religionen, Rassen und Glaubensbekenntnissen, die sich der Aussage Voltaires anschließen: »Ich stimme vielleicht nicht mit allem überein, was du sagst, aber ich möchte mich mit meinem Leben für das Recht einsetzen, dass du es sagen darfst.« Und schließlich geht es in diesem Buch um jene abstrakten Begriffe wie Demokratie und Freiheit, die man nicht schätzt, solange man sie nicht verloren hat.

Die letzten 28 Jahre habe ich im Nahen Osten verbracht. Doch ich kann mit vollster Überzeugung sagen, dass ich Amerika und seine Menschen heute mehr liebe denn je zuvor, auch wenn ich weit entfernt davon lebe. Oder vielleicht ist es gerade die geographische und physische Distanz, die mich so empfinden lässt. Wenn ich sehe, wie wenig Menschenrechte und Demokratie im Nahen Osten beachtet und verwirklicht werden, schätze ich umso höher ein, was mir in meiner Jugend in Amerika als selbstverständlich galt. Doch diese Werte sind nicht länger selbstverständlich, weder in diesem Teil der Welt noch im demokratischen Westen, in dem ich aufgewachsen bin.

KAPITEL 1

Die biblische Basis der judäochristlichen Kultur

Ähnlichkeiten und Unterschiede zwischen Judentum, Christentum und dem Islam

Der Messias

Sowohl im jüdischen wie im christlichen Glauben gibt es Prophezeiungen über das Kommen des Messias oder seine Wiederkunft am Ende der Zeit. Der Unterschied zwischen Juden und Christen beruht einzig auf der Frage, ob es das erste oder zweite Kommen ist. Doch dieser Messias wird, wenn er kommt, für alle derselbe sein. Und dann wird es vermutlich keinen Streit mehr zwischen Juden und Christen geben.

Um diesen Punkt ein bisschen zu illustrieren, führe ich einen Witz an, der von israelischen Vertretern vor christlichen Zuhörern in Amerika erzählt wurde: »Die Presse hat berichtet, dass der Messias auf dem Ölberg steht und auf seinen triumphalen Einzug in Jerusalem wartet. Die israelische Regierung befindet sich jetzt natürlich in einem Dilemma. Ist es der Messias des ersten oder des zweiten Kommens? So beschließt man in Jerusalem den Polizeichef vom Ben-Gurion-Flughafen anzurufen, der für die Passkontrolle zuständig ist. Er soll sich die Schuhe putzen und sein Hemd zuknöpfen und sofort zum Ölberg fahren, um dort den Messias zu fragen: ›Entschuldigen Sie, mein Herr, aber ist dies Ihr erster Besuch in Israel?‹«

Auch hier wird sichtbar, dass Judentum und Christentum vieles gemeinsam haben. Das Hauptgewicht liegt auf den Geboten der Bibel wie Nächstenliebe, Gebet und Gerechtigkeit, auf dem Glauben an das Kommen des Messias und das ewige Leben. Dem Kommen des Messias wird eine Zeit großer Bedrängnis, mit Kriegen und großer Not vorangehen. Doch der Messias selbst ist für Juden und Christen eine Gestalt der Liebe. Beide Religionen sind Religionen der Liebe.

Vergleichen wir doch einmal folgende Stellen im Alten und Neuen Testament: In 5. Mose 6,4-9 heißt es: »Höre, Israel, der Herr ist unser Gott, der Herr allein. Und du sollst den Herrn, deinen Gott, lieb haben von ganzem Herzen, von ganzer Seele und mit all deiner Kraft. Und diese Worte, die ich dir heute gebiete, sollst du zu Herzen nehmen und sollst sie deinen Kindern einschärfen und davon reden, wenn du in deinem Hause sitzt oder unterwegs bist, wenn du dich niederlegst oder aufstehst. Und du sollst sie binden zum Zeichen auf deine Hand, und sie sollen dir ein Merkzeichen zwischen deinen Augen sein, und du sollst sie schreiben auf die Pfosten deines Hauses und an die Tore.« Und in Markus 12,28-30 steht: »Und es trat zu ihm einer von den Schriftgelehrten, der ihnen zugehört hatte, wie sie miteinander stritten. Und als er sah, dass er ihnen gut geantwortet hatte, fragte er ihn: ›Welches ist das höchste Gebot von allen?‹ Jesus aber antwortete ihm: ›Das höchste Gebot ist das: Höre, Israel, der Herr, unser Gott, ist der Herr allein, und du sollst den Herrn, deinen Gott, lieben von ganzem Herzen, von ganzer Seele, von ganzem Gemüt und von allen deinen Kräften.‹« Die beiden zitierten Stellen betreffen das Gebot, dass die Menschen den allmächtigen Gott lieben sollen. In Markus 12,31 heißt es weiter: »Und das andere (Gebot) ist dies: ›Du sollst deinen Nächsten lieben wie dich selbst.‹ Es ist kein anderes Gebot größer als diese.«

Vergleichen wir diese Stelle mit 3. Mose 19,17-18.33-34: »Du sollst deinen Bruder nicht hassen in deinem Herzen, sondern du sollst deinen Nächsten zurechtweisen, damit du nicht seinetwegen Schuld auf dich ladest. Du sollst dich nicht rächen noch Zorn bewahren gegen die Kinder deines Volks . Du sollst deinen Nächsten lieben wie dich selbst; ich bin der Herr … Wenn ein Fremdling bei euch wohnt in eurem Lande, den sollt ihr nicht bedrücken. Er soll bei euch wohnen wie ein Einheimischer unter euch, und du sollst ihn lieben wie dich selbst; denn ihr seid auch Fremdlinge gewesen in Ägyptenland. Ich bin der Herr, euer Gott.« Diese Stellen sprechen von der Liebe des Menschen zu seinem Nächsten. Damit dürfte klar sein, dass sowohl der jüdische Glaube als auch der christliche Glaube die Liebe zu Gott und die Liebe zum Nächsten als oberste Gebote lehren. Jesus geht in Matthäus 5,43-44 noch einen Schritt weiter in diese Richtung: »Ihr habt gehört, dass gesagt ist: ›Du sollst deinen Nächsten lieben und deinen Feind hassen.‹ Ich aber sage euch: ›Liebt eure Feinde, segnet, die euch fluchen, tut wohl denen, die euch hassen, und bittet für die, die euch beleidigen und verfolgen.‹«

Man mag aus all den angeführten Stellen ersehen, dass sowohl Judentum als auch Christentum Liebe lehren: Liebe zu Gott und Liebe zu den Menschen. Das Kommen des Messias — ob es nun das erste oder das zweite ist — wird in ein Zeitalter der Liebe, die »messianische Zeit«, hineinführen.

Es ist interessant, die judäochristliche Tradition in Bezug auf das Kommen des Messias mit der islamischen Tradition zu vergleichen. Das zweite Kommen Jesu ist im Koran nur ein einziges Mal erwähnt, an einer Stelle, wo sowohl der Wortlaut als auch die Bedeutung des Textes sehr zweifelhaft sind. Doch das verhindert nicht, dass Jesus im Islam eine zentrale messianische Rolle spielt. Nach islamischer Tradition wird Jesus am Ende der Tage wiedererscheinen. Mit einem Speer in der Hand wird er auf den Bergen im Osten des Sees Genezareth erscheinen. Zu dieser Zeit wird der falsche Messias, ad-dadschal, die Erde regieren. Jesus wird ihm an den Toren der Stadt Lydda begegnen und ihn töten. Danach wird Jesus zur Zeit des Morgengebets nach Jerusalem weiterziehen und dort mit allen Moslems gemeinsam nach islamischem Gesetz beten. Danach wird er alle Kreuze zerbrechen und alle Synagogen und Kirchen in

Schutt und Asche legen. Nach einer Überlieferung werden zu der Zeit alle Juden und Christen, die der Koran »Leute des Buches« nennt, an ihn glauben und Glieder der großen islamischen Gemeinde werden. (Moshe Sharon, Judaism, Christianity and Islam, 1989.)

So viel über den »Messias der Liebe« im Islam. Weder Juden noch Christen können sich den Messias mit einem Speer in der Hand vorstellen, mit dem er Menschen umbringt. Für Juden und Christen wird der Messias ein Messias der Liebe und Gnade sein. Gott allein ist es vorbehalten, am Ende der Zeiten zu richten und Vergeltung zu üben. Das ist nicht die Aufgabe von Menschen.

Die Rückkehr des jüdischen Volkes

Eine zweite Ähnlichkeit zwischen jüdischem und christlichem Glauben besteht in der häufig zitierten biblischen Aussage, dass Gott die Juden aus allen Ecken der Erde wieder sammeln und in ihr Land Israel bringen wird. Die Juden glauben, dies werde am Vorabend des Kommens des Messias geschehen, während die Christen glauben, dass das zur Vorbereitung der Wiederkunft des Messias dienen wird. Wieder geht es zwischen Juden und Christen einzig darum, ob dies das erste oder das zweite Kommen des Messias sein wird.

Der Prophet Jesaja schreibt in Kapitel 60: »Mache dich auf, werde licht; denn dein Licht kommt, und die Herrlichkeit des Herrn geht auf über dir! Denn siehe, Finsternis bedeckt das Erdreich und Dunkel die Völker; aber über dir geht auf der Herr, und seine Herrlichkeit erscheint über dir. Und die Heiden werden zu deinem Licht ziehen und die Könige zum Glanz, der über dir aufgeht. Hebe deine Augen auf und sieh umher: Diese alle sind versammelt und kommen zu dir. Deine Söhne werden von ferne kommen und deine Töchter auf dem Arme hergetragen werden. Dann wirst du deine Lust sehen und vor Freude strahlen, und dein Herz wird erbeben und weit werden, wenn sich die Schätze der Völker am Meer zu dir kehren und der Reichtum der Völker zu dir kommt. Denn die Menge der Kamele wird dich bedecken, die jungen Kamele aus Midian und Efa. Sie werden aus Saba alle kommen, Gold und Weihrauch bringen und des Herrn Lob verkündigen. Alle Herden von Kedar sollen zu dir gebracht werden, und die Widder Nebajots sollen dir dienen. Sie sollen als ein wohlgefälliges Opfer auf meinen Altar kommen; denn ich will das Haus meiner Herrlichkeit zieren. Wer sind die, die da fliegen wie die Wolken und wie die Tauben zu ihren Schlägen? Die Inseln harren auf mich und die Tarsisschiffe vor allem, dass sie deine Söhne von ferne herbringen samt ihrem Silber und Gold für den Namen des Herrn, deines Gottes, und für den Heiligen Israels, der dich herrlich gemacht hat. Fremde werden deine Mauern bauen, und ihre Könige werden dir dienen. Denn in meinem Zorn habe ich dich geschlagen, aber in meiner Gnade erbarme ich mich über dich. Deine Tore sollen stets offen stehen und weder Tag noch Nacht zugeschlossen werden, dass der Reichtum der Völker zu dir gebracht und ihre Könige herzugeführt werden. Denn welche Völker oder Königreiche dir nicht dienen wollen, die sollen umkommen und die Völker verwüstet werden.«

Dagegen steht die widersprüchliche Prophetie des Islam. Laut Scheich Abdul Asis Oudeh, einer führenden Persönlichkeit in der islamischen Dschihad-Bewegung, der auf einer Konferenz des Islamic Committee for Palestine (ICP) in Chicago/Illinois vom 28.-31. Dezember 1990 sprach, wird Folgendes geschehen: »Jetzt bringt Allah die Juden in großen Gruppen aus aller Welt zurück nach Palästina auf ihren riesigen Friedhof. Dort wird die Verheißung über sie erfüllt werden, und was über sie beschlossen wurde, wird geschehen.« (Aus dem Dokumentarfilm der PBS-Heritage Foundation »Dschihad in Amerika« von Steven Emerson, der am 22. November 1994 erstmals im Fernsehen ausgestrahlt wurde.) Diese islamische Prophezeiung widerspricht offensichtlich der judäochristlichen Schau. Zur Aussage von Scheich Abdul Asis Oudeh kommt noch ein

Zitat des ägyptischen Scheichs Jousef al-Kirdawi hinzu, der ebenfalls in Emersons Sendung auftritt:»Am Tag des Gerichts werden die Moslems gegen die Juden kämpfen und sie vernichten.« (Rede auf einer Kundgebung in Kansas City/Missouri im Jahr 1989.)

Dieselbe Botschaft ist in der mündlichen islamischen Tradition, dem Hadith, zu finden. Im Laufe der Jahre wurde diese Tradition von fundamentalistischen Moslems als heilig anerkannt und ebenso leidenschaftlich verehrt wie der Koran. Professor Moshe Scharon, der von 1977-1982 Berater des israelischen Ministerpräsidenten Menachem Begin in arabischen und islamischen Angelegenheiten war, zitiert in seinem Buch noch eine andere Hadithstelle. Auf Seite 103 spricht er davon, wie»die islamische Tradition die Umstände der ›letzten Stunde‹ beschreibt, den Tag des Gerichts und die Aufrichtung der vollkommenen (islamischen) göttlichen Ordnung. Nach dieser Überlieferung, die dem Propheten Mohammed selbst zugeschrieben wird, wird diese ›große Stunde‹ nicht kommen, bevor die Moslems die Juden in einem Endkampf vernichtet haben. Im Laufe dieses Krieges werden sich die Juden vor ihren moslemischen Verfolgern hinter Felsen und Bäumen verstecken. An jenem Tage wird Allah den Felsen und Bäumen einen Mund verleihen und sie werden ausrufen: ›O Moslem, hier versteckt sich ein Jude hinter mir, komm und bring ihn um ...‹« Das gleiche Zitat erscheint als Aufruf zur Vernichtung aller Juden auch häufig auf Flugblättern der islamischen Terrororganisation Hamas in den von Israel verwalteten Gebieten.

Und wieder ist für Juden und Christen die islamische apokalyptische Prophetie völlig unannehmbar. Sie bedeutet grausamen Völkermord. Wie kann der Messias auf dem Ölberg stehen, wenn das endzeitliche Szenario für Moslems das Auslöschen aller Juden einschließt? Ob es sich nun um das erste oder um das zweite Kommen des Messias handelt — wir wissen, dass der Messias auf jeden Fall ein Jude ist und Hebräisch spricht. So ist klar, dass die extremistisch-fundamentalistischen Moslems den Dschihad oder heiligen Krieg sowohl gegen

Juden als auch gegen Christen erklärt haben. Wenn Palästina das Massengrab der Juden werden soll, würde das ja auch den Mord am Messias beinhalten.

Einen weiteren Blick in die Pläne des Islam für Jerusalem kann man aufgrund des folgenden Kommentars eines Sprechers im palästinensischen Fernsehen vom 24. September 1996 werfen (hier wiedergegeben mit Erlaubnis von Sonja Baevsky, Middle East Television News Archive, Jerusalem, Israel): »Jerusalem wartet auf seine Befreier, die den Zustand wiederherstellen werden, indem es die Stadt des Friedens war, unter der Verwaltung Omars (el-Khattab), mit Zustimmung aller christlichen Kirchen, welche die Herrschaft des Islam über Jerusalem und die Moslems als Hüter der heiligen Stätten des Christentums anerkannten.« »Im Omarija-Abkommen (mit Sophronius, 638 n. Chr.) wurde den Moslems von allen Christen ein Zugeständnis gemacht: ›Absolut keine Juden in Jerusalem.‹ Dieses Abkommen behielt seine Gültigkeit von der Zeit des Kalifen Omar el-Khattab bis zum britischen Mandat im Jahre 1917. Erst danach erlaubten die Briten den Juden nicht nur, die Stadt zu betreten, sondern sie brachten sie sogar herein, siedelten sie in ganz Palästina an und gaben ihnen einen Staat. Das ist der wahre Hintergrund (sic) des Problems!«

Ich habe einige Schwierigkeiten mit diesem Text. Erstens: Die Christen erkannten die islamische Oberhoheit über Jerusalem im Jahre 638 nur deshalb an, weil das Schwert des Islam, der die persische Herrschaft abgelöst hatte, über ihren Köpfen hing. Zweitens: Am Anfang des neunzehnten Jahrhunderts stellten die Juden bereits die Bevölkerungsmehrheit in Jerusalem, sodass es einfach nicht wahr ist, dass das Abkommen mit Omar el-Khattab noch bis 1917 in Kraft war. Drittens: Die Briten haben uns niemals »ins Land gebracht«. Wir mussten gegen sie und ihr »Weißbuch«, womit die jüdische Immigration verhindert werden sollte, kämpfen. Viertens: Die Briten schufen den Staat Israel nicht. Die UNO tat dies, nachdem das jüdische Volk sechs Millionen Menschen im Holocaust verloren hatte.

Doch wichtiger als die Lügen dieser gehässigen PLO-Fernsehsendung ist die darin enthaltene Wahrheit. Sie lautet vom palästinensischen Standpunkt aus, dass Jerusalem »judenrein« oder »judenfrei« sein muss. Das ist die eigentliche Intention Jasser Arafats, der palästinensischen Regierung und der Moslems überhaupt, die 95 Prozent der palästinensischen Bevölkerung stellen.

Ich denke, die Antwort auf den Alptraum des islamistischen Endzeit-Szenarios sieht so aus: Wir wissen aus Hesekiel 38-39 und Sacharja 12, dass die Armeen vieler Nationen sich erheben und gegen das von Juden bewohnte Jerusalem Krieg führen werden. In Sacharja 12,1-9 heißt es: »Dies ist die Last, die der Herr ankündigt. Von Israel spricht der Herr, der den Himmel ausbreitet und die Erde gründet und den Odem des Menschen in ihm macht: Siehe, ich will Jerusalem zum Taumelbecher zurichten für alle Völker ringsumher, und auch Juda wird's gelten, wenn Jerusalem belagert wird. Zur selben Zeit will ich Jerusalem machen zum Laststein für alle Völker. Alle, die ihn wegheben wollen, sollen sich daran wund reißen; denn es werden sich alle Völker auf Erden gegen Jerusalem versammeln. Zu der Zeit, spricht der Herr, will ich alle Rosse scheu und ihre Reiter irre machen, aber über das Haus Juda will ich meine Augen offen halten und alle Rosse der Völker mit Blindheit plagen. Und die Fürsten in Juda werden sagen in ihrem Herzen: Die Bürger Jerusalems sollen getrost sein in dem Herrn Zebaoth, ihrem Gott! Zu der Zeit will ich die Fürsten Judas zum Feuerbecken machen im Holz und zur Fackel im Stroh, dass sie verzehren zur Rechten und zur Linken alle Völker ringsumher. Aber Jerusalem soll auch fernerhin bleiben an seinem Ort. Und der Herr wird zuerst die Hütten Judas erretten, auf dass sich nicht zu hoch rühme das Haus David noch die Bürger Jerusalems wider Juda. Zu der Zeit wird der Herr die Bürger Jerusalems beschirmen, und es wird zu dieser Zeit geschehen, dass der Schwache unter ihnen sein wird wie David und das Haus David wie Gott, wie der Engel des Herrn vor ihnen her. Und zu der Zeit werde ich darauf bedacht sein, alle Heiden zu vertilgen, die gegen Jerusalem gezogen sind.«

Und in Hesekiel 39,1-5 steht: »Und du, Menschenkind, weissage gegen Gog und sprich: So spricht Gott der Herr: Siehe, ich will an dich, Gog, der du der Fürst bis von Rosch, Meschech und Tubal. Siehe, ich will dich herumlenken und herbeilocken aus dem äußersten Norden und auf die Berge Israels bringen und will dir den Bogen aus deiner linken Hand schlagen und die Pfeile aus deiner rechten Hand. Auf den Bergen Israels sollst du fallen, du mit deinem ganzen Heer und mit den Völkern, die bei dir sind. Ich will dich den Raubvögeln, allem was fliegt, und den Tieren auf dem Felde zum Fraß geben. Du sollst auf freiem Felde fallen; denn ich habe es gesagt, spricht Gott der Herr.«

Sowohl in Sacharja 12 als auch Hesekiel 39 greift Gott selbst in das Schicksal Israels und Jerusalems ein. Es muss daran erinnert werden, dass Jerusalem 667-mal im Alten Testament und mindestens 144-mal im Neuen Testament namentlich erwähnt wird. Doch im Koran begegnet uns der Name »Jerusalem« nicht ein einziges Mal. Es ist nicht die heilige Stadt des Islam. Doch es ist für ihn ein begehrtes Ziel, das er Juden und Christen entreißen oder völlig vernichten will. Der fundamentalistische Islam würde vor nichts zurückschrecken, einschließlich dem Gebrauch von ABC-Waffen, um das Heilige Land in ein jüdisches Massengrab zu verwandeln. Das letzte Ziel des extremistisch-fundamentalistischen Islam ist kein anderes als das Hitlers: Die Weltherrschaft und die Auslöschung der Juden.

Doch es gibt da noch ein interessantes Nachwort zu dem großen Krieg, den die islamischen Völker gegen das judäochristliche Jerusalem führen werden, und zu den Folgen dieses Krieges. In Sacharja 14,1-3.12-21 heißt es: »Siehe, es kommt für den Herrn die Zeit, dass man in deiner Mitte unter sich verteilen wird, was man dir geraubt hat. Denn ich werde alle Heiden sammeln zum Kampf gegen Jerusalem. Und die Stadt wird erobert, die Häuser werden geplündert und die Frauen geschändet werden. Und die Hälfte der Stadt wird gefangen weggeführt werden, aber das übrige Volk wird nicht aus der Stadt ausgerottet werden. Und der Herr wird ausziehen und kämpfen gegen diese Heiden, wie er zu kämpfen pflegt am Tage der Schlacht…

Und dies wird die Plage sein, mit der der Herr alle Völker schlagen wird, die gegen Jerusalem in den Kampf gezogen sind: Ihr Fleisch wird verwesen, während sie noch auf ihren Füßen stehen, und ihre Augen werden in ihren Höhlen verwesen und ihre Zungen im Mund. Zu der Zeit wird der Herr eine große Verwirrung unter ihnen anrichten, sodass einer den andern bei der Hand packen und seine Hand wider des andern Hand erheben wird; und auch Juda wird gegen Jerusalem kämpfen. Und man wird zusammenbringen die Güter aller Heiden ringsumher: Gold, Silber und Kleider über die Maßen viel. Und so wird dann diese Plage auch kommen über Rosse, Maultiere, Kamele, Esel und alle Tiere, die in diesem Heer sind; sie werden von ihr geschlagen gleichwie jene. Und alle, die übrig geblieben sind von allen Heiden, die gegen Jerusalem zogen, werden alljährlich heraufkommen, um anzubeten den König, den Herrn Zebaoth, und um das Laubhüttenfest zu halten. Aber über das Geschlecht auf Erden, das nicht heraufziehen wird nach Jerusalem, um anzubeten den König, den Herrn Zebaoth, über das wird's nicht regnen. Und wenn das Geschlecht der Ägypter nicht heraufzöge und käme, so wird auch über sie die Plage kommen, mit der der Herr alle Heiden schlagen wird, wenn sie nicht heraufkommen, um das Laubhüttenfest zu halten. Darin besteht die Sünde der Ägypter und aller Heiden, dass sie nicht heraufkommen, um das Laubhüttenfest zu halten. Zu der Zeit wird auf den Schellen der Rosse stehen ›Heilig dem Herrn‹. Und die Töpfe im Hause des Herrn werden dem Becken vor dem Altar gleichgestellt sein. Und es werden alle Töpfe in Jerusalem und Juda dem Herrn Zebaoth heilig sein, sodass alle, die da opfern wollen, kommen werden und sie nehmen und darin kochen werden. Und es wird keine Händler mehr geben im Hause des Herrn Zebaoth zu der Zeit.« Aus diesem Text ist klar ersichtlich, dass der Herr zu Gunsten Israels und Jerusalems selbst eingreift, dass fünf sechstel der Feinde, die gegen Jerusalem kämpfen, unmittelbar vom Herrn heimgesucht und gestraft werden. Aber ein Rest bleibt am Leben. Dieser Rest wird den Ruf zur Umkehr hören und sich jenen Heiden und

Juden anschließen, die in Jerusalem den Herrn anbeten. Darum ist es so wichtig für Juden und Christen, den Moslems mit der biblischen Botschaft zu begegnen und so zu versuchen, ihre Seelen zu retten. In diesem Zusammenhang erscheint mir das folgende Zeugnis wichtig.

Als rabbinischer Jude werde ich von jüdischen Gemeinden oftmals kritisiert, weil ich mich mit »messianischen« Gemeinden treffe, die eigentlich christliche Gebetsgruppen sind. Der Leiter einer solchen Gruppe im mittleren Westen der USA lud mich mehrere Male ein, zu seiner Gruppe zu sprechen. Es ist etwas Besonderes mit ihm. Ich liebe ihn als meinen Bruder. Eines Tages lud er mich dann ein, einen ganz außergewöhnlichen Menschen zu treffen. Er erklärte, dass es sich dabei um einen »wieder geborenen« Christen handle, der früher einmal ein palästinensisch-moslemischer Terrorist gewesen sei. Ich sagte ihm: »Bist du verrückt? Ich soll mich mit einem palästinensischen moslemischen Terroristen treffen?« Er sagte mir: »Sei ganz ruhig — er ist jetzt ein Christ geworden. Er ist ›koscher‹.« Ich erinnerte ihn daran, dass im Koran steht: »Und tötet niemand, den (zu töten) Allah verboten hat, außer wenn ihr dazu berechtigt seid!« (Sure 17, 33). Wenn man für eine »gerechte Sache« morden kann, dann scheint mir folgerichtig, dass man auch lügen, betrügen, stehlen, vergewaltigen, plündern, versklaven und brandstiften darf, wenn das für eine »gerechte Sache« geschieht. Dieser palästinensische Terrorist könnte sagen, dass er ein Christ geworden sei. Aber wenn man für eine gerechte Sache töten kann, warum dann nicht auch lügen? So sagte dieser »messianische« Leiter zu mir: »Hör' zu, er ist mit einer Christin verheiratet. Er ist in Ordnung. Aber wir wollen die ganze Sache vergessen.« Doch jetzt hatte er meine Neugier geweckt und ich wollte ihn treffen.

Sein Zeugnis ist sehr ungewöhnlich. Er wurde in Gaza als Moslem geboren. Sein ganzes Leben lang wurde ihm beigebracht, Juden zu hassen und zu töten. So entschied er sich eines Tages, irgendwo am Persischen Golf in ein Ausbildungslager für Terroristen zu gehen, um seine Theorie in die Praxis umzusetzen. Er wurde ausgebildet, um Juden mit Schusswaffen, Messern, Sprengstoff und Gift umzubringen. Er lernte alle Methoden kennen, mit deren Hilfe man einen Juden töten konnte. Eines Tages hatte er dann eine Meinungsverschiedenheit mit anderen Terroristen und musste fliehen, um sein Leben zu retten. So kam er in die USA, wurde Oberkellner in einem exklusiven französischen Restaurant und »verschwand« in der Anonymität des mittleren Westens der USA.

Dieser moslemische Terrorist hasste Juden und stellte jetzt mit Erstaunen fest, dass Juden ihn mochten. Sie gaben ihm großzügig Trinkgelder. Der Reformrabbiner war am großzügigsten. Ein jüdischer Schneider nähte diesem moslemischen Kellner sogar einen Anzug als Geschenk, einfach nur, weil er ihn mochte! Der Kellner war verwirrt. Er sagte sich: »Ich hasse diese Juden und will sie töten, und alles, was sie tun können, ist mich zu lieben. Das verstehe ich nicht.« Eines Tages konnte dieser Moslem in seiner Niedergeschlagenheit keinen Trost mehr in der Moschee finden. Die Depressionen wurde immer schlimmer, sodass er schließlich auf den Reformrabbiner zuging und ihn bat, ihm einen seelsorgerlichen Rat zu erteilen. Doch der Rabbiner erwiderte, dass er angesichts des bevorstehenden Passahfestes keine Zeit habe. Er bat den Moslem, in einem Monat wiederzukommen. Aber wenn man Kopfweh hat, dann wartet man nicht einen Monat, ehe man Aspirin einnimmt. Deshalb ging dieser Moslem auf einen gläubigen Christen zu und bat diesen um Hilfe. Langer Rede kurzer Sinn: Der Moslem wurde Christ und hörte auf, Juden zu hassen. »Ich hatte von da an nur noch Liebe in meinem Herzen für Juden, Christen, Moslems und alle anderen!«

Nach dem Passahfest kam der Reformrabbiner in das exklusive französische Restaurant. Der neugeborene Christ und ehemalige palästinensisch-moslemische Terrorist kam auf den Rabbi zu und sagte: »Wissen Sie, ich war Moslem. Ich habe Sie gehasst. Ich wollte Sie umbringen, weil Sie Jude sind. Jetzt bin ich Christ. Ich kann Sie nicht mehr hassen. Ich liebe Sie, Bruder!« — Das ironische Ende der Geschichte ist, dass der Reformrabbiner jetzt nicht mehr mit dem ehemaligen Moslem sprechen will, weil er wiedergeborener Christ ist! In den Augen vieler amerikanischer Juden sind die Moslems die Guten und die Christen die Bösen – was nur zeigt, dass auch Juden ihren Anteil an Unwissenheit und Hass in sich tragen.

Aber diese Geschichte zeigt auch, was geschieht, wenn ein Moslem den Koran verlässt. Er verliert seinen Hass auf Juden und Christen. Sollten deshalb Juden und Christen nicht Moslems gegenüber Zeugnis ablegen? Und wenn wir Juden nicht Zeugnis ablegen, Proselyten machen oder missionieren, sollten wir dann nicht die Christen dazu ermutigen, sich den Moslems in Liebe zuzuwenden und sie dazu veranlassen, sich der Religion der Liebe, dem Gott Abrahams, Isaaks und Jakobs, anzuschließen? Ich möchte deutlich sagen, dass ich als Jude christliche Mission unter Moslems unterstütze. Die judäochristliche Botschaft ist eine Botschaft der Liebe. Nirgendwo in unserm gemeinsamen Glaubensgut gibt es einen Aufruf zur totalen Vernichtung der Feinde Gottes. Im Gegenteil, wir suchen die Umkehr und Gnade für diejenigen, die auf Irrwegen sind. Gott hat keinen Gefallen an der Vernichtung derer, die nach seinem Bilde geschaffen wurden. Es kann deshalb nicht angehen, dass die islamische Tradition zur Auslöschung von Juden und Christen aufruft. Jeder Moslem, der vom Islam befreit werden kann, ist ein neuer Verbündeter und ein Feind weniger. Ich denke, die angemessene Schriftstelle für diejenigen, die an die Bibel glauben, findet sich in Sacharja 8,23, wo es heißt: »So spricht der Herr Zebaoth: Zu der Zeit werden zehn Männer aus allen Sprachen der Heiden einen jüdischen Mann beim Zipfel seines Gewandes ergreifen und sagen: Wir wollen mit euch gehen, denn wir hören, dass Gott mit euch ist.«

Die Patriarchen

Im Alten wie im Neuen Testament wird betont, dass Isaak der auserwählte Sohn Abrahams ist und nicht Ismael, der Sohn der Sklavin Hagar. Das Neue Testament beginnt nach dem Evangelium des Matthäus mit dem Stammbaum Jesu (Matthäus 1,1.2): »Dies ist das Buch von der Geschichte Jesu Christi, des Sohnes Davids, des Sohnes Abrahams. Abraham zeugte Isaak. Isaak zeugte Jakob. Jakob zeugte Juda und seine Brüder.« In Matthäus 8,11 heißt es: »Aber ich sage euch: Viele werden kommen von Osten und Westen und mit Abraham, Isaak und Jakob im Himmelreich zu Tisch sitzen.« In Markus 12,26 steht: »… habt ihr nicht gelesen im Buch des Mose, bei dem Dornbusch, wie Gott zu ihm sagte und sprach: ›Ich bin der Gott Abrahams und der Gott Isaaks und der Gott Jakobs‹?« (vergleiche 2. Mose 3,6). In Lukas 3,33-34 finden wir einen weiteren Stammbaum Jesu: »… Juda, der war ein Sohn Jakobs, der war ein Sohn Isaaks, der war ein Sohn Abrahams, der war ein Sohn Terachs, der war ein Sohn Nahors …« In Apostelgeschichte 3,13 sagt Petrus: »Der Gott Abrahams und Isaaks und Jakobs, der Gott unserer Väter, hat seinen Knecht Jesus verherrlicht.« Und noch einmal soll die Apostelgeschichte (7,8) zitiert werden: »Und er gab ihm den Bund der Beschneidung. Und so zeugte er Isaak und beschnitt ihn am achten Tage, und Isaak den Jakob, und Jakob die zwölf Erzväter.« Schließlich heißt es im Römerbrief 9,7-13: »… auch nicht alle, die Abrahams Nachkommen sind, sind darum seine Kinder. Sondern nur ›was von Isaak stammt, soll sein Geschlecht genannt werden‹ (1. Mose 21,12), das heißt: nicht das sind Gottes Kinder, die nach dem Fleisch Kinder sind; sondern nur die Kinder der Verheißung werden als seine Nachkommenschaft anerkannt. Denn dies ist ein Wort der Verheißung, da er spricht: ›Um diese Zeit will ich kommen, und Sara soll einen Sohn haben‹ (1. Mose 18,10-14). Aber nicht allein hier ist es so, sondern auch bei Rebekka, die von dem einen, unserm Vater Isaak, schwanger wurde. Ehe die Kinder geboren waren und weder Gutes noch Böses getan hatten, da wurde, damit der Ratschluss Gottes bestehen bliebe und seine freie Wahl – nicht aus Verdienst der Werke, sondern durch die Gnade des Berufenden –, zu ihr gesagt: ›Der Ältere soll dienstbar werden dem Jüngeren‹ (1. Mose 25,23), wie geschrieben steht: ›Jakob habe ich geliebt, aber Esau habe ich gehasst‹« (Maleachi 1,2.3).

Daher überrascht es, dass irgendwann gegen Ende des siebten Jahrhunderts nach christlicher Zeitrechnung der Koran von Allah dem Mohammed direkt geoffenbart worden sein soll. Das war also 2000 Jahre nachdem die fünf Bücher Mose entstanden und ca. 600 Jahre nachdem das Neue Testament geschrieben worden war. Im Koran ist plötzlich Ismael der erwählte Sohn und nicht mehr Isaak. Ist der allmächtige Gott verwirrt? Eines der Bücher kann in seinen Aussagen nicht stimmen – und das ist nicht die Bibel! Laut Koran sind das Neue und das Alte Testament überholt und ungültig. Sie wurden vom Koran und vom Islam ersetzt. Der Stammbaum Jesu ist dadurch widerlegt worden, was natürlich für Christen genauso wenig akzeptabel ist wie für Juden. Aus diesem Grunde kann ich gewisse »christliche« Kirchen und auch jüdische Führer nicht verstehen, die ein Bündnis mit dem Islam eingehen wollen. Die einzig mögliche Allianz ist eine unter Gott und seinem Wort. Und das ist das Bündnis zwischen Juden und Christen – dem einen Volk, das im Koran das »Volk des Buches« genannt wird.

Das Band, das den Islam zusammenhält, sind Ismael und Esau. Wie wir später im 1. Buch Mose erfahren, verachtete der ältere Sohn Jakobs, Esau, sein Erstgeburtsrecht und verkaufte es an seinen jüngeren Bruder Jakob. Mit List erlangte Jakob den Segen des Erstgeborenen von seinem älteren Bruder, während Esau sich nun mit einem geringeren Segen seines Vaters begnügen musste. 1. Mose 27,39-40 überliefert, wie Isaak Esau segnete: »Da antwortete Isaak, sein Vater, und sprach zu ihm: ›Siehe, du wirst wohnen ohne Fettigkeit der Erde (Ölbäume) und ohne Tau des Himmels von oben her (Wüste). Von deinem Schwerte wirst du dich nähren, und deinem Bruder sollst du dienen. Aber es wird geschehen, dass du einmal sein Joch von deinem Halse reißen wirst.‹«

Abraham, Isaak und Jakob legten außerdem Wert darauf, dass ihre Nachkommen nur aramäische Frauen aus ihrem Herkunftsland heirateten, weil die kanaanitischen Frauen ihren Götzen anhingen und deshalb voller Hass gegen die Anhänger des Gottes Abrahams waren. »Du sollst dir keine Frau nehmen von den Töchtern Kanaans« (1. Mose 28,6). Doch dem Gebot Isaaks zum Trotz geschah folgendes: »Als Esau 40 Jahre alt war, nahm er zur Frau Jehudit, die Tochter Beeris, des Hetiters, und Basemat, die Tochter Elons, des Hetiters. Die machten Isaak und Rebekka lauter Herzeleid« (1. Mose 26,34.35). Und weiter heißt es in 1. Mose 28,7-9: »Auch sah Esau, dass Jakob seinem Vater und seiner Mutter gehorchte und nach Mesopotamien zog und dass Isaak, sein Vater, die Töchter Kanaans nicht gerne sah. Da ging er hin zu Ismael und nahm zu den Frauen, die er bereits hatte, Mahalat, die Tochter Ismaels, des Sohnes Abrahams, die Schwester Nebajots, zur Frau.« Danach lebte Esau bei seinem Onkel Ismael. Interessant ist in diesem Zusammenhang auch, wie der Engel Hagar und ihren noch ungeborenen Sohn Ismael segnete (1. Mose 16,9-12): »Und der Engel des Herrn sprach zu ihr: ›Kehre wieder um zu deiner Herrin und demütige dich unter ihre Hand.‹ Und der Engel des Herrn sprach zu ihr: ›Ich will deine Nachkommen so mehren, dass sie der großen Menge wegen nicht gezählt werden können.‹ Weiter sprach der Engel des Herrn zu ihr: ›Siehe, du bist schwanger geworden und wirst einen Sohn gebären, dessen Namen sollst du Ismael nennen; denn der Herr hat dein Elend erhört. Er wird ein wilder Mensch sein; seine Hand wider jedermann und jedermanns Hand wider ihn, und er wird wohnen all seinen Brüdern zum Trotz.‹«

Das Alte und das Neue Testament stimmen in ihren Aussagen über den Stammbaum der Patriarchen Abraham, Isaak und Jakob und ihrer Nachkommen überein. Das Alte Testament spricht auch vom Räuberleben Ismaels und Esaus in der Wüste. Ismael und Esau sind die geistlichen Vorfahren der späteren

Wüstenvölker, der Araber und Moslems. Dieses Buch ist ein Versuch, die Erfüllung biblischer Prophetie aufzuzeigen — dass sich bis heute »Ismaels« Hand gegen alle anderen Menschen erhebt, und dass er all seinen Brüdern »zum Trotz« lebt. »Ismael« — das ist der fanatische fundamentalistische Islam, der gegen die ganze Welt steht.

KAPITEL 2

Kurzer Abriss der Geschichte des islamischen »heiligen Krieges«

Die Nachkommen Ismaels und Esaus sind uns heute bekannt als Araber. Sowohl in der Bibel als auch in den historischen Texten der Römer und Griechen werden sie kaum genannt. In der Weltgeschichte spielten sie nur eine untergeordnete Rolle, bis der Prophet Mohammed und der Koran die arabischen Völker in eine Macht verwandelte, die Kampf und Eroberung auf ihre Fahnen schrieb.

Der Ursprung des Islam, der dritten monotheistischen Weltreligionen, geht auf den judäochristlichen Glauben zurück. Doch der Koran und Allah haben nur sehr wenig mit der Bibel und dem Gott Abrahams, Isaaks und Jakobs zu tun. Anfangs hatte der Prophet Mohammed zwei größere Zielgruppen im Auge, die er zu seiner Sache bekehren wollte: Juden und Christen auf der einen Seite und die Heiden von Mekka und Medina auf der anderen Seite. Als Juden und Christen ihn und seine Lehren ablehnten, wandte er all seine Aufmerksamkeit diesen Leuten von Mekka und Medina und der arabischen Halbinsel zu.

Dem Theologen und Gelehrten Dr. Robert Morey zufolge beschloss Mohammed, seine neue Religion, den Islam, auf der Grundlage des arabischen Heidentums aufzubauen, um sie diesen Menschen leichter nahe zu bringen. Bei den heidnischen Arabern gab es 360 verschiedene Götter, für jeden Tag des Mondjahres einen. Der Größte dieser Götter war Allah,

39

ursprünglich hieß er al-Ilahi (Mondgott). Diese heidnische Gestalt »Allah«, die Größte im heidnischen Götterhimmel, war ein Gott des Krieges, wie es Zeus für die alten Griechen gewesen war. Um seine neue Religion nun auf eine monotheistische Basis zu stellen, schaffte Mohammed die 359 weniger bedeutenden Götter ab und ließ nur noch Allah als Einzigen bestehen. Doch Allah blieb weiterhin ein Gott des Krieges und hatte keine Ähnlichkeit mit dem Gott Abrahams, Isaaks und Jakobs, der ein Gott der Liebe ist. Allah, der Mondgott, ist ein Gott des Bogens und der Pfeile, des Speeres und des Schwertes.

Der Islam ist eine Religion des Kampfes, eine kriegerische und gnadenlose Religion, in der Enthauptungen, Kreuzigungen und die Amputation von Gliedmaßen bis heute praktiziert werden. Im Islam wäre niemals eine »protestantische Reformation« geduldet worden, die eine Anpassung an neuere Zeiten möglich gemacht hätte, wie es im Judentum und Christentum der Fall war. Deshalb wird das siebte Jahrhundert im Islam derart glorifiziert und gibt bis heute die Richtung an, in die eine weltweite islamistische Eroberungsstrategie zielt. Sie ist eingebunden und geradezu versteinert in einer Geisteshaltung, die dem 21. Jahrhundert, auf das wir zugehen, in keiner Weise gerecht wird. Man wehrt sich gegen den Fortschritt und die geistige Entwicklung, die Renaissance und Aufklärung mit sich brachten, und von denen das finstere Mittelalter Europas abgelöst wurde. Man träumt von einer fernen Vergangenheit.

Dr. Morey lehnt auch den islamischen Anspruch der Abstammung von Ismael und Esau ab. Er behauptet — vielleicht zu Recht —, dass die Moslems ursprünglich keine Beziehung zu den Nachkommen Abrahams hatten, sondern genaugenommen Wüstenstämme der arabischen Halbinsel waren, während die Ismaeliten mehr im Norden, in Syrien und vielleicht im heutigen Jordanien lebten. Meiner Ansicht nach ist es nur von untergeordneter Bedeutung, ob es eine direkte Abstammung von Ismael und Esau gibt. Das geistliche Erbe von Abraham, Isaak und Jakob ist Liebe. Das gilt für alle, die sich zum judäochristlichen Kulturkreis rechnen, während das geistige Erbe Ismaels und Esaus in Pfeil und Bogen, dem Schwert und ständiger Kriegführung besteht. Die physische Abstammung zählt hier wenig. Entscheidend ist die Geisteshaltung.

Was die Frage angeht, wer den Koran geschrieben hat, so gibt es Theorien, nach denen er erst fünfhundert Jahre nach dem Tode Mohammeds schriftlich niedergelegt worden sein soll. Doch man nimmt allgemein an, dass der mündlich überlieferte Koran schon wenige Jahrzehnte nach dem Tode Mohammeds schriftlich festgehalten wurde. Es gibt jedoch noch eine weitere Theorie, von der ich in Israel durch einen Rabbi iranischer Abstammung hörte und die bestätigt wurde durch Rabbiner aus jüdischen Gemeinden unter islamischer Herrschaft: Die frühen Nachfolger Mohammeds waren Analphabeten und benötigten daher jemanden, der im Schreiben heiliger Schriften bewandert war. So wurde bei der Eroberung Babyloniens durch arabische Armeen ein führender Rabbi von seinem Lehrstuhl für talmudische Weisheit entführt und an einen entlegenen Ort verbannt, bis er das »heilige Buch« der Moslems geschrieben hatte. Nachdem ich Talmud und Midrasch drei Jahre lang am Jerusalemer Zweig des Jewish Theological Seminary studiert habe, muss ich sagen: Wer auch immer den Koran geschrieben hat, er hat viele Texte aus Talmud und Midrasch darin verarbeitet. Ich persönlich glaube nicht, dass ein Wüstenkrieger aus Arabien diese Texte gekannt haben kann. Leider nehmen sich jüdische und christliche Gelehrte kaum Zeit zu einem gründlichen Koranstudium, um die Unstimmigkeiten im Licht der jüdischen und christlichen Originalschriften zu erkennen.

Innerhalb eines Jahrhunderts nach dem Tode Mohammeds hatten die arabischen Moslems Nordafrika und Spanien, die ganze arabische Halbinsel und den größten Teil des Nahen Ostens erobert. Das Christentum war von dieser Zeit an bis zur Entdeckung Amerikas durch Kolumbus auf ein relativ kleines Gebiet in Westeuropa beschränkt. Tatsächlich reichte die islamische Umklammerung im Westen bis nach Poitiers in Frankreich und im Osten bis vor die Tore Wiens. Die Christenheit war in akuter Gefahr, von islamischen Horden überrannt zu werden. Auch die Kreuzzüge ins Heilige Land, die im Jahr 1096 ihren Anfang nahmen, konnten den islamischen Streitkräften kaum Schaden zufügen. Die Anwesenheit der Kreuzfahrer im Heiligen Land währte kaum 200 Jahre — bis zur Schlacht bei den Hörnern von Hittim, in der Saladin der christlichen Herrschaft in diesem Gebiet ein Ende bereitete.

Der Islam begann jedoch infolge innerer Streitigkeiten an Einfluss zu verlieren. Auch die Weiterentwicklung der christlichen Kultur nach Ablösung des Mittelalters durch die Renaissance spielte dabei eine Rolle. Auf dem Gebiet der Wissenschaft, des Handels und der Industrie kam es zu großen Fortschritten, während die islamische Welt stehen blieb.

Mit der Entdeckung der Neuen Welt durch Kolumbus öffneten sich zwei neue Kontinente für christliche Ansiedlungen. Auf diese Weise wurde der islamische Würgegriff um Europa überwunden. Es kann in amerikanischen Schulen nie genug betont werden, wie entscheidend das Gold und Silber und andere Schätze, die von den Siedlern und Eroberern in der Neuen Welt nach Europa zurückgesandt wurden, für die Aufstellung von Flotten und Armeen waren, die dann gegen arabische, türkische oder persische islamische Armeen kämpften. Auch Russland hatte im Jahre 995 das Christentum angenommen, in erster Linie aufgrund einer islamischen Invasion vom Osten her. Um sich zu verteidigen, wandte sich Russland gen Osten und unterwarf die moslemischen Bewohner dieser Gebiete, wie auch türkische und persische Stämme, bis es den Pazifik erreichte. Nach dem Aufstieg des christlichen Europa folgte eine Periode des Kolonialismus, in der die neuen europäischen Mächte in der islamischen Welt Fuß fassten und später Afrika und Asien unter sich aufteilten.

Erst mit der Erfindung des Automobils, der Entdeckung des Erdöls und dem Aufkommen des Kommunismus in Sowjetrussland wurden auch neue Kräfte eines militanten Islam freigesetzt. Es kam zu einem Aufstieg dieser wiedererwachten religiösen Bewegung. Heute ist der kommunistische »alte Feind« beseitigt und der Islam betrachtet den Westen als allein übrig gebliebenen »christlichen Satan«, dessen Tage allerdings gezählt seien.

Nach islamischer Auffassung gibt es einen ewigen Krieg zwischen dem »Haus des Friedens«, das durch den Islam repräsentiert wird, und dem »Haus des Krieges« der ungläubigen, nichtmoslemischen Völker. Der Islam vertrat in seinen frühen Phasen die schroffe Ideologie eines Krieges zwischen »Gut und Böse«, das heißt: des Islam gegen die Ungläubigen. Alle, die dem Islam anhängen, gehören zum Haus des Friedens, arabisch »dar-es-salaam«, während alle Ungläubigen zusammengefasst werden im »dar-el-charb«, dem Haus des Krieges — eines Krieges, der kein Ende finden kann, bis die ganze Welt islamisch geworden ist. Da es unmöglich war, in so kurzer Zeit so vielen Menschen eine neue Religion aufzuzwingen, musste man in der ersten Zeit Mäßigung zeigen. Die Realität legte dies nahe, damit sich die Moslems nicht übernahmen. So verfolgte man eine Politik der Kompromisse zwischen Moslems und den Feinden des Islam. Diese »Realpolitik« sollte so lange betrieben werden, bis der Islam stark genug war, den Eroberungskampf wieder aufzunehmen.

Während der Anfangsphase des Islam betrachteten viele Juden und Christen diesen als willkommenes Gegengewicht zu dem strengen Regime des orthodoxen Byzanz im Osten und das des römischen Katholizismus im Westen. Beide verfolgten Juden und Christen außerhalb des eigenen Bekenntnisses als Ketzer. Ein treffendes Beispiel dafür ist die Bekehrung des gesamten bosnischen Volkes zum Islam. Die griechisch-orthodoxe Kirche hatte die Bosnier als vom Christentum abgefallene Ketzer verfolgt. Man glaubte dort, dass Moslems gemeinsam mit Juden und Christen eine feste finanzielle und administrative Organisation bilden und stabile Machtverhältnisse schaffen könnten. Einige Jahrhunderte später waren die meisten dieser Juden und Christen durch Bekehrung zum Islam von diesen »absorbiert« worden.

Auf diese Weise entwickelten sich die Moslems schließlich zur etablierten Mehrheit in allen Ländern von Marokko an der Atlantikküste bis nach Indonesien im Pazifik. Die Ungläubigen wurden in zwei Kategorien eingeteilt: Erstens Juden und Christen, die als »Volk des Buches« oder »dhimmi« (Menschen zweiter Klasse) zwar beschützt, aber auch vom Islam unterworfen werden mussten. Die zweite Kategorie der Ungläubigen waren die »Heiden« wie Hindus, Buddhisten und Angehörige anderer Religionen, die wenn irgend möglich, sofort dem Schwert überantwortet werden mussten.

Zwischen 1492 und 1992 war der Islam mit dem Aufstieg des Christentums in Europa, Russland und Amerika unter christliche Vorherrschaft gekommen. Um 1492 waren die Mauren vollständig von der iberischen Halbinsel vertrieben worden. Zusätzlich zur Kolonisation Amerikas besetzten die beiden iberischen Mächte Spanien und Portugal die Inseln vor der Westküste Afrikas, die Azoren und Kap Verde sowie zahlreiche afrikanische und asiatische Gebiete.

In Europa waren die Türken des Osmanischen Reiches zwar von Anatolien aus nordwärts aufgebrochen, hatten Griechenland und die Balkanstaaten wie Ungarn und Rumänien unterworfen und standen am Ende des fünfzehnten Jahrhunderts vor den Toren Wiens. Aber dann mussten sie sich doch wieder zurückziehen. Nach einer Reihe von Kriegen mit Russland und anderen europäischen Mächten mussten sie die Krim, Südrussland, die Gebirgslandschaft des Kaukasus, die Ukraine, Ungarn, Rumänien und Bulgarien wieder räumen – dazu alle Gebiete, die später die jugoslawischen Republiken bildeten. Griechenland erhielt 1821 seine Unabhängigkeit und vergrößerte nach den Balkankriegen im frühen neunzehnten Jahrhundert sein Gebiet. Außer Albanien und einem kleinen europäischen Zipfel jenseits des Bosporus war die Türkei nun eine rein asiatische Macht. Von der islamischen Umklammerung, die sich von Nordafrika über die Türkei weit nach Osten erstreckt hatte, war nur diese Basis übrig geblieben. Wieder einmal wurde der Islam gezwungen, sich zu mäßigen und

Kompromisse mit überlegenen Mächten einzugehen. Immer mehr ehemals islamische Gebiete kamen unter europäisch-christliche Vorherrschaft und Verwaltung. Missionare kamen in diese Länder, und der Islam konnte das nicht verhindern.

Im 19. und 20. Jahrhundert kam es zur Entfaltung des Nationalismus, den Weltkriegen und vor allem dem industriellen Zeitalter und der Entdeckung des Erdöls — letzteres besonders in der islamischen Welt. Moslemische Führungspersönlichkeiten in Afrika und Asien kamen mit westlicher Ausbildung und westlichen Machtkämpfen in Berührung. Sie lernten, den Trumpf des Erdöls auszuspielen. Da Moslems in den Gebieten mit Erdölvorkommen die Vorherrschaft hatten, tauchten westliche Mächte nun plötzlich bei den Scheichs auf, um diesen ihre Aufwartung zu machen. Die Moslems lernten bald, die noch vom christlichen Kulturkreis bestimmten Mächte gegeneinander auszuspielen. Im Laufe der Zeit wurden die moslemischen Scheichs reicher und bauten ihre Kontrolle über die Ölquellen aus. Am Ende nahmen sie, wie im Fall der Scheichs von Saudiarabien, diese ganz in Besitz.

Dann veranlassten die Vereinten Nationen die Entkolonialisierung Afrikas und Asiens. Die europäischen Mächte hinterließen ein Machtvakuum, das die USA und die Sowjetunion zu füllen suchten. In den meisten Fällen rechnete man moslemische Gebiete der »Dritten Welt«, das heißt, entweder amerikanischem oder russischem Einflussbereich zu. Die moslemischen Ölförderländer entwickelten ein enormes Talent, die Weltmächte nach ihren Wünschen zu manipulieren. Der »Petrodollar« und die riesigen Ölfelder ließen die Führer dieser Länder im Laufe der Zeit buchstäblich »allmächtig« werden. So kam es, dass »nicht mehr Kolumbus Goldbarren und Silberladungen nach Europa schickt«, um Armeen und Flotten aufzustellen, sondern dass das »schwarze Gold« islamische Armeen und Flotten entstehen lässt. Das Öl lässt Moslems glauben, dass Allah ihnen die Mittel in die Hand gegeben hat, das Christentum endlich zu besiegen und die Welt zu erobern.

Fast 75 Jahre lang währte die Konfrontation zwischen dem

Westen unter der Führung der USA und dem von der Sowjet-
union dominierten Osten. Nach dem Zusammenbruch des
Kommunismus denken viele im Westen, dass die USA einzige
Weltmacht und das »Reich des Bösen« endgültig besiegt sei.
Die Amerikaner meinen, wie vor dem Ersten und Zweiten
Weltkrieg, zu selbstgenügsamer Isolierung und geruhsamem
Schlaf zurückkehren zu können. Doch damit befinden sie sich
auf dem Holzweg. Es gibt eine neue Bedrohung für Weltfrieden
und Stabilität. Der Islam plant die Errichtung eines allum-
fassenden islamischen Reiches, vor allem mit Hilfe des neu
entdeckten Ölreichtums.

KAPITEL 3

Die Rolle der Medien

Während meines USA-Besuchs im Januar/Februar und dann im Sommer 1994 beobachtete ich in amerikanischen Nachrichtensendungen zwar ausführliche Berichte über »welterschütternde« Themen wie Lorena Bobbitt, Tanya Harding, die Olympischen Spiele in Lillehammer und natürlich das Drama um O. J. Simpson. Kein einziges Mal wurde erwähnt, dass über 1,5 Millionen Süd-Sudanesen, zumeist Christen, durch die arabisch-moslemische Regierung in Khartum vergiftet, ausgehungert oder zu Tode gefoltert wurden. Im Herbst 1997 rechnete man mit dem Tod von mindestens einer weiteren halben Million christlicher Sudanesen in den kommenden Monaten. Die anhaltende Verfolgung geht von der fanatischen, vom Iran unterstützten, islamischen Regierung von Präsident Omar Hassan Achmed Baschir und dem Führer der Nationalen Islamischen Front Hassan Turabi aus. (Turabi ist ein überzeugend auftretender, gelehrter, an der Sorbonne ausgebildeter Scheich, den man weithin als den Architekten der islamischen Erneuerungsbewegung ansieht, die sich von Algier bis nach Afghanistan ausgedehnt hat.) Möglicherweise werden in den kommenden Jahren sechs bis acht Millionen schwarzer Sudanesen dieser islamischen Politik zum Opfer fallen, durch die Nicht-Moslems gezwungen werden, entweder zum Islam überzutreten oder zu verhungern. Einer der Gründe dafür ist, dass im Südsudan die letzten großen, unerforschten und bisher in keiner Weise ausgebeuteten Ölquellen der Welt liegen. Doch zuerst müssen alle nichtmoslemischen Sudanesen vernichtet und durch Moslems aus dem Norden ersetzt werden, bevor man mit den Ölbohrungen beginnen kann.

Im Sudan wurde sogar die Sklaverei nach den Regeln des Koran wieder eingeführt. Als die moderne, zivilisierte Welt die Sklaverei für endgültig abgeschafft hielt, ist sie mit dem Segen und der offiziellen Anerkennung des Islam zurückgekehrt. Im Koran wird ausdrücklich betont, dass moslemische Männer keine Ehe mit verheirateten Frauen eingehen dürfen, weil das Ehebruch ist — außer wenn es sich um Frauen von Sklaven handelt (Sure 4,24 unter der Überschrift »Die Frauen«). So ist es im Islam erlaubt, nichtmoslemische Männer zu versklaven, um dann deren Frauen dem eigenen Harem einzugliedern oder als Sklavinnen zu verkaufen. Der Sklavenhandel ist heute im Sudan so weit verbreitet, dass Frauen und Kinder als Leibeigene für weniger als 15 Dollar verkauft und nach Libyen oder in andere islamische Länder exportiert werden. Trotz aller Verurteilungen durch die UNO nimmt die Sklaverei zu. Im Senegal und in Mauretanien war sie nie wirklich abgeschafft worden.

Präsident Kennedy sagte einmal: »Solange noch ein einziger Mensch nicht frei ist, sind wir es alle nicht.« Ich möchte dem noch etwas hinzufügen: Wie wir Juden im Holocaust während des Zweiten Weltkrieges sechs Millionen unseres Volkes verloren haben, so haben die Schwarzen Afrikas heute ihren Holocaust im Sudan. Und wieder schweigt die Welt. Wir alle werden von Gott einmal deswegen zur Verantwortung gezogen werden.

Medienvorurteile in den Balkanstaaten

Irgendwie scheinen die Medienberichte darauf aus zu sein, die Christen des Westens in eine falsche Sicherheit zu wiegen und an die amerikanische Weltmacht glauben zu lassen. Es herrscht ein heimtückisches und egoistisches Schweigen. Petrodollars aus dem Nahen Osten finanzieren einen hohen Anteil unserer Werbung. Damit wird der Lebensnerv der großen Medienorganisationen berührt. So kann man denen Paroli bieten, die der »neuen Weltordnung« im Wege stehen, zum Beispiel Israel und den evangelikalen Christen. Die UNO schickte sogar Streitkräfte nach Bosnien, um dort Moslems zu schützen, auszubilden und zu bewaffnen.

Am Freitag, dem 25. Oktober 1996, brachte die *Jerusalem Post* einen Artikel von Steve Rodan über iranische Waffenlieferungen an bosnisch-islamische Truppen und die Art und Weise, wie man dort für deren Ausbildung sorgt. Hier einige Auszüge:

Kroatien beobachtet Bosniens Aufrüstung durch den Iran

Nika Cipci schaut aus seinem Büro im vierten Stock des Polizeihauptquartiers. Unten liegen die belebten Docks der kroatischen Hafenstadt. Viele der einlaufenden Schiffe führen angeblich Lebensmittel und medizinische Güter ein. Doch Cipci, seit 1993 oberster Polizeibeamter des Bezirks Split, weiß es besser. Er gibt zu, dass viele dieser Ladungen Waffen für das benachbarte Bosnien enthalten. »Die humanitären Hilfssendungen, die diese Stadt passieren, sind schwer zu kontrollieren«, sagte er. »Es wäre sehr naiv anzunehmen, dass diese Konvoys nur humanitäre Hilfsgüter beförderten.«

Kroatischen Behörden zufolge schickt der Iran große Waffenmengen nach Bosnien. Die Behörden und einheimische Diplomaten sehen darin einen Angriff auf Sarajevo, der von Tausenden von Angehörigen der Teheraner Revolutionsgarde unterstützt wird. Es geht um die Besetzung von Gebieten, die zur Zeit von einer serbischen Minderheit gehalten werden. Iranische Lieferungen sollen per Schiff nach Split gelangen. Dann werden sie auf dem Landweg durch Kroatien nach Bosnien gebracht, das keinen direkten Zugang zum Meer hat. »Hier ist ein Knotenpunkt zwischen Ost und West entstanden«, sagt Cipci. »Alles nimmt seinen Weg durch Split, einschließlich aller Streitkräfte.«

Obwohl man mit Sorge nach Teheran blickt, dulden kroatische Behörden iranische Waffentransporte nach Bosnien. Dabei bekommt Zagreb sowohl das dringend benötigte Öl als auch Tausende leichter Waffen, Mörser und anderes Kriegsgerät. »Der Iran hat großen Einfluss in dieser Region«, sagt ein europäischer Diplomat in Zagreb. »Er löst Ereignisse aus und beeinflusst sie, nicht nur in Bosnien, sondern auch in Kroatien.« Offiziell spielen kroatische Behörden die Kontakte zum Iran herunter und behaupten, die Waffenlieferungen seien bedeutungslos. Doch privat sagte uns ein älterer kroatischer Beamter, dass Teheran als Gegenleistung für kroatische Schiffe, die in Split gebaut wurden, Öl an Zagreb lieferte. »Die Europäer wollen uns offensichtlich nicht haben, und wir mussten während des Embargos ja auch leben«, erklärte dieser Beamte. »Da war der Iran die einzige Option. Es ist eine wirtschaftliche Beziehung, keine militärische.«

Kroatien mit seinen 4,8 Millionen Menschen und der niedrigsten Verschuldung von allen früheren jugoslawischen Republiken hofft, seine militärischen Beziehungen zu den USA ausbauen zu können. Trotz dem, was Diplomaten sagen, ist Washington besorgt über die Verbindungen Zagrebs zum Iran. Amerikanische Ausbilder organisieren das kroatische Militär mit 40 000 Berufssoldaten. Dazu kommen noch 400 000 Reservisten. Offizielle Stellen befürchten, dass neue Kämpfe das von den USA gestützte Dayton-Abkommen torpedieren und die kroatischen Bemühungen zum Aufbau ihrer Wirtschaft, besonders auf dem Touristiksektor, zunichte machen könnten.

Die Nato hat inzwischen 52 000 Soldaten in Bosnien stationiert. Doch Clinton hat versprochen, die amerikanischen Truppen Ende dieses Jahres zurückzuziehen. Militärische Natosachverständige sagen, dass dies ihre Pläne beeinflussen könnte, nur noch die Hälfte der jetzigen internationalen Militärpräsenz dort zu belassen.

Offizielle Stimmen betrachten Israel als Schlüssel in der kroatischen Verteidigungsstrategie. Sie verweisen auf die Ähnlichkeiten der Situation beider Länder. Beides sind prowestliche

Demokratien, umgeben von moslemischen Nachbarn. Kroatische Behörden hoffen, dass Israel Zagreb zu Hilfe kommen wird, und wenn die Hilfe nur darin besteht, dass der iranische Einfluss in dieser Region vermindert wird. »Kroatien sieht den Iran nicht als erste Option an, aber es braucht dringend Freunde und Hilfe«, sagte ein kroatischer Diplomat. »Kroaten arbeiten auch deswegen im Irak und in Libyen, weil sie keine anderen Möglichkeiten sehen.« Doch führende Kroaten gehen davon aus, dass, selbst wenn Israel zustimmt, die Beziehungen zwischen Zagreb und dem jüdischen Staat nur zurückhaltend realisiert werden, besonders auf militärischem Gebiet. Sie weisen auf das moslemisch-kroatische Bündnis in Bosnien hin, das die Beziehungen zwischen Jerusalem und Zagreb entscheidend beeinflussen könnte. »Israel bleibt uns immer noch. Aber wir möchten mit Rücksicht auf Bosnien nicht als Feinde der Araber angesehen werden«, sagte Anfang dieses Monats der Touristikminister Nico Bulic ...

Kroatische Politiker glauben, dass sie vielleicht bald vor der Frage stehen werden, wie teuer die Beziehungen zum Iran letztendlich für sie werden. So könnte Serbien den iranischen Einfluss in der Region und die kroatische Kooperation als gegen Belgrad gerichtet verstehen. Teherans Waffenlieferungen, die dort gelagert werden, könnten eine Offensive vorbereiten, durch die der schwerbewaffneten serbischen Minderheit Gebiete abgenommen werden sollen. »Ich denke, wir werden bald Probleme mit dem islamischen Fundamentalismus haben«, meint Zovko, stellvertretender Minister für Wissenschaft und Forschung. »Sie werden versuchen, hier Einfluss zu gewinnen. Andererseits muss dieses Land demokratisch bleiben. Wir haben eine Menge moslemischer Flüchtlinge aus Bosnien hier, und wenn Sie sich ihre Schulbücher anschauen, ist nicht zu übersehen, dass sie fundamentalistisch geprägt sind. Vor dem Krieg war Bosnien proeuropäisch. Heute ist es islamisch-fundamentalistisch bestimmt. Ich fürchte, dass das noch Probleme für Kroatien mit sich bringen wird.«

Ein kurzer Überblick über die Geschichte des Balkan zeigt, dass diese Länder neben Griechenland und Anatolien Hauptbestandteile des Oströmischen Reiches waren. In Konstantinopel befand sich noch bis vor einigen Jahrhunderten der Sitz der orthodoxen Kirchen des Ostens. Dann kamen türkische Stämme und Herrscher, zuletzt die Osmanen, die von etwa 1300 bis etwa 1500 buchstäblich alles auslöschten, was an die Ostkirche erinnerte. Der Einfluss der neuen Herrscher erstreckte sich bis vor die Tore der römisch-katholischen Länder im Westen. Den ersten Völkermord des 20. Jahrhunderts verübten osmansiche Türken an 1,5 Millionen armenischen Christen im Jahre 1915 …

Mit der Vertreibung der osmanischen Türken aus Europa wurde nach dem Ersten Weltkrieg ein neuer Bund südslawischer Völker gegründet. Man nannte ihn Jugoslawien. Beherrscht wurde er von Serbien. Sechs Republiken bildeten Jugoslawien: Die katholischen Länder Slowenien und Kroatien; Bosnien, die Herzegowina und Montenegro, die islamisch geprägt waren, sowie Serbien und Mazedonien, die zur orthodoxen Ostkirche gehörten. Alle diese jugoslawischen Völker, seien sie orthodox, römisch-katholisch oder moslemisch, waren der Rasse, Kultur und Sprache nach slawische Völker. Wenn schon der latente Bürgerkrieg in Nordirland absurd erscheint, da dort alle Bewohner Weiße und Christen sind, um wie viel verwirrender und komplizierter muss da die Situation in Jugoslawien sein, wo drei verschiedene religiöse Gruppen – alle von gleicher Rasse, Kultur und Sprache – miteinander Krieg führen. Doch Hass und Brudermord reichen schon Hunderte von Jahren zurück.

Jeder, der zur Intervention in Bosnien auffordert, sollte zuerst bedenken, dass der Mord an Erzherzog Ferdinand von Österreich durch einen bewaffneten Serben in Sarajevo den Ersten Weltkrieg auslöste. Deutschland und Österreich unterstützten die Kroaten und Slowenen. Russland stand hinter den Serben. Da die Russen noch immer fest zu den Serben halten, ist nicht von der Hand zu weisen, dass sich dort auch ein dritter Weltkrieg entzünden könnte.

Im Zweiten Weltkrieg marschierte Hitler mit seinen Nazis auf dem Balkan ein. Slowenen und Kroaten identifizierten sich mit den Achsenmächten, weil sie dem ebenfalls katholischen Österreich nahe standen. Sie brachen aus dem jugoslawischen Staatenbund aus und bildeten pronazistische Marionettenstaaten. Die Republiken Bosnien und Herzegowina lösten sich ebenfalls als überwiegend moslemisch aus der jugoslawischen Föderation und distanzierten sich von der serbischen Vorherrschaft. Während des Zweiten Weltkrieges wurden dann mehr als 100 000 Juden und 500 000 Serben von der nazistisch geführten deutsch-kroatisch-bosnischen Allianz ermordet. Offensichtlich kämpften Juden und Serben sowie kroatische und slowenische Kommunisten als Partisanen in den Wäldern gegen die Nazis bis zur Befreiung des Landes im Jahre 1945 durch den Sieg der Alliierten. Doch Serben und Juden werden den Völkermord, der an ihnen verübt wurde, niemals vergessen.

Als ich im Juni 1994 in Russland war, hörte ich eine interessante Anekdote. Anläßlich zweier Interviews, die ich in Radio Moskau gab, erzählte mir mein Gastgeber Oleg Gribkow einiges von der Schlacht um Stalingrad. Die deutsche Front war durch eine Reihe internationaler Truppeneinheiten verstärkt worden: Spanier, Italiener, Ungarn, Rumänen, Kroaten und bosnische Einheiten. Als der Winter dann hart zuschlug und die Rote Armee die Streitkräfte der Achsenmächte an dieser Front besiegte, ergaben sich die Soldaten scharenweise — alle außer den islamischen Bosniern. Laut Gribkow waren sie die wildesten und grausamsten Kämpfer auf deutscher Seite. »Sie gingen mit ihren Bajonetten auf uns los und hatten die Dolche zwischen den Zähnen. Das werden die Russen den Bosniern nie vergessen.«

Für diejenigen, welche damals die im Heiligen Land lebten, wird auch unvergessen bleiben, wie der Mufti von Jerusalem, der pronazistische Hadsch Amin el-Husseini, half, die islamisch-bosnischen Truppeneinheiten der Nazis aufzustellen und sich bei deren Inspektion in einer Naziuniform fotografieren ließ. Nachgewiesenermaßen dienten islamisch-palästinensische Freiwillige in bosnischen Einheiten. Außerdem war Hadsch Amin el-Husseini mit Adolf Hitler übereingekommen, die »Endlösung« der Judenfrage auch in Palästina durchzusetzen. Adolf Hitler hatte geplant, nach einem siegreichen Ende des Krieges alle Religionen außer dem Islam und dem Nationalsozialismus abzuschaffen. (Interview mit Hitler im Jahr 1943.)

Mit dem Sieg der Alliierten und der endgültigen Niederlage der Nazis wurde die Föderation eines sozialistischen Jugoslawien mit sowjetischer und alliierter Hilfe von Josip Broz Tito gegründet. Tito entschied, dass es keinen brudermörderischen Hass zwischen den einzelnen jugoslawischen Völkern mehr geben dürfe. Im Wesentlichen wurde alles mit dem Zement des Kommunismus überzogen – bis zum Zusammenbruch des Kommunismus im Jahre 1990.

Irgendwann hatte der Kroate Tito Teile des serbischen Jugoslawien an die Bosnier abgegeben, um diese zu beschwichtigen. Solange Jugoslawien eine staatliche Einheit bildete, spielte das keine große Rolle. Doch als Bosnien Anfang 1990 beschloss, sich aus der jugoslawischen Föderation zu lösen, erklärte Serbien natürlich: »Ihr wollt selbständig sein, in Ordnung, aber gebt uns das ursprünglich serbische Land zurück, das Tito in den fünfziger Jahren an Bosnien ausgeliefert hat.« Die Bosnier erklärten: »Nein, heute gehört es zu Bosnien«. Wundern wir uns, dass die Serben um ein Gebiet kämpfen, das unter einem anderen politischen System abgegeben wurde, und dessen überwiegend serbische Bevölkerung nun zu Serbien gehören möchte?

All das gewinnt noch mehr Gewicht angesichts des am Anfang dieses Buches erwähnten Planes von Ministerpräsident Alija Isetbegovitsch, Bosnien in einen moslemischen Staat wie den Iran oder den Gazastreifen zu verwandeln. Die Serben sagen im Grunde nur: Macht mit traditionell bosnischen Gebieten was ihr wollt. Aber gebt den Serben das traditionell serbische Land zurück, das Tito unter anderen Umständen an die Bosnier abgetreten hat. Das ist bis heute der Hauptgrund für den Krieg in Bosnien.

Das Erwachen der Griechen

Weiterhin beachtet die westliche Welt nicht, dass sowohl Serben als auch Griechen sich von islamischen Feinden eingeschlossen und bedroht fühlen: von Albanien und von beachtlichen islamischen Gruppen im Kosovo, in Mazedonien, in Griechenland, auf Zypern und in Bulgarien. In diese potentiellen Brandherde könnte die islamische Türkei mit ihren über 60 Millionen Menschen sehr schnell militärisch hineingezogen werden.

In diesen Zusammenhang passt ein Erlebnis, das ich im Sommer 1993 als Reservesprecher der israelischen Armee hatte. Ich begleitete eine Gruppe griechisch-amerikanischer Lobbyisten aus Washington auf den Golan. Um diese Zeit war Konstantin Mitsotakis griechischer Ministerpräsident und Glafkos Clerides Präsident von Zypern. Diese beiden griechischen Länder hatten gerade diplomatische Beziehungen zu Israel aufgenommen. Die Gruppe amerikanischer Vertreter besuchte Israel, um die Beziehungen zwischen den pro-griechischen und den pro-israelischen Kreisen in Amerika zu stärken. Im Wesentlichen lautete ihre Aussage: »Die griechischen Regierungen in Athen und Nikosia lagen falsch, als sie Israel in all den Jahren, die der Aufnahme der diplomatischen Beziehungen vorausgingen, brüskiert haben. Selbst unsere griechisch-orthodoxe Kirche sieht ein, dass nicht Juden, sondern Moslems die Griechen bedrohen. Wir haben gemerkt, dass wir mit Israel im gleichen Boot sitzen. Deshalb sollten wir uns verbünden.« Dann schlossen sie mit den Worten: »Wir müssen die Fehler der Vergangenheit korrigieren und unsere Interessen in der Beziehung zu Israel wahren. Eure Situation mit den Arabern entspricht unserer Lage im Verhältnis zu den Türken und den islamischen Völkern des Balkan.«

Die Leute sind überrascht, wenn ich ihnen den Hintergrund der Kriege und der Geschichte auf dem Balkan erkläre. Bei den Tragödien in den Balkanstaaten sind über 200 000 Menschen aus drei ethnischen Gruppen ums Leben gekommen. Neben dem Schrecken der »ethnischen Säuberungen«, bei denen alle Seiten schuldig geworden sind, finde ich es aber ebenso schockierend, dass 1976 in Ost-Timor 200 000 Christen von der indonesischen Armee ermordet wurden. Über eine halbe Million Angehörige der chinesischen Bevölkerungsgruppe wurden in den sechziger Jahren in Indonesien als Kommunisten abgestempelt und umgebracht. Millionen starben, und weitere Millionen werden dort in den nächsten Jahren im Sudan sterben. Bei zahllosen Konflikten in ethnisch oder religiös gemischten Landstrichen haben Moslems im Nahen Osten Minderheiten verfolgt und umgebracht. Unter anderen gehören dazu die Kopten in Ägypten und die Maroniten im Libanon. Die Medien ignorieren diese Tragödien, weil die Täter Moslems sind, hinter denen reiche Ölscheichs stehen. Eine objektive Berichterstattung zahlt sich für die Medien nicht aus. Außerdem: Welcher Reporter möchte schon auf einer islamistischen Todesliste stehen?

John Swinton, Herausgeber der *New York Times*, soll bereits 1914 bei einem Abendessen der amerikanischen Presse gesagt haben:»Es gibt keine unabhängige Presse in Amerika ... es ist die Pflicht des New Yorker Journalisten zu lügen ... und sein Land und seine Rasse für sein tägliches Brot zu verkaufen ... Wir sind Werkzeuge und Sklaven der Reichen ... Unsere Zeit, unsere Begabung, unser Leben und unsere Leistungsfähigkeit sind Eigentum dieser Männer. Wir sind intellektuelle Prostituierte.« (Salem Kirban, Analysis of Worldwide News.) Diese Aussagen wurden gemacht, lange bevor der islamische Petrodollar die Kontrolle über die Medien bekam.

Die Kontrolle der Medien durch Saudi-Arabien

Saudi-Arabien unterstützt zur Zeit finanziell zum Beispiel die Bechtel-Gesellschaft, aber ebenso Medien im christlichen Europa und Amerika. In der *Jerusalem Post* vom 21. Juli 1995 wurde über den ehemaligen italienischen Ministerpräsidenten Berlusconi berichtet: »Er verkaufte kürzlich 20 Prozent seines Fernseh- und Werbeimperiums an ein internationales Konsortium ... an dem der deutsche Medienmagnat Leo Kirch, der saudische Prinz Walid Bin Talal und die holländische Nethold-Richemont-Gruppe, die von dem südafrikanischen Geschäftsmann Johann Rupert kontrolliert wird, beteiligt sind. Kirch wird zehn Prozent übernehmen, Walid und Rupert die restlichen zehn Prozent.« Darüber hinaus besitzen Saudis in Europa, aber auch weltweit zahlreiche Zeitungen sowie Rundfunk- und Fernsehrechte. So wurde kürzlich die United Press International (UPI) durch islamische Petrodollars aufgekauft.

Der folgende Artikel des AP-Korrespondenten Anthony Shadid aus Nikosia, Zypern, wurde am 26. Juli 1995 von der *Jerusalem Post* veröffentlicht:

»Die renommiertesten Zeitungen und Magazine der arabischen Welt decken den Nahen Osten von London aus ab. Die ehrgeizigste dieser abhängigen Nachrichtenzentralen hat jetzt eine Geschäftsstelle am Rande von Rom eingerichtet. Allen ist dabei eins gemeinsam: die saudische Kontrolle.« Besonders seit Beginn der neunziger Jahre haben saudiarabische Investoren darunter auch Fürsten-führende arabische Medien eingerichtet oder gekauft. Die meisten davon haben ihren Sitz in Europa, vor allem in London.

Mit reichen Eigentümern, umfangreichen Verwaltungen und modernsten Kommunikationsmöglichkeiten sind diese Medien frei von der strengen Kontrolle, die im größten Teil des Nahen Ostens herrscht, und damit den ärmeren Konkurrenten in den arabischen Ländern im Wettbewerb weit überlegen. Doch die Kritik am zunehmenden Einfluss der Saudis auf die Informationen, die die arabische Welt erreichen, wächst. »Es gibt ein politisches Dach, das die gesamte arabische Presse unter sich vereinigt, und das kommt aus Saudi-Arabien«, sagt Abdel-Barri Atwan, Herausgeber von *Al-Quds*, einer palästinensischen Zeitung, die in London herausgegeben wird. Diese Zeitung kritisiert sehr oft Saudi-Arabien und andere Golfstaaten. »Wie kann es Pressefreiheit geben, wenn ein Land die Szene vollständig beherrscht?«, fragt er.

Die meisten Regierungen des Nahen Ostens schränken die Pressefreiheit ein. Kontrollen oder Selbstkontrollen erhalten die Berichterstatter »linientreu«. Jahrelang war Beirut die Ausnahme. Doch der Bürgerkrieg im Libanon trieb die Journalisten in den siebziger und achtziger Jahren aus dem Land. Viele fürchteten um ihr Leben. Saudi-Arabien gewann mit seinem enormen Ölreichtum an Einfluss. Dutzende von Publikationszentren sowie Rundfunk- und Fernsehsendern wurden in London und Paris neu eröffnet oder dorthin verlegt. Viele stehen unter saudischer Schirmherrschaft. Dazu gehört auch die im ganzen Nahen Osten als führende arabische Zeitung bekannte *Al-Hayat*.

Al-Hayat wird von Prinz Khalid Bin Sultan, dem saudischen Oberkommandierenden im Golfkrieg, kontrolliert. Sie wird von der arabischen Elite gelesen und dementiert gewöhnlich Berichte auf den Titelseiten westlicher Zeitungen. Ihre Auflage ist wesentlich kleiner als die der angesehenen ägyptischen *Al-Ahram*. Aber die Stärke von *Al-Hayat* liegt in ihren Möglichkeiten, nationale Grenzen zu überschreiten. Mit mehr als zwanzig Dienststellen und Korrespondenten in den meisten arabischen Hauptstädten ausgestattet sehen die Herausgeber von *Al-Hayat* ihre Zeitung als internationales Publikationsorgan mit pan-arabischer Orientierung. Sie sagen, sie hätten aus ihrer Londoner Perspektive einen umfassenden Überblick über die Region, unbehindert durch nationale Sentimentalitäten oder willkürliche Beschränkungen, denen arabische Journalisten zu Hause unterliegen. »Es ist von Vorteil, wenn man die Dinge aus der Entfernung sieht«, sagt Maher Othman, Redakteur für arabische Angelegenheiten bei *Al-Hayat*. »Wir wissen, dass wir die entscheidenden Leute erreichen, die Elite.«

Ausführliche Berichte über die Unruhen in Algerien, den arabisch-israelischen Friedensprozess und islamische militante Einsätze fanden starken Beifall. Doch Berichte über Saudi-Arabien und andere Golfstaaten waren selten und enthielten kaum kritische Töne. Als Saudi-Arabien keine ägyptischen Arbeiter mehr ins Land ließ, wurde dies in der *Al-Hayat* überhaupt nicht erwähnt. Irakische Systemkritiker werden regelmäßig zitiert, während die saudische Opposition kaum beachtet wird. Der führende Herausgeber von *Al-Hayat* Khairallah, gibt zu, dass es eine Selbstzensur gibt. Er verteidigt sie aber als notwendig, weil die Zeitung von saudischen Werbesendungen abhängig sei. »Unsere Hauptsorge ist, von Saudi-Arabien gemieden zu werden, da die meiste Werbung vom saudischen Markt kommt«, sagte Khairallah bei einem Telefoninterview von London aus. »Von Zeit zu Zeit müssen wir die saudische Zensur in Betracht ziehen.« Atwan, der früher für die ebenfalls in London stationierte saudische Zeitung *Asharq al-Awsat* arbeitete, sagte, dass sich der Druck auch auf andere Golfstaaten erstrecke. »Der einzige Staat, den wir kritisieren durften, ist Israel«, sagte Atwan, heute Redakteur bei *Al-Quds*.

In einer ähnlichen Entwicklung sind in den letzten Jahren panarabische Satellitenfernsehkanäle und Netzwerke aufgetaucht, darunter das Middle East Broadcasting Centre, Orbit und das Arab Radio and Television (ART). Alle drei werden von saudischen Investoren kontrolliert und nur ART ist in der arabischen Welt, in Kairo, ansässig. Obwohl alle finanzielle Schwierigkeiten haben, besitzen sie bedeutenden Einfluss, weil sie über die private Satellitenantennen im Nahen Osten schätzungsweise 2,5 Millionen Zuschauer erreichen. Der älteste Sender, das Middle East Broadcasting Centre, wurde vor vier Jahren in London gegründet und gehört Scheich Walid al-Ibrahim, einem Geschäftsmann, dessen Schwester die Frau des saudischen Königs Fahd ist. Seine aktuellen, westlich aufgemachten Nachrichten und Talk-Shows über Themen wie arabischen Nationalismus oder den Islam haben aufmerksame Zuschauer gefunden.

Im Blick auf die Zeitungen betrachten Kritiker den »saudischen Besitz als Einschränkung der Meinungsfreiheit in der arabischen Welt«. »Vor einem Jahrzehnt gab es noch viele Parteien in den arabischen Medien: Iraker, Libyer, Palästinenser und unabhängige Geschäftsleute«, sagt Riad al-Rajjes, ein angesehener Herausgeber, dessen Artikel in mehreren arabischen Zeitungen erscheinen. »Damals waren unterschiedliche Meinungen zu hören. Jetzt gibt es nur noch einen einzigen, unbeweglichen Medienstaat. Mit der Vielfalt ist es vorbei.«

KAPITEL 4

Eine Welteinheitsregierung im Bund mit dem Islam

Ich habe den Eindruck, dass eine weltweite Vereinheitlichung und ein Ende der Meinungsvielfalt in den Medien bevorsteht. CNN hat sich zwar noch nicht mit CBS fusioniert, wohl aber mit Time-Warner. Ein im Entstehen begriffenes Medienkartell scheint dieselben Ziele wie eine Welteinheitsregierung, neue Weltordnung oder New-Age-Ideologie zu haben. Die von einer derartigen Welteinheitsregierung beabsichtigte geistige Kontrolle widerstrebt den Interessen Einzelner, seien sie Amerikaner, Israelis, Araber oder einer anderen Nationalität zugehörig.

Die Trilaterale Kommission arbeitet auf eine neue Weltordnung zu und hat erkannt, dass sie gemeinsame Interessen mit Saudi-Arabien und anderen Ölstaaten verfolgt. Die grundsätzliche Übereinstimmung basiert auf der Ansicht, dass weltweite Stabilität von stabilen Ölpreisen und verlässlichen Angeboten abhängig ist. Dies wird von einem Bericht über ein Treffen zwischen der damaligen US-Botschafterin im Irak, April Gillespie, und Saddam Hussein im Sommer 1990, sechs Tage vor dem irakischen Einmarsch in Kuwait, bestätigt. Diesem Bericht zufolge soll Saddam Hussein Frau Gillespie gefragt haben, wie die USA auf eine Invasion in Kuwait reagieren würden. April Gillespie habe geantwortet: »Solange die USA ihr Öl bekommen und ihre Interessen nicht verletzt sehen, werden sie grundsätzlich wegschauen.« April Gillespie dementierte diesen Bericht später. Was Gillespie auch gesagt haben mag, Saudi-Arabien rief sofort um Hilfe, als der Irak Kuwait in knapp sechs

Stunden besetzte. Die USA taten pflichtbewusst, was ihre saudischen Oberherren ihnen befahlen: Sie stoppten die Invasion Saddams und vertrieben die Iraker wieder aus Kuwait, obwohl Saudi-Arabien gegen die Absetzung Saddam Husseins Einspruch erhob.

1991 wurde die Washingtoner Regierung manchmal »Bush-Baker-Bandar-Administration« genannt (der letzte der drei Namen steht für Prinz Bandar Ibn-Sultan, den saudischen Botschafter in Washington). Zynisch erscheint in diesem Zusammenhang, dass April Gillespie von Präsident Bush ausdrücklich instruiert worden sein soll, eine irakische Invasion in Kuwait zu ignorieren, weil diese für die USA gewinnversprechend sei. Erstens würden die Ölpreise steigen, was größere Rendite für die Ölindustrie, das heißt für die Geschäftsleute der Welteinheitsregierung, bedeuten würde. Zweitens würde eine US-Intervention die arabische Welt teuer zu stehen kommen, und zwar in zweierlei Hinsicht: durch direkte Zahlungen für den Militäreinsatz bei der Vertreibung Saddam Husseins aus Kuwait und indirekt durch immense Waffenkäufe in den USA, die von den reichen arabischen Ölförderländern erwartet werden durften, aus Dank für die Hilfe aus Amerika. Auf jeden Fall ist es allgemein bekannt, dass Kriege der Wirtschaft und dem Aufbau einer Welteinheitsordnung dienen, weil Ölimporte aus dem Nahen Osten ebenso zunehmen wie Waffenexporte in die Kriegsgebiete. Wen kümmert es schon, dass Millionen unschuldiger Menschen sterben müssen, solange die Reichen und Mächtigen ihre Taschen füllen können?

Eine interessante Erfahrung verdeutlicht die Rolle, die eine vom Petrodollar beherrschte Welteinheitsregierung und ihre Interessen in Amerika spielen. Am 14. April 1991, wenige Wochen nach Beendigung der Aktion »Wüstensturm«, erhielt ich eine Einladung, vor dem Dallas Council on World Affairs zu sprechen. Der Vorsitzende dieses Rates war zu dieser Zeit ein General a. D. Latham. Ich wusste damals noch nicht, dass der Dallas Council on World Affairs ein Regionalzweig des Council on Foreign Relations mit Sitz in New York City war. Bis dato hatte ich vor allem in Kirchen oder Synagogen gesprochen. Dies war mein erster Auftritt im säkularen Umfeld, einem Forum der Ölbankiers. Diesmal war die reiche Oberschicht von Dallas mein Gastgeber, die das Rad der Geschichte in Bewegung hält – nicht die kleinen Leute mit der Bibel in der Hand.

Da damals in Israel noch die Likud-Regierung unter Jitzchak Schamir im Amt war, musste ich harte Kritik einstecken. Man war sehr unglücklich über Schamir und die Unnachgiebigkeit des Likud. An dieser Stelle muss daran erinnert werden, dass Israel der geheime Held der Aktion »Wüstensturm« war. Obwohl im Lande 43 irakische Scud-Raketen eingeschlagen hatten, hatte Israel keine Vergeltungsschläge gegen den Irak durchgeführt. Es hatte sich exakt an die Weisungen der amerikanisch-arabischen Koalition gehalten. Doch Israel stand den USA immer zur Verfügung, wenn es gebraucht wurde, zum Beispiel für die Stationierung von Flugzeugträgern, als vorgeschobene Nachschubstation oder als vorgeschobene Verteidigungslinie der USA und des Westens während der ganzen Zeit des Kalten Krieges und danach. Jedenfalls war ich auf den Frontalangriff dieser Leute in Dallas nicht vorbereitet.

Der Grundton meiner Botschaft als israelischer Regierungssprecher war politisch durchaus korrekt. Wir befanden uns in der Zeit der Regierung Jitzchak Schamir, während der die Madrider Friedensgespräche von 1990 eingeleitet wurden. Ich erklärte in meinem Vortrag, dass Israel bereits 93 Prozent der UNO-Resolutionen 242 und 338 erfüllt habe, wonach Israel sich von Gebieten zurückziehen sollte, die es in den Kriegen 1967 und 1973 gewonnen hatte. Es hatte den Sinai an Ägypten (= 91 Prozent) und die Hälfte des Golan an Syrien (= zwei Prozent) zurückgegeben. Die restlichen sieben Prozent der Gebiete (Judäa, Samaria, Gaza und die andere Hälfte des Golan) sollten bei Israel verbleiben, da es mit den vorangegangenen 93 Prozent bereits viel aufs Spiel gesetzt hatte und diese wenigen verbleibenden Bereiche für Israels Verteidigung lebenswichtig seien. Außerdem muss man bedenken, dass die beiden UNO-Resolutionen keineswegs einen totalen Rückzug Israels aus allen Gebieten, die in den Verteidigungskriegen von 1967 und 1973 besetzt worden waren, fordern. Vielmehr fordern die Resolutionen die Vereinbarung von sicheren und anerkannten Grenzen zwischen Israel und seinen Nachbarn. Selbst der ehemalige israelische Außenminister Abba Eban hatte die Waffenstillstandslinien von vor 1967 als »Auschwitz-Linien« bezeichnet, weil sie unmöglich verteidigt werden können. Wenn die UNO eine totale Räumung im Sinn gehabt hätte, hätte sie das auch zum Ausdruck gebracht. Dann wäre es allerdings sinnlos gewesen, von einer »Vereinbarung von sicheren, anerkannten Grenzen« das Wort zu reden, »die eine Verteidigung ermöglichen.«

Nach meinem Vortrag gingen wir zum Essen, um später wieder zu einer geschlossenen Versammlung zusammenzutreffen. In dieser Frage- und Antwortphase wurde mir eine der härtesten politischen Lektionen meines Lebens erteilt. Zuerst wurde mir erklärt, dass ich zwar in Amerika geboren und aufgewachsen und daher ein gewandter Fürsprecher Israels sei. Trotzdem müsse man mich über die Realitäten des Lebens und die Realpolitik erst aufklären. Erste Realität sei: »Amerika ist es leid, Israels Kriege zu finanzieren. Israel wird jeden Preis für einen Frieden mit seinen arabischen Nachbarn bezahlen müssen.« Mit anderen Worten: Israel müsse total vor den Arabern kapitulieren und alle Gebiete zurückgeben, die es gezwungenermaßen 1967 und 1973 besetzt hatte, einschließlich Ostjerusalems. Und das habe unabhängig von den UN-Resolutionen 242 und 338 zu geschehen, weil die USA nicht länger hinter Israel stünden. Israel war also plötzlich ganz allein. Die USA konnten nicht mehr als Bundesgenossen angesehen werden. Die zweite Realität sei: »Das Einzige, was Amerika groß gemacht hat, war das Erdöl, stabile Ölpreise und eine ständige Ölförderung. Und wir (die USA) werden nicht dulden, dass Israel uns dabei im Wege steht.«

Bevor ich darauf antworten konnte, baten zwei christlich-evangelikale Paare um Erlaubnis sprechen zu dürfen. Die vier waren meine Gäste und hatten mich zuvor eingeladen, in zwei

Rundfunkprogrammen in Dallas zu sprechen. Eric Gustavson stand auf und sagte zitternd vor Empörung: »Sie sollten sich alle schämen! Sie bezeichnen sich doch als Christen?! Was Amerika groß gemacht hat, war nicht das Öl. Jesus Christus hat Amerika groß werden lassen!« Damit setzte er sich wieder. Dann stand seine Tochter auf und fügte hinzu: »Außerdem heißt es im 1. und 4. Buch Mose: ›Gesegnet sei, wer dich segnet, und verflucht, wer dich verflucht!‹« (1. Mose 27,29; 4. Mose 24,9).

Danach war ich an der Reihe. Meine Antwort an den Dallas Council on World Affairs lautete: »Wir Juden existieren seit 4000 Jahren. Wir haben es nicht verdient, dass wir noch am Leben sind. Wir sind ein halsstarriges, eigensinniges und rebellisches Volk. Gott hat uns wiederholt bestraft, weil wir seinen Geboten nicht gehorchten, obwohl wir dies in 2. Mose 19,5 versprochen hatten. Heute lebt nur noch ein Rest des jüdischen Volkes. Doch dieser Überrest existiert, weil Gott uns eine Verheißung gegeben hat. Israel erstand aufs Neue aus dem Scheiterhaufen der Geschichte, nach 2000 Jahren jüdischer Diaspora. Darüber, ob wir es nun verdient haben oder nicht, kann man streiten. Entscheidend ist, dass Gott und die biblische Prophetie eine Rückkehr der Juden ins Heilige Land und die Gründung eines jüdischen Staates ein drittes Mal möglich gemacht haben. Das ist die biblische Sicht der Dinge.«

»Im Blick auf die Ölreserven ist zu sagen, dass sie im Laufe des kommenden Jahrhunderts zur Neige gehen werden – vielleicht in 60 oder 70 Jahren. Gott wird in seiner ewigen Weisheit Menschen mit Erkenntnis und Wissen ausstatten, um alternative Energiequellen zu entdecken. Bis dahin werden wir Juden uns und unsere viertausendjährige Geschichte nicht selbst zum Opfer bringen für 60 Jahre stabile Ölpreise und Ölförderung. Wir haben bereits mit dem Leben von sechs Millionen Juden bezahlt, weil der arabische Druck auf England und die USA die Türen für die Auswanderung der Juden aus Europa zuschlug. Man erlaubte ihnen in den zwanziger und dreißiger Jahren nicht, nach Palästina zu gehen, sondern lieferte sie dem satanischen Holocaust der Nazis aus. Auf diese Weise haben die Juden bereits für stabile Ölpreise und Ölförderung bezahlt. Wir werden jetzt nicht noch einmal mit dem Leben von fünf Millionen israelischen Juden zum Vorteil der Ölgesellschaften bezahlen!«

Die Bedeutung jenes Abends lag nicht in meinen Worten, sondern in dem, was ich zu hören bekam: Dass wiederum Juden in einem Holocaust auf dem Altar des Erdöls dargebracht werden sollten — diesmal im Nahen Osten. Und dass das jüdische Volk wiederum keine Freunde hatte, außer vielleicht den bibelgläubigen Christen. Herr Gustavson und seine Tochter waren an jenem Abend meine Verbündeten, aber wir waren in der Minderheit.

Ich sah im Geist ein Schlachtfeld vor mir. Meine vier evangelikalen Freunde repräsentierten das christliche Amerika und die anderen etwa 20 Personen im Raum, die zum Dallas Council on Foreign Affairs gehörten, repräsentierten das gegen Christus und die Christen gerichtete Amerika. Momentan wurde dieses Schlachtfeld von den siegreichen Armeen des Mammon beherrscht, während die Christen Schwäche zeigten und weder organisiert waren noch effektiv auftraten.

In Lukas 16,13 steht: »Kein Knecht kann zwei Herren dienen; entweder er wird den einen hassen und den andern lieben, oder er wird an dem einen hängen und den andern verachten. Ihr könnt nicht Gott dienen und dem Mammon.« An jenem Abend des 14. April 1991 kam ich, ein Jude und Reserveoffizier der israelischen Armee, zu dem Schluss, dass ich um Gottes, um Israels und um des Schicksals aller Juden willen mein künftiges Leben der Sache der Christen weihen wollte, wenn diese sich der antichristlichen Front, die um des Öls und des Geldes willen einen neuen jüdischen Holocaust in Kauf nehmen wollte, entgegenstellten. Die antichristliche Seite hat schließlich ein bewährtes Vorbild im Zweiten Weltkrieg. Präsident Roosevelt ließ nicht einmal die Eisenbahnlinien, die in die Konzentrationslager führten, bombardieren. Dadurch hätte wenigstens eine Million Juden gerettet werden können. Die Briten taten alles in ihrer Macht stehende, um die Juden in einem von Nazis besetzten Europa festzuhalten und so ihr Schicksal zu besiegeln. Erst im Januar 1942 kam Adolf Hitler auf der Berliner Wannseekonferenz zu der Erkenntnis, dass in dem von ihm besetzten Europa noch sieben Millionen Juden hinter den Frontlinien der Wehrmacht festsaßen. Da weder Briten noch Amerikaner diese Juden auswandern ließen, musste sich Hitler mit ihnen befassen. So kam die Entscheidung über die »Endlösung der Judenfrage« zustande. Dies soll keine Verteidigung Hitlers sein. Doch er war nicht allein. Churchill und Roosevelt waren Mittäter. Sie gehörten zu der Welteinheitsregierung.

Die unausweichliche Schlussfolgerung jenes Abends bestand für mich darin: Christen, die wirklich Gott, die Bibel, Israel und das jüdische Volk lieben, müssen unterstützt und organisiert werden, damit sie ihrerseits Israel und eine pro-israelische Regierung in Washington unterstützen können. Andernfalls würde sich Washington (wie schon immer) für das Öl und die Araber entscheiden und Israel mit seiner Bevölkerung (fünf Millionen Juden und Christen plus drei Millionen Moslems) in einem neuen Holocaust opfern und dabei »wegsehen«, wie April Gillespie es angeblich tat, während Ölgesellschaften, Wirtschaftsmagnaten und ölschwere Moslems das entbehrliche, relativ arme Israel in den Untergang führen.

Eine weitere Schlussfolgerung jenes Abends drängte sich mir nach dem Bombenattentat auf das World Trade Center in New York im Februar 1993 und nach der Sendung des Dokumentarfilms von Steven Emerson »Dschihad in Amerika« (im amerikanischen Fernsehen im November 1994) verstärkt auf: Der Westen — ob er es wahrhaben will oder nicht — sitzt mit Israel im gleichen Boot.

Einzig das arabische Öl hat das Christentum an der Gurgel. Da die Ölreserven jedoch in vermutlich 60 bis 70 Jahren erschöpft sein werden und durch alternative Energiequellen ersetzt werden müssen, sind es eben diese kommenden 70 Jahre, die für den Islam entscheidend sind, wenn er der Welt seinen Willen aufzwingen und sie zum Islam bekehren will. Der iranische Ajatollah Janati soll in Teheran gesagt haben: »Das 21. Jahrhundert wird das Jahrhundert des Islam.«

Läuft dem Islam und seinem Erdöl die Zeit davon?

Ich behaupte, dass die Zeit des Islam, mit dem Ziel der Übernahme der Weltherrschaft, zu Ende geht. In 70 Jahren wird es kein Öl und auch keinen Bedarf an Öl mehr geben. Deshalb muss der fanatische Islam heute handeln, solange er noch die Macht des Öls und der so genannten Namenschristen hinter sich hat.

Im 12. Kapitel des Buches der Offenbarung gibt es eine christliche Prophezeiung über den Drachen, den Satan, der eine Frau und ihr Kind angreift. In der Tradition ist die Frau Israel und ihr Kind Jesus. In Vers 1 heißt es: »Und es erschien ein großes Zeichen am Himmel: eine Frau, mit der Sonne bekleidet, und der Mond unter ihren Füßen und auf ihrem Haupt eine Krone von zwölf Sternen ...« Meiner Meinung nach bedeutet der Mond zu ihren Füßen die Unterwelt der »Finsternis«. Da der Mond den Moslems heilig ist und Allah, der Mond-Gott, ein Kriegsgott ist — steigt der Mond aus der Unterwelt auf, um die Frau und das Kind anzugreifen.

In Vers 12 heißt es: »Darum freut euch, ihr Himmel und die darin wohnen! Weh aber der Erde und dem Meer! Denn der Teufel kommt zu euch hinab und hat einen großen Zorn und weiß, dass er wenig Zeit hat.« Wird hier nicht genau das endzeitliche Szenario beschrieben, das wir heute vor uns sehen? Was hat das islamische System mit all den Segnungen und Reichtümern gemacht, die Gott ihnen mit ihrem Erdöl anvertraut hat? Welche Industrien hat es in seinen Ländern entwickelt? Warum wächst dort das Analphabetentum, während die Geburtenrate explodiert? Warum lässt man das Land veröden, anstatt Wüsten einzudämmen? Die Militärdiktaturen Lateinamerikas entwickeln sich zu Demokratien. Die ehemals kommunistische Welt bemüht sich demokratisch zu werden. Warum ist es einzig die moslemische und arabische Welt, mit Ausnahme einer schwankenden Türkei, die jede Möglichkeit einer demokratischen Entwicklung und Religionsfreiheit ausschließt und rückwärts schreitet in das siebte Jahrhundert und in die Brutalität des Mittelalters? Die Auswirkungen des Reichtums haben lasterhafte Züge angenommen: Massenvernichtungsmittel, den Bau von Kriegsmaschinerien. Einige wenige häufen große Reichtümer an, leben mit vergoldeten Wasserhähnen, luxuriösen Wagen ein ausschweifendes Leben in den Kasinos außerhalb ihrer Heimatländer, während die überwältigende Mehrheit der Menschen in Armut lebt.

In Somalia kann der fundamentalistische Islam die Schuld weder auf Christen noch auf Juden abwälzen, weil es keine gibt. Trotzdem kämpfen rivalisierende Clans um die Herrschaft über ein total verwüstetes Land, ohne dass auch nur das geringste Zeichen von Demokratie in Sicht wäre.

Auch in Afghanistan gibt es weder Christen noch Juden. Doch vier rivalisierende islamische Splittergruppen, unter denen die fanatische Taliban-Miliz dominiert, zerfleischen sich gegenseitig. Frauen können heute ihre Häuser nicht mehr verlassen, um einer Arbeit nachzugehen. Sie haben zu Hause zu bleiben und müssen dort unterhalten werden. Die männliche Bevölkerung Afghanistans hat schwer gelitten unter den Jahrzehnten des Bürgerkriegs und der sowjetischen Invasion. Frauen wurden zu Ärztinnen, Krankenschwestern, Lehrerinnen und Verwaltungsbeamtinnen ausgebildet, weil keine Männer da waren. Jetzt ist das alles vorbei. Die Frauen müssen zu Hause bleiben und hungern. Das ist der fanatische Islam.

Ein anderes, nicht zu übertreffendes Beispiel des fanatischen Islam sehen wir im Libyen des Muammar Ghaddafi. Auch dort gibt es keine Juden oder Christen mehr, die man beschuldigen könnte. Ghaddafi hat zahllose blutige Putschversuche überlebt. Alle wurden rücksichtslos niedergeschlagen. Ghaddafi ist heute der größte Importeur von schwarzen Kindern auf den Sklavenmärkten Khartums. Außerdem unterstützt er einen anderen großen Feind von Juden und Christen: Louis Farrakhan. Mit ihm werde ich mich später noch beschäftigen.

Algerien ist zwar offiziell kein extrem fundamentalistischer Staat. Aber eine Mehrheit seiner Bevölkerung hat für eine fanatisch-islamische Partei gestimmt. Die Wahlergebnisse wurden annulliert. Ein blutiger Bürgerkrieg ist die Folge mit bislang 60 000 Toten. Viele starben durch Bombenexplosionen, viele wurden mit Messern oder Äxten umgebracht, wieder andere mit Kettensägen zerstückelt. Bis heute ist ein Ende nicht absehbar. Auf jeden Fall hat dieser Krieg nicht das Geringste mit Juden und Christen zu tun.

Hier haben wir also einige Beispiele rein islamischer Utopien. Wir wissen, was uns erwartet, wenn das islamische System die Vorherrschaft gewinnt. Die Moslems selbst haben zuerst und am meisten unter dem fanatischen Islam zu leiden. Noch einmal, wie schon am Anfang dieses Buches, möchte ich betonen, dass sich meine Botschaft nicht gegen einzelne Moslems richtet, sondern gegen das extrem fundamentalistische islamische System, das alle Moslems, die unter ihm leben, zu Hunger, Armut, Elend und Tyrannei verurteilt. Mein Herz schlägt für die Moslems.

Die demographische Unterwanderung Amerikas und Europas

Ich sehe eine islamische Bevölkerungswanderung, die künftig in allen westlichen Ländern eine große Rolle spielen und aus zwei Quellen gespeist wird. Wie oben erwähnt, ist die Tyrannei fanatisch-islamischer Regierungen so schlimm, dass Millionen von Moslems in den Westen geflohen sind, um ein erträglicheres Leben führen zu können. Dabei übt der höhere Lebensstandard des Westens eine große Anziehungskraft aus.

In Amerika bilden Moslems nach den Protestanten und Katholiken mittlerweile die drittstärkste Religionsgemeinschaft. Juden stellen mit fünf Millionen eine verschwindende Minderheit dar. Die 14 Millionen Moslems machen bereits mehr als fünf Prozent der amerikanischen Bevölkerung aus. In Frankreich nähert sich der Anteil der Moslems an der Gesamtbevölkerung der Zehn-Prozent-Grenze.

Diese Moslems wandern unauffällig in ihre neue Wahlheimat ein. Am Anfang akzeptieren und respektieren sie ohne Aufsehen zu erregen die Gesetze und Traditionen des Landes, in dem sie nun leben. Da ihre Geburtenrate jedoch die ihrer christlichen und jüdischen Nachbarn weit übersteigt und ihre Zahl durch die Flut moslemischer Flüchtlinge anschwillt, wachsen sie zu einer beachtlichen Minderheit mit zunehmender Wählerschaft heran. Diese Wählerstimmen können von Politikern nicht übersehen werden.

Der zweite Faktor, der diese Entwicklung fördert, ist die Bestechlichkeit der Universitäten in den USA und in Europa durch die Sponsorentätigkeit der Ölmagnaten des Nahen Ostens. Wenn Universitäten einmal Geld angenommen haben, sind sie machtlos und müssen die Visa oder »grünen Karten« ausstellen, mit denen jedes Jahr Tausende neuer Studenten in die westlichen Länder einreisen.

Man kann darüber streiten, ob hinter dieser Entwicklung ein Geheimplan islamischer Führer steht, durch den innerhalb einiger Jahrzehnte islamische Minderheiten geschaffen werden sollen, die nicht ignoriert werden können, um so ursprünglich christliche Länder zu beeinflussen oder gar zu beherrschen. Wesentlich ist, dass bereits beachtliche moslemische Gemeinden existieren und eine Bedrohung darstellen. Diese Bedrohung wird im Laufe der Zeit zunehmen und sich gegen frühere Traditionen richten, die vor der islamischen Invasion herrschten.

Nachdem diese Studenten an amerikanischen und europäischen Universitäten angekommen sind, entscheiden sich viele dafür, in ihren Gastländern zu bleiben, um ihr Studium abzuschließen. Sie nehmen die Staatsbürgerschaft dieser Länder an, heiraten christliche Frauen aus ihrer Umgebung und schließen sich dem Stoßtrupp der islamischen Invasion in Amerika und Europa an.

Im Januar 1995 fragte mich während der öffentlichen Aussprache in einer Kirche in Brownsville, Texas, eine Frau: »Warum versuchen Moslems christliche amerikanische Frauen zu heiraten?« Ich sagte, dass ich nichts gegen Romanzen sagen wolle. Gegensätze ziehen sich tatsächlich an und Rudolf Valentinos Bild vom romantischen arabischen Scheich hat die Herzen naiver westlicher Frauen im Sturm erobert, sodass sie mit in die Kasbah (Sultansschloss in Marokko) gehen. Allerdings denke ich, dass es auch viele Immigranten und Touristen gibt, die eigentlich die »Grüne Karte«, die Voraussetzung für eine Einbürgerung in den USA, haben wollen. Wenn die Einwanderer erst einmal Staatsbürger sind, enden viele dieser Heiraten in Scheidung. Außerdem merkte ich noch an, dass moslemische Männer trotz »Grüner Karte« leider nach anderen Regeln lebten als christliche Männer und Frauen und dass christliche Frauen sich oft der Unterschiede zwischen westlich-christlicher und östlich-islamischer Kultur und den daraus resultierenden Verhaltensweisen nicht bewusst wären.

Dann erzählte ich die Geschichte von Nizar Hindawi, einem Palästinenser, der in London sein Glück suchte. Er ging mit einer irischen Putzfrau eine Beziehung ein. Als sie im achten Monat schwanger war, schlug er ihr vor: »Wir wollen bald heiraten. Du solltest nach Palästina reisen, meine Familie kennen lernen und ihre Anerkennung gewinnen, damit wir heiraten können.« Die junge irische Frau, die das Kind dieses Mannes trug, war sehr interessiert an einer Ehe mit ihm. Sie wollte für ihr Kind einen Vater haben. So stimmte sie fröhlich zu, nach Israel zu reisen, um ihrer künftigen Wahlverwandtschaft zu begegnen.

Vor dem Abflug im Londoner Flughafen Heathrow machten die EL-AL-Sicherheitsbeamten die üblichen Kontrollen und fragten die hochschwangere Frau, wo denn ihr Gatte sei. Sie antwortete, dass sie noch nicht verheiratet und auf dem Weg nach Palästina sei, um ihre künftigen Schwiegereltern kennen zu lernen. An dieser Stelle schöpften die Beamten Verdacht. Bei einer gründlichen Durchsuchung ihres Gepäcks fanden sie eine »Höhenbombe«, die so eingestellt war, dass sie explodiert wäre, sobald das Flugzeug eine Höhe von ca. 7000 Meter erreicht hätte. So wurde einer der schwersten Terrorakte der Geschichte der Luftfahrt abgewendet. Vielleicht hatte sich Nizar Hindawi nach dem Koran gerichtet, wo in Sure 17,33 das islamische Äquivalent des sechsten Gebotes der Bibel steht: »Und tötet niemand, den (zu töten) Allah verboten hat, außer wenn ihr dazu berechtigt seid!« Nizar Hindawi hatte versucht, seine Verlobte und seinen eigenen, noch ungeborenen Sohn in die Luft zu sprengen — sein eigen Fleisch und Blut für eine »gerechte Sache« zu opfern —, nämlich um eine EL AL-Maschine zu sprengen.

Ich hatte gerade meine Erzählung beendet, als ich eine junge christliche Frau bemerkte, die mit meiner Frau in der ersten Reihe saß. Meine Frau, die in Ägypten geboren worden war, begleitete mich auf dieser Vortragsreise. Die beiden waren in eine lebhafte Diskussion verwickelt. Als ich die Zeit für Fragen abschloss, kamen die Eltern der jungen Dame in Tränen aufgelöst zu mir: »Retten Sie unsere Tochter! Retten Sie doch bitte unsere Tochter!« Nachdem sie sich ein wenig beruhigt hatten, berichteten sie mir, dass ihre Tochter Studentin an der Universität Austin, Texas, war. An einer Fliegerschule hatte sie einen saudischen Prinzen kennen gelernt. Bei ihrem zweiten Treffen machte ihr der Prinz einen Heiratsantrag. Er war der Mann, von dem jedes amerikanische Mädchen träumte: groß, dunkel, gutaussehend, märchenhaft reich, mit einem Palast und Chauffeuren in Saudi-Arabien. Ein richtiger arabischer Scheich, wie ihn Rudolf Valentino verkörperte. Die junge Frau hatte ihn gefragt, wie sie in Saudi-Arabien leben sollte, wo sie nicht einmal einen Wagen fahren durfte, weil das gegen das Gesetz des Landes verstieß. Seine schnelle Antwort hatte gelautet: »Das hast du dort ja gar nicht nötig. Wir haben genug Chauffeure.«

Als das Publikum schließlich die Kirche verließ, saß die junge Dame mit ihren Eltern, dem Pastor, meiner Frau und mir noch zusammen, um die Sache zu besprechen. Wir sagten der jungen Frau, dass sie in dem Augenblick, in dem sie mit dem saudischen Prinzen das Hoheitsgebiet der USA verlassen würde, keine amerikanischen Rechte mehr besäße. Saudi-Arabien lebt nach völlig anderen Werten und Gesetzen.

»Möchten Sie Ihren Mann mit drei anderen Frauen teilen?«, fragten wir weiter. »Sie wissen doch, dass er nach dem Koran die Erlaubnis besitzt, vier Frauen zu haben. Und der Koran bestimmt das Gesetz des Landes Saudi-Arabien. Nach dem islamischen Gesetz, der Scharia, werden Ihre Kinder Moslems sein. Und Sie wissen ja sicher auch, dass Sie sich selbst immer von Kopf bis Fuß in einen Schleier hüllen müssen, weil auch das Landesgesetz ist. Sie müssen wissen, dass Sie möglicherweise unter Druck gesetzt werden, zum Islam überzutreten, weil Sie eine (christliche) Ungläubige sind, die das heilige islamische Land Saudi-Arabien beschmutzt. Auch wenn Sie dabei unglücklich sind, haben Sie gar keine andere Wahl. Falls Sie nicht gehorchen, hat Ihr Gatte nach dem Koran das Recht, Sie zu schlagen. Und wenn Sie sich dagegen wehren, könnte es sein, dass man Sie mit Ketten umwickelt auf dem Grund des königlichen Swimmingpools findet. Niemand wird dann im saudischen Rechtssystem daran interessiert sein, die Sache aufzuklären. Recht bedeutet dort nämlich etwas ganz anderes als in demokratischen Staaten. Wenn Sie Amerika verlassen, um in ein islamisches Land zu gehen, verlieren Sie fast alle Rechte, die Sie in Amerika besessen haben.«

Als wir im Juli 1997 wieder in Brownsville, Texas, waren, durften wir erleichtert feststellen, dass wir diese junge Frau vor einer Fehlentscheidung bewahren konnten. Es gibt aber viele amerikanische Frauen, die moslemische Männer heiraten und zu spät feststellen, dass sich ihre Erwartungen nicht erfüllen. Dann finden sie sich in islamischen Ländern unter oftmals unerträglichen Bedingungen wieder, wo man der Frage nach dem Status dieser Frauen sehr feindlich und voller Vorurteile gegenübersteht, vor allem, wenn es westliche Frauen mit der Vorstellung von Gleichberechtigung sind.

Wenn solche Paare nach Amerika zurückkehren, bleiben viele der moslemischen Männer bei ihren amerikanischen Frauen. Viele der Frauen treten allerdings zum Islam über und tragen so zum Wachstum dieser am schnellsten zunehmenden religiösen Gruppe in Amerika oder weltweit bei. Diese neubekehrten Moslems bilden zunächst eine kleine, ruhige Minderheit. Dann aber kämpfen sie um ihr Stimmrecht. Später wollen sie gehört werden und ihre Mitmenschen dahingehend beeinflussen, mehr und mehr islamische Gesetze zu akzeptieren. Und schließlich kommt es zur aggressiven, veränderten Form islamischer Aktivitäten, wozu auch das Unterdrücken jeglicher Kritik am Koran gehört. Die kritischen Stimmen werden, wenn möglich, gekauft, und wo das nicht geht, durch Drohungen, Gewaltanwendung oder sogar Mord zum Schweigen gebracht.

Die letzte Bedrohung für Amerika und den Westen besteht darin, dass der fundamentalistische Islam die Pressefreiheit abschaffen will, da er, im Gegensatz zum Judentum und Christentum, alles zum Schweigen zu bringen versucht, was dem Islam kritisch gegenübersteht. Später, wenn Moslems 20, 30 oder mehr Prozent der Bevölkerung bilden, könnten sie die amerikanische Demokratie benutzen, wie Hitler die Verhältnisse in der Weimarer Republik genutzt hat, um an die Macht zu kommen. Oder sie treten als politische Drahtzieher innerhalb des demokratischen Systems auf, um dann die Demokratie von innen zu zersetzen, da sie mit dem Islam und seinen Lehren nicht in Einklang gebracht werden kann. Und das alles könnte schon in einem oder zwei Jahrzehnten passieren.

Seif Ashmawi, ein gemäßigter Moslem, der in den USA die Zeitung *Voice of Peace* herausgibt und dessen Leben von radikalen Moslems schon oft bedroht wurde, sagt: »Diese Menschen haben ihre eigene Doktrin. Sie können dich anklagen, weil du kein Moslem bist. Sie können dich auch anklagen, weil du ein Ungläubiger bist. Wenn sie das Wort ›kafer‹ aussprechen, was so viel wie ungläubig heißt, bist du aus ihrer Gemeinschaft ausgestoßen und vogelfrei. Jeder, der dir begegnet, kann dich umbringen. Und wenn er es tut, tut er es im Namen Allahs. Hitler kam mit demokratischen Mitteln an die Macht. Mussolini kam mit demokratischen Mitteln an die Macht. Diese Leute benutzen die Demokratie nur, um an die Macht zu gelangen. Wenn sie einmal die Oberhand gewonnen haben, wird es keine Demokratie mehr geben. Das habe ich immer und immer wie-

der von vielen gehört. Ich lese regelmäßig ihre Veröffentlichun-
gen. Sie sagen ganz offen: ›Im Islam gibt es keine Demokratie‹«
(Steven Emerson, »Dschihad in Amerika«, Fernsehdokumenta-
tion).

Die westliche Demokratie ist die Frucht der klassischen
griechischen Demokratie, die eine Demokratie der Elite war
und durch die judäochristliche Kultur der beiden letzten Jahrtausende zu einem universalistischen System erweitert wurde,
das alle Rassen, Religionen und natürlich auch beide Ge-
schlechter einschließt. Dieses System ist für den Islam unannehmbar.

Adel Jousef, ein gemäßigter sudanesischer Moslem, kannte
einige der Leute, die wegen des Anschlags auf das World Trade
Center verurteilt wurden. Er sagte über diese: Die fanatischen
Moslems »glauben, dass alle westlichen Länder Feinde des
Islam sind. Alle christlichen und jüdischen Gruppen sind in
ihren Augen Feinde des Islam. Sie glauben sogar, dass es islamische Gruppen gibt, die mit dem Westen zusammenarbeiten und
deshalb als Feinde betrachtet werden müssen. Diese sind sogar
noch gefährlicher als diejenigen, die ursprünglich aus dem
westlichen Kulturkreis stammen« (Emerson, »Dschihad in
Amerika«).

In der moslemischen Welt muss man nur sehen, wie das
einfache Volk unter dem Joch der Ajatollas leidet. Die Frauen,
das heißt die Hälfte der Bevölkerung, werden auf eine Ebene
hinabgedrückt, die schlimmer ist als Sklaverei. Sie müssen sich
von Kopf bis Fuß verschleiern, weil es eine Sünde wäre, sich vor
Männern sehen zu lassen. Sie dürfen selbst kein Auto steuern
und müssen sich in Zwangsehen einfügen oder nach den Lau-
nen eines Vaters oder Bruders leben. Andernfalls droht ihnen
die Todesstrafe, weil sie den Ruf der Familie entehren. Unter
islamischem Recht sind moralische Regeln und Strafen gültig,
die in zivilisierten Ländern längst abgeschafft wurden. Die
leiseste Kritik und jeglicher Versuch, über den »göttlichen und
unfehlbaren« Koran nachzudenken, steht unter der Androhung
der Todesstrafe, wie am Beispiel von Salman Rushdie und

seinem Buch »Satanische Verse« zu sehen ist. Es gibt Fälle, in denen prominente, gemäßigte Moslems von fanatischen Glaubensbrüdern verfolgt und ermordet wurden.

Im Westen entrüsten sich gläubige Juden und Christen zwar, wenn Kritik oder Schlimmeres über die Bibel geäußert wird, aber wir halten es grundsätzlich doch mit Voltaire: »Ich stimme nicht mit dem überein, was du sagst, aber ich setze mein Leben dafür ein, dass du es sagen darfst.« Das ist unsere judäo-christliche Tradition. Gott wird über die, die Gutes oder Böses getan haben, zu seiner Zeit urteilen. Als demokratische Völker erlauben wir jedem seine Meinung frei zu äußern, wenn dies in einer fairen Debatte und aufrichtig geschieht.

Im Islam ist das anders. Im Koran darf kein einziger Buchstabe, Komma oder Strich verändert werden. Alles, was darin steht, muss wörtlich genommen werden (obwohl der Koran sich ständig selbst widerspricht), weil die Moslems ihr Buch als von göttlichem Ursprung und unfehlbar ansehen. Es ist für sie unmittelbar von Allah seinem Propheten Mohammed geoffenbart worden. Jede Abweichung oder Missachtung steht unter Todesstrafe. Kann der Westen so etwas tolerieren? Wenn ja, dann bedeutet das den Untergang der westlichen Demokratie, insbesondere der Rede- und Pressefreiheit.

In Israel sind Moslems voll akzeptierte Staatsbürger, die in der israelischen Armee dienen und in der Verwaltung, im öffentlichen Leben und in der Politik tätig sind. Israel pflegt einen offenen, westlichen Lebensstil. Man findet Juden, Christen und Moslems aller Konfessionen in der israelischen Armee und Gesellschaft. Das wäre bei umgekehrter Rollenverteilung unmöglich, wenn Juden und Christen im Heiligen Land als Minorität unter dem Islam leben müssten. Juden und Christen werden im Koran als »Leute des Buches« bezeichnet, die vom Islam geschützt werden sollten, während die Anhänger aller anderen Religionen als Heiden betrachtet werden, die sobald wie möglich mit dem Schwert zu bekämpfen sind. Doch auch Juden und Christen müssen nach der Lehre des Islam unterworfen werden. Am Ende der Tage müssen sie sich zum Islam bekehren oder sie werden dem Tod preisgegeben wie alle anderen Heiden. Von daher ist klar, dass der Islam gegenüber anderen Religionen keine Toleranz kennt. Er ist antidemokratisch, antiwestlich und unmenschlich.

KAPITEL 5

Ist der Islam »antiwestlich«?

Wenn man das heilige Buch der Moslems, den Koran, bei Sure 5,51 aufschlägt, liest man dort unter der Überschrift »Der Tisch«: »Ihr Gläubigen! Nehmt euch nicht die Juden und die Christen zu Freunden! Sie sind untereinander Freunde (aber nicht mit euch). Wenn einer von euch sich ihnen anschließt, gehört er zu ihnen (und nicht mehr zu der Gemeinschaft der Gläubigen). Allah leitet das Volk der Frevler nicht recht.« Wie schon in der Einführung angedeutet, gilt auch hier: Man darf keinen einzigen Buchstaben des Koran in Frage stellen oder gar verändern. Die Aussagen müssen wörtlich genommen werden.

Die judäochristliche Tradition lehrt uns: »Liebe deinen Nächsten wie dich selbst; tue ihnen, wie du möchtest, dass die Leute dir tun; und: ›was du nicht willst, dass man dir tu‹, das füg‹ auch keinem andern zu.‹« Die Frage nach dem Glauben oder Unglauben gegenüber Gott ist eine persönliche Gewissensentscheidung des Einzelnen. Es ist natürlich verständlich und akzeptabel, wenn man einen »Andersdenkenden« von seiner Meinung zu überzeugen sucht, aber das ist unabhängig von Freundschaften.

Doch im Koran wird einem Moslem befohlen, keinesfalls einen Juden oder Christen zum Freund zu haben. Judentum und Christentum lehren, dass man seinen Bruder, seinen Freund und seinen Nächsten lieben soll. Mit jemandem nicht Freund sein zu können, bedeutet Hass. Und wenn ein Moslem sagt, dass er mein Freund ist, kennt er entweder den Koran nicht oder er betrügt wissentlich mich oder sein heiliges Buch.

Ein anderes Beispiel dafür, wie Moslems ihren »ungläubigen« Nächsten sehen, findet sich in Sure 9,123. Dort steht unter der Überschrift »Die Buße«: »Ihr Gläubigen! Kämpft gegen diejenigen von den Ungläubigen, die euch nahe sind! Sie sollen merken, dass ihr hart sein könnt.« Das muss wohl das Motto von Scheich Abdul Rahman und seinen Anhängern aus New Jersey gewesen sein, die für den Bombenanschlag auf die zwei Türme des World Trade Center in New York verantwortlich gemacht werden. Welche Erklärung könnte es sonst für solch ein sinnloses Verbrechen geben?

Dr. Laurie Mylroie aus Washington hat aufgrund des Protokolls des Gerichtsverfahrens gegen Scheich Abdul Rahman ein Buch geschrieben. Dem Beweismaterial zufolge gibt es eine Spur, die unmittelbar in den Irak und zu Saddam Hussein führt. Ramzi Jousef, der »Ingenieur« des Bombenanschlags in New York, ist ein Moslem aus Balutschistan, der von Saddam angeworben wurde. Saddam will noch immer den Tod von Hunderttausenden von Irakis rächen, die durch die Aktion »Wüstensturm« ums Leben kamen. Außerdem sucht er Vergeltung für die von den USA veranlassten UNO-Sanktionen gegen den Irak. In Sure 8,12-16 (»Die Beute«) steht mit schockierender Offenheit: »(Damals) als dein Herr den Engeln eingab: Ich bin mit euch. Festigt diejenigen, die gläubig sind! Ich werde denjenigen, die ungläubig sind, Schrecken einjagen. Haut (ihnen mit dem Schwert) auf den Nacken und schlagt zu auf jeden Finger von ihnen! Das (wird als Strafe) dafür (sein), dass sie gegen Allah und seinen Gesandten Opposition getrieben haben (?). Wenn jemand gegen Allah und seinen Gesandten Opposition treibt (?), (muss er dafür büßen). Allah verhängt schwere Strafen. So steht es mit euch. Nun bekommt ihr es zu spüren. Und (lasst euch gesagt sein) (oder: das geschieht euch darum) dass die Ungläubigen (dereinst) die Strafe des Höllenfeuers zu erwarten haben. Ihr Gläubigen! Wenn ihr mit den Ungläubigen in Gefechtsberührung kommt, dann kehret ihnen nicht den

Rücken! Wer ihnen alsdann den Rücken kehrt — und sich dabei nicht (nur) abwendet, um (wieder) zu kämpfen, oder abschwenkt (um) zu einer (anderen) Gruppe (zu stoßen und sich dort am Kampf zu beteiligen) —, der verfällt dem Zorn Gottes, und die Hölle wird ihn (dereinst) aufnehmen. Ein schlimmes Ende!« Und in Sure 2,216-217 wird den Moslems unter der Überschrift »Die Kuh« gesagt: »Euch ist vorgeschrieben, (gegen die Ungläubigen) zu kämpfen, obwohl es euch zuwider ist. Aber vielleicht ist euch etwas zuwider, während es gut für euch ist, und vielleicht liebt ihr etwas, während es schlecht für euch ist. Allah weiß Bescheid, ihr aber nicht ... Und sie (d. h. die Ungläubigen) werden nicht aufhören, gegen euch zu kämpfen, bis sie euch von eurer Religion abbringen — wenn sie (es) können. Und diejenigen von euch, die sich (etwa) von ihrer Religion abbringen lassen und (ohne sich wieder bekehrt zu haben) als Ungläubige sterben, deren Werke sind im Diesseits und im Jenseits hinfällig. Sie werden Insassen des Höllenfeuers sein und (ewig) darin weilen.«

Steven Emerson zeigt in seinem Dokumentarfilm Scheich Omar Abdul Rahman während einer Ansprache in Detroit, Michigan, im Jahr 1991: »Allah hat uns verpflichtet, um seinetwillen den heiligen Dschihad zu führen. Es ist eine Verpflichtung, die wir unter allen Umständen erfüllen müssen. Wir besetzen die Gebiete der Ungläubigen und breiten den Islam aus, indem wir sie zu Allah rufen. Und wenn sie uns dabei im Wege stehen, führen wir um Allahs willen den heiligen Krieg.« Weiter hören wir in Emersons »Dschihad in Amerika« Scheich Abdallah Asam auf der ersten Dschihad-Konferenz in Brooklyn, New York, 1989 sagen: »Dschihad, der heilige Krieg, ist obligatorisch für euch, wo ihr ihn auch immer führen könnt. Und genauso wie ihr in Amerika das Fasten einhalten müsst, es sei denn, ihr seid krank oder auf einer Reise, so müsst ihr auch den heiligen Krieg führen ... Das Wort Dschihad bedeutet nichts anderes als Kämpfen, Kämpfen mit dem Schwert.« Außerdem ist Scheich Abdul Walid Sindani, der Direktor des Al-Kifah-Flüchtlingszentrums in Brooklyn, zu hören und zu sehen, wie er vom Kampf gegen die »Götzenanbeter« (Christen und Juden) spricht: »Allah, der Allerhöchste und Hochgepriesene, befahl uns, die Götzenanbeter, die Feinde Allahs, zu töten. Kämpft gegen die Götzenanbeter alle miteinander, wie sie ja auch gegen euch kämpfen. Wenn es zum Kampf kommt, bekämpft sie, wo immer ihr sie findet. Verfolgt sie und vernichtet sie.« Der Dokumentarfilm zeigt auch Sami Dhafar, den Führer des Islamic Charity Project (ICP), wie er auf einer radikalislamischen Versammlung sagt: »Wir wollen, dass diese kleine moslemische Gemeinde wie ein Dolch ins Zentrum dieser (US) Zivilisation eindringt.« Schließlich heißt es in Sure 4,56: »Diejenigen, die nicht an unsere Zeichen glauben, werden wir (dereinst) im Feuer schmoren lassen. Sooft (dann) ihre Haut gar ist, tauschen wir ihnen eine andere (dagegen) ein, damit sie die Strafe (richtig) zu spüren bekommen.« Und in Sure 5,33 steht: »Der Lohn derer, die gegen Allah und seinen Gesandten Krieg führen und (überall) im Land eifrig auf Unheil bedacht sind (?), soll darin bestehen, dass sie umgebracht oder gekreuzigt werden oder dass ihnen wechselweise (rechts und links) Hand und Fuß abgehauen wird oder dass sie des Landes verwiesen werden. Das kommt ihnen als Schande im Diesseits zu.«

Präsident Bush bekam während seines Kuwait-Besuchs nach dem Golfkrieg einen Vorgeschmack davon, als er nur knapp einem irakischen Mordkommando entging. Er hatte »Krieg gegen Allah und seinen Gesandten geführt und Verderben im Land (Irak) verbreitet« und sollte dafür umgebracht werden. Über 1000 Palästinenser wurden von ihren eigenen Landsleuten brutal hingerichtet, weil sie verdächtigt wurden, während der Intifada zwischen 1987 und 1994 mit den israelischen Behörden zusammengearbeitet zu haben. Bei Hunderten wurden Hände und Füße an den jeweils gegenüberliegenden Seiten abgehackt (oder auch andere Körperteile abgetrennt) genau wie der Koran es vorschreibt.

Und schließlich ist in diesem Zusammenhang noch Sure 17 (»Die nächtliche Reise«) zu nennen, wo in Vers 33 das islamische Äquivalent zu einem der zehn Gebote der Bibel zu finden

82

ist: »Und tötet niemand, den (zu töten) Allah verboten hat, außer wenn ihr dazu berechtigt seid!« Dem absoluten »Du sollst nicht töten!« der Bibel von Juden und Christen steht gegenüber, dass man um einer gerechten Sache willen töten darf. Aber dann darf man um einer gerechten Sache willen auch lügen, stehlen, vergewaltigen, zerstören und versklaven.

Alle diese Zitate sind wörtlich dem Koran — dem geschriebenen Gesetz des Islam — entnommen oder stammen aus Ansprachen, die moslemische Führer in Amerika gehalten haben. Als Hitler 1923 im Gefängnis »Mein Kampf« schrieb, spotteten die Menschen ungläubig. Sie hielten das Buch für einen Witz. Als Hitler dann 1933 an die Macht kam, glaubte niemand, dass er das darin Gesagte wirklich in die Tat umsetzen würde. Doch Hitler handelte genauso, wie er es angekündigt hatte. Er schrieb, was er meinte, und er meinte, was er schrieb. Beim Lesen des Koran — der Moslems als unfehlbar und unveränderbar gilt — stehen mir die Haare zu Berge. Hinzu kommt noch die mündliche islamische Tradition, der Hadith. Juden und Christen empfehle ich, den Koran gründlich zu studieren und sich warnen zu lassen. Unwissenheit ist der schlimmste Feind der westlichen Demokratie und Zivilisation.

Einem Artikel von Ari Goldman in der *New York Times* vom 6. September 1993 zufolge sind 17 Prozent der Insassen in den Gefängnissen der USA Moslems. Ob sie nun Moslems sind, die ursprünglich aus dem Nahen Osten kamen oder ob sie in Amerika geboren sind, sie sollten die obigen Zitate lesen und ihren amerikanischen Landsleuten sagen, ob sie das wirklich glauben. Ich denke, dass viele, die sich selbst Moslems nennen, diese Texte nicht kennen. Sie haben einfach mit der Muttermilch eingesogen, was islamische Prediger ihnen als absolut gültige Lehre vermittelt haben. Wenn sie diese Aussagen kennen lernen, trennen sich viele Humanisten sehr schnell vom Islam. Wenn sie aber an den obigen Zitaten festhalten, dürfen wir uns auf etwas gefasst machen. Diese Aussagen stehen allem feindlich gegenüber, wofür die westliche Zivilisation steht.

Zum Abschluss noch ein Zitat aus einer iranischen Tageszeitung: »Amerika ist der große Satan, Amerika ist verurteilt. Tod für Amerika! Es ist nur noch eine Frage der Zeit!« Das mag in amerikanischen Ohren komisch klingen, doch jemand, der wie ich im Nahen Osten lebt und täglich von islamischen Medien, Rundfunk, Fernsehen und Presse, berieselt wird, hört nichts anderes mehr. Moslemische Extremisten sagen, was sie glauben. Der Koran ist der islamische »Mein Kampf«. Für die Extremisten ist der Kampf gegen Israel ein Kampf gegen Amerika, den »großen Satan«, den Puppenspieler, der hinter den Kulissen an Israels Fäden zieht und es unterstützt.

KAPITEL 6

Israels Kampf gegen den fanatischen Islam

Juden, Christen und Moslems in Israel fragen sich, ob ein Frieden im Nahen Osten überhaupt erreicht werden kann. Hier kämpfen zwei Völker — Araber und Juden — um ein kleines Stück Land, das von einem riesigen islamischen Gebiet umgeben ist.

Der letzte Aufstand der Juden gegen Rom im Jahr 135 n. Chr. führte für fast zwei Jahrtausende zum Verlust der jüdischen Souveränität im Heiligen Land. Die Juden erlebten Verfolgung, Vertreibung, Folter und Tod. Wir wollen hier nicht die leidvolle Seite der jüdischen Geschichte darstellen, die Kreuzzüge, die Vertreibungen und Inquisition in Spanien, die Massaker durch die Kosaken unter Chmielnitzky im Jahre 1648 in der Ukraine, die russischen Pogrome oder den Holocaust unter den Nazis von 1933-1945. Es geht hier nur um die Feststellung, dass es kein Volk gibt, das sich mehr nach Frieden und Sicherheit sehnt, als das jüdische. Leider ist es aber genau dieses Volk, das den Frieden am wenigsten kennt.

Es gab fast ununterbrochen Juden im Heiligen Land, selbst noch nach dem fehlgeschlagenen Bar Kochba-Aufstand (132-135 n. Chr.). Aber die großangelegte Rückkehr des jüdischen Volkes in sein Land begann erst vor etwa hundert Jahren. Mit dem Aufflammen des arabisch-islamischen Fanatismus nach dem Ersten Weltkrieg gab es in den Jahren 1920/21 die ersten antijüdischen Ausschreitungen in Palästina. 1929 kam es zu den berüchtigten Unruhen in Hebron und schließlich zu der arabischen Revolte von 1936-39 gegen die britische Mandatsregierung. Hunderte von Juden wurden während dieser Revolten noch vor der Gründung des israelischen Staates im Jahr 1948 umgebracht oder verstümmelt. Auf jeden Juden, den arabische Terroristen töteten, kamen aber zehn Menschen, die innerarabischem Terror zum Opfer fielen.

1947 beschloss die UNO die Teilung Palästinas in einen jüdischen und einen arabischen Staat. Israel stimmte diesem Beschluss unter David Ben Gurion zu. Alle arabischen Parteien lehnten ihn ab. Am 15. Mai 1948 fielen sieben arabische Armeen über den neugeborenen Staat Israel her, nachdem Freischärler schon über sechs Monate die Juden bekämpft hatten. Der Unabhängigkeitskrieg dauerte über ein Jahr. Durch ein Wunder überlebte Israel und konnte sogar ein größeres Gebiet als das im UNO-Teilungsplan vorgesehene halten. Durch Verhandlungen auf Rhodos im Jahre 1949 wurde ein Waffenstillstand vereinbart, ein Friedensabkommen kam jedoch nicht zustande. Jahrelang brachten die Fedajin (arabische Freischärler) Zerstörung und Terror über israelische Siedlungen, Reisebusse und private Fahrzeuge.

1956 sah sich Israel gezwungen, etwas gegen die immer wieder eindringenden Fedajin und den Terror zu unternehmen. Gleichzeitig rüstete der ägyptische Präsident Gamal Abdul Nasser seine Armee massiv mit Waffen aus der Sowjetunion und den Ostblockstaaten auf und bereitete sich auf einen Krieg mit Israel vor. Nasser blockierte die Meerenge von Tiran für die israelische Schifffahrt, was an sich schon eine Kriegserklärung war. Dann schickte er Zehntausende seiner Truppen auf die Sinaihalbinsel, um Israel anzugreifen. Da Nasser auch den Suezkanal verstaatlicht hatte, nahm Israel zusammen mit Großbritannien und Frankreich am Sinaifeldzug gegen Ägypten, dem zweiten Krieg in der Geschichte des Staates Israel teil.

1957 wurde Israel von Präsident Eisenhower gezwungen, sich vom Sinai zurückzuziehen. Er versprach aber eine militärische Intervention und die Unterstützung der USA, sollte Ägypten die Straße von Tiran erneut blockieren. Das geschah im Mai 1967. Die USA behaupteten, das Dokument über die Vereinbarung im Safe des Außenministeriums sei nicht auffindbar sei und entzogen sich so der geheimen Absprache. Gleichzeitig wurden die Ägypter erneut mit sowjetischen Waffen und Kriegsgerät aufgerüstet. Als sie dann 100 000 Soldaten auf dem Sinai stationierten und die UNO-Friedenstruppen aus Gaza und von der Sinaihalbinsel vertrieben, war klar, dass Israel vor einem dritten Krieg mit Ägypten stand.

Aufgrund einer Serie von arabischen Fehlern und Fehleinschätzungen wurde Israel wieder in einen Überlebenskampf hineingetrieben. Es führte einen Präventivschlag gegen Ägypten, Jordanien und Syrien durch. Das Ergebnis des dritten Krieges, den Israel innerhalb der ersten 20 Jahre seines Bestehens führte, war die Besetzung des Sinai, der Westbank (Judäa und Samaria) und der Golanhöhen. Israel erklärte aber unmittelbar, dass es zum Rückzug aus diesen Gebieten, die ihm in einem Verteidigungskrieg aufgezwungen worden waren, bereit sei, wenn sich dadurch ein Friedensabkommen mit der arabischen Welt erzielen ließe. Die arabische Antwort wurde 1968 auf der Konferenz in Khartum gegeben: »Keine Anerkennung, keine Verhandlungen, kein Friede.«

Als Folge dieser Weigerung der Araber, Gespräche mit Israel auch nur in Erwägung zu ziehen, beschloss der jüdische Staat unter Führung des Sozialisten Levi Eschkol im Jahre 1968 die allmähliche Besiedlung der neu gewonnenen Gebiete durch jüdische Siedler. Gleichzeitig fand am Suezkanal ein nicht erklärter Zermürbungskrieg zwischen Israel und Ägypten statt, der sich von 1968 bis 1970 hinzog. Dabei wurden Hunderte von israelischen Soldaten getötet oder verwundet.

Im Oktober 1973 brach der vierte offizielle Krieg aus (die oben erwähnten Scharmützel nicht eingerechnet). Ägypten und Syrien führten am Jom Kippur, dem heiligsten Fastentag des jüdischen Kalenders, einen Überraschungsangriff durch. Über 2500 israelische Soldaten fielen. Ebenso viele wurden für den Rest ihres Lebens verkrüppelt.

1982 hatte der fünfte Krieg unter der Bezeichnung »Friede für Galiläa« zum Ziel, den Libanon von PLO-Terroristen zu befreien. Bei dieser Militäroperation und der sich daran anschließenden Besetzung des Südlibanon kamen in den ersten drei Jahre 800 Israelis ums Leben.

Mit der Erwähnung dieser fünf Kriege zwischen Israel und der arabischen Welt möchte ich nicht etwa einen Überblick über die Militärgeschichte Israels geben, sondern Zitate des syrischen Präsidenten Hafez Assad ins rechte Licht rücken: »Die Araber haben fünf Kriege gegen Israel verloren. Wir können es uns leisten, 99 Kriege zu verlieren, wenn wir nur den hundersten gewinnen.« Oder: »Wir Araber haben 200 Jahre gewartet, um die Kreuzritter aus dem Heiligen Land zu vertreiben. Die Israelis sind erst 50 Jahre hier. So können wir getrost noch einmal 150 Jahre warten.« Oder, im Licht der gegenwärtigen Versuche, Frieden mit Palästinensern und Jordanien zu erreichen:»Jeder, der nur einen Zoll arabischen Landes (Jerusalem) hergibt, ist ein Verräter, und wir alle wissen, wie man in der arabischen Welt mit Verrätern umgeht« (*Time Magazine*, 22. November 1992).

Und schließlich wird Israel oft mit dem christlichen Westen »in einen Topf geworfen«. Während des Golfkrieges vom Januar bis März 1991, als Scud-Raketen auf Tel Aviv fielen, standen moslemische Einwohner Ramallahs auf ihren Dächern und bejubelten die Raketen, die über ihren Köpfen von Osten nach Westen flogen. Dabei sangen sie:

»Ja Saddam, Ja Habib, Idrab Tel-Abib.

Ja Saddam, Ja Habib, Idrab el-Salib.«

Übersetzt bedeutet das:

»Oh Saddam, lieber Saddam, greife Tel-Aviv an!

Oh Saddam, lieber Saddam, greife das Kreuz an!«

KAPITEL 7

Das Dilemma der Gebietsabgabe

Die Rabbiner erzählen von einem Richter, der einen Rechts-
streit schlichten sollte. Als der Kläger seine Argumente genannt
hatte, sagte der Richter sofort: »Du hast Recht.« Als dann der
Angeklagte mit der Schilderung seiner Sicht der Dinge fertig
war, meinte der Richter wieder: »Du hast Recht.« Darauf meinte
ein Zuhörer: »Das ist unmöglich. Beide können nicht Recht
haben.« Darauf antwortete der Richter: »Auch du hast Recht!«
   1997 war die Bevölkerung Israels in zwei fast gleich große
Lager geteilt. Streitpunkt war, ob für den Frieden Gebiete abgegeben werden sollten. Der rechte Flügel, vom Likud-Block
angeführt, war dafür, den Palästinensern Autonomie zu gewähren. Doch westlich des Jordan oder auf dem Golan würde jeglicher Souveränitätsverlust über die Gebiete die Existenz Israels
bedrohen. Der linke Flügel, angeführt von der Arbeiterpartei,
glaubt, dass nicht Landbesitz sondern ein Friedensabkommen
mit den Arabern größere Sicherheit garantiert.
   Beide haben Recht. Und wenn ich in Uniform als Sprecher
der israelischen Reservestreitkräfte und des Verteidigungs-
ministeriums auftrete, dann repräsentierte ich beide Seiten und
versuche einen Konsens herbeizuführen. Die Armee muss neu-
tral und unpolitisch sein. Das Auf und Ab der israelischen Politik stellt sich in einer Weise dar, dass weder der Likud noch die
Sozialisten jederzeit einen Machtwechsel herbeiführen könnte,
doch die militärischen Gegebenheiten auf dem Schlachtfeld
bleiben die Gleichen.

Der Likud verfolgt vor allem die militärische Strategie. Das Militär braucht einen strategischen Spielraum, um die Sicherheit Israels garantieren zu können. Von Amman in Jordanien kann innerhalb von drei Minuten ein Luftangriff auf Jerusalem durchgeführt werden. In weiteren drei Minuten kann Tel Aviv das gleiche Schicksal treffen. Und nach weiteren fünf Minuten könnten die Flugzeuge wieder zurück in Amman sein. Alles in allem würde die ganze Aktion elf Minuten brauchen, das entspricht ungefähr der Zeit, die die US-Luftwaffe benötigt, um einsatzbereit zu sein.

Ein weiteres Beispiel, das demonstriert, wie klein das Land zwischen Mittelmeer und Jordan ist, ist die Tatsache, dass man etwa 20 Minuten braucht, um von der Allenby-Brücke am Jordan bis nach Jerusalem zu fahren. Dabei spielt es keine Rolle, ob es sich um einen Privatwagen oder um ein Militärfahrzeug handelt. Man kann sogar, wie in biblischen Tagen, zu Fuß vom Jordan nach Jerusalem hinaufgehen. Für gut trainierte Infanteristen ist das gar kein Problem. Dasselbe gilt überall entlang des Jordan, der Grenze zwischen Israel und dem Königreich Jordanien. Vom Jordan bis zum Mittelmeer sind es nur ca. 100 Kilometer. Deshalb erscheint es dem Likud lebensnotwendig, Israels Militärpräsenz entlang des Jordan aufrechtzuerhalten, um gegen Überraschungsangriffe aus dem Osten geschützt zu sein.

Durch die Grenzen von vor 1967 hatte Israel auf der Höhe von Hadera und Netanja eine Breite von 13 Kilometer. Eine Invasion von einer Million islamistischer Freiwilliger wäre an einer solchen Stelle nicht aufzuhalten. Aus diesem Grund darf sich Israel nach Ansicht des Likud niemals auf die Grenzen von vor 1967 zurückziehen. Saddam Hussein hat Kuwait innerhalb von sechs Stunden besetzt. Kuwait hat die Größe der Westbank. Die von den USA geführte Koalition brauchte sechs Monate, um Kuwait wieder zu befreien. Der Likud sagt mit Recht, dass Israel nicht sechs Monate auf die Rettung der USA warten kann, falls eine arabische Armee ins Land einfallen würde.

Der ca. 28 Kilometer breite Golan, der Syrien vom Jordan und vom See Tiberias trennt, verhindert, dass die syrische Artillerie auf wehrlose israelische Siedlungen schießt, wie das vor dem Sechs-Tage-Krieg der Fall war. Damals sah sich Israel gezwungen, die Golanhöhen in einem Akt der Selbstverteidigung zu besetzen. Militärische Einschätzungen gehen heute davon aus, dass eine syrische Armee, die den Jordan als Grenze überschreiten würde, vermutlich erst in Nazareth oder vielleicht sogar Haifa aufzuhalten wäre — was ja nur einer einzigen Stunde Fahrzeit entspräche. Soweit die Überlegungen des Likud.

Die Strategie der Sozialisten geht davon aus, dass die Golanhöhen für syrische Raketen ohnehin kein Hindernis darstellen würden und dass Syrien tausend oder mehr verbesserte Scud- oder Frog-Raketen stationiert hat, mit denen es jedes Ziel in Israel mit absoluter Genauigkeit treffen kann. Im Gegensatz zu Saddam Husseins Raketen, die Sprengköpfe von 250 Kilogramm tragen konnten, besitzen syrische Raketen Sprengköpfe von 1250 Kilogramm. Statt einer Flugzeit von sechs Minuten, die irakische Raketen von H2- oder H3-Stellungen im westlichen Irak aus benötigten, könnten syrische Raketen Israel in knapp zwei Minuten erreichen.

Gleichzeitig würden diese Raketen schwere Verwüstungen in Israel anrichten, Hunderttausende von Zivilisten und Soldaten töten oder verwunden — abgesehen von dem materiellen Schaden, der in den ersten zwei Minuten eines nächsten Krieges — den Gott verhindern möge — entstehen würde. Die Frage ist: Würde Israel zurückschlagen wollen oder überhaupt können? Und wenn, was würde dabei herauskommen? Wie würde die Welt oder die USA darauf reagieren? Und schließlich: Würde es einen Unterschied machen im Hinblick auf die Forderung der Welt nach einer Erfüllung der UNO-Resolutionen 242 und 338, in denen Israel aufgefordert wird, Gebiete gegen Anerkennung und einen vertraglich festgelegten Frieden zurückzugeben? So ist die Strategie der Arbeiterpartei, einen Erstschlag durch syrische Raketen zu vermeiden, weil letztlich die Welt von Israel verlangen wird, den Golan an Syrien zurückzugeben.

1971 ließ Sadat tatsächlich erkennen, dass er bereit sei, mit Israel Frieden zu schließen, wenn Israel die Sinaihalbinsel an Ägypten zurückgeben würde. Doch Israel erklärte unter der damaligen Arbeiterregierung, mit stillschweigender Zustimmung des Likud: »Besser den Sinai ohne Frieden, als Frieden ohne den Sinai.« Im Jahr 1973 unternahmen Ägypten und Syrien einen heimtückischen Überfall auf Israel. 2500 israelische Soldaten fielen und noch mehr wurden verwundet. In den ersten drei Wochen des Krieges wurden 2000 Panzer und Hunderte von Flugzeugen zerstört oder kampfunfähig gemacht. Präsident Nixon und Außenminister Kissinger ordneten sofort eine Luftbrücke an, über die Kriegsmaterial nach Israel gebracht wurde. Ohne diese Maßnahme hätte Israel seinen Kampf nicht fortsetzen können, der einige Monate später mit einem militärischen Sieg endete. Doch das hatte einen Preis: Israel musste die Sinaihalbinsel an Ägypten und einen Teil der Golanhöhen an Syrien zurückgeben.

Tatsächlich hat Israel 91 Prozent der UNO-Resolutionen 242 und 338 mit der Räumung des Sinai erfüllt. Weitere zwei Prozent ergaben sich aus der Rückgabe der Hälfte der Golanhöhen an Syrien. Die heutigen Verhandlungen bezüglich des Golan betreffen weitere zwei Prozent des in Frage kommenden Gebietes, und die Westbank und Gaza machen noch einmal fünf Prozent aus. So hat Israel also bereits 93 Prozent der geforderten Gebiete geräumt. Die Arbeiterregierung unter Jitzchak Rabin und Schimon Peres (1992 bis 1996) war bereit, noch weitergehende Zugeständnisse zu machen. Ihr Argument lautete: Im Falle eines neuen Krieges würde das an der grundsätzlichen Situation nichts ändern. Die Welt wird nämlich von Israel verlangen, noch weitere Gebiete aufzugeben. Und niemand wäre in der Lage, die Menschen, die dabei umkämen wieder lebendig zu machen. So schien ihnen der sinnvollste Kampf darin zu bestehen, einen Krieg mit allen Mitteln zu verhindern.

Diesen Kurs verfolgte also die Arbeiterregierung von 1992 bis 1996. Und tatsächlich wurde ein Krieg vermieden. Das einzige Haar in der Suppe war, dass die jüdische Mehrheit in

Israel (nahezu 60 Prozent) dagegen opponierte. Sie war der Ansicht, dass aufgrund der Gespräche von Oslo zu schnell und zu viel Land an die Palästinenser abgetreten würde. Daher kam bei den Wahlen im Mai 1996 die Likud-Partei wieder an die Macht — an der Spitze einer eher konservativen, rechtsgerichteten Koalition mit der Absicht, die Gebietsabgaben an die Palästinenser zu verlangsamen.

Bei der Veröffentlichung dieses Buches im Sommer 1997 war es noch zu früh, zu erkennen, welche Richtung die Regierung Netanjahu und der Friedensprozess nehmen würden. Doch wir wissen, dass jeden Augenblick ein Krieg ausbrechen kann, ganz gleich, ob nun der Likud oder die Sozialisten an der Macht sind, weil alle arabischen Nachbarn Israels, einschließlich der Palästinenser, aufgerüstet und sich auf einen Krieg eingestellt haben. Dabei fällt es gar nicht ins Gewicht, welche Partei gerade das Steuer in der Hand hat. Ägypten wird in einem neuen Krieg die Schlüsselrolle spielen.

Man muss daran erinnern, dass der ägyptische Präsident Anwar Sadat zwar der erste arabische Führer war, der im Jahre 1979 ein Friedensabkommen mit Israel schloss. Aber er war es auch, den man nazistischer Tendenzen im Zweiten Weltkrieg verdächtigte. 1971, zwei Jahre vor dem Jom-Kippur-Krieg, ließ er durchblicken, dass er bereit sei, bis zu einer Million ägyptischer Soldaten zu opfern, um den Sinai wieder für Ägypten zu gewinnen. Israel hatte damals diese Drohung bzw. Absichtserklärung nicht ernst genommen. Doch Sadat hielt sein Wort und griff Israel an. Hätte die Arbeiterregierung Golda Meirs Sadat ernst genommen und im Jahre 1971 den Sinai an Ägypten zurückgegeben, dann hätte vielleicht der Krieg im Jahre 1973 vermieden werden können. Doch sowohl der Likud als auch die Arbeiterpartei folgten um diese Zeit dem berühmten Slogan Mosche Dajans: »Besser den Sinai ohne Frieden als Frieden ohne den Sinai.«

An dieser Stelle fühle ich mich gedrängt, eine persönliche Bemerkung zu dem oben Gesagten zu machen. Als Anwar Sadat im Oktober 1981 von radikalen Islamisten ermordet wurde, meinte meine Frau: »Das ist ein schwarzer Tag für Israel.« Als ich sie nach dem Grund ihrer Bemerkung fragte, antwortete sie: »Präsident Hosni Mubarak, der jetzt Sadats Platz einnimmt, wird eines Tages den Krieg gegen Israel führen. Er hasst Israel und ist sogar noch größenwahnsinniger als der frühere Präsident Abdul Nasser. Aber er ist klüger als Nasser und wird Israel erst angreifen, wenn Ägypten darauf vorbereitet ist. Er wird sein Land systematisch auf diesen Tag hinsteuern.«

Damals widersprach ich meiner Frau. Schließlich befand sich Israel 1981 noch in der Abschlussphase der dritten Rückgabe der Sinaihalbinsel an Ägypten. US-Präsident Reagan hegte Sympathien für Mubarak. Israels Ministerpräsident Menachem Begin sympathisierte mit ihm und die ganze Welt stand auf seiner Seite. Er wurde verpflichtet, den Friedensprozess fortzusetzen, und oberflächlich betrachtet hat er es auch getan. Doch meine Frau beharrte auf ihrer Meinung: »Siehst du, in Amerika sind gewöhnlich Baseball- oder Footballspieler die Idole oder Leitbilder. In Ägypten sind es immer die Militärs gewesen. Wir haben von Anfang an gewusst, wer Hosni Mubarak war. Er wurde zum Führer erzogen. Er war immer im Radio zu hören oder im Fernsehen oder in der Presse zu sehen. Er hat immer wieder geäußert, dass er vollenden würde, was Nasser nicht gelungen war, die Vernichtung Israels. Er hat seine Ausbildung in Moskau empfangen und sich im Krieg als Kommandeur der ägyptischen Luftwaffe ausgezeichnet. Er wird einen Krieg mit Israel beginnen, sobald er seine Vorbereitungen beendet haben wird.«

Da »der Prophet in seinem Vaterland nichts gilt«, wie das Sprichwort sagt, fiel es mir schwer, meiner Frau Glauben zu schenken. Doch heute bin ich davon überzeugt, dass sie eine echte prophetische Schau hatte und dass Gott gerade sie mir als Frau zur Seite gestellt hat, um mir Einsichten in die ägyptische, arabische und islamische Mentalität und Gedankenwelt zu vermitteln, die mir sonst gefehlt hätten.

Tatsächlich war ich zehn Jahre später, im Sommer 1990, sehr überrascht, aus erster Hand zu erfahren, dass Hosni

Mubarak mit Saddam Hussein eine Vereinbarung unterzeichnet hatte, zwei Wochen nach dem Irak Israel anzugreifen. Dieses Abkommen wurde von der israelischen Presse mehrfach erwähnt. So hatte meine Frau ziemlich genau ins Ziel getroffen. Doch dann passierte etwas Merkwürdiges. Wie oben erwähnt, traf Saddam Hussein einige Tage vor der irakischen Invasion in Kuwait mit der früheren amerikanischen Botschafterin im Irak, April Gillespie, zusammen. Dabei begriff Saddam die amerikanischen Absichten entweder überhaupt nicht oder verstand sie falsch. »Gott verhärtete das Herz des Pharao« und ließ Saddam Kuwait angreifen. Das war nicht mit Präsident Mubarak abgesprochen. Es verursachte Ägypten Verluste in Höhe von sieben Milliarden US-Dollar, für die die amerikanischen Steuerzahler aufkommen mussten, als die ägyptischen Schulden erlassen wurden. Außerdem verloren über eine Million Ägypter ihren Arbeitsplatz und mussten aus dem Irak und aus Kuwait fliehen.

Die Situation war etwa so, wie wenn zwei Bankräuber sich absprechen, um zwei Uhr nachmittags eine Bank auszurauben. Doch dann entschließt sich der eine, auf eigene Faust zwischendurch um zehn Uhr morgens schon mal eine andere Bank zu überfallen. Der dabei ausgelöste Alarm ruft die Polizei auf den Plan und der Räuber wird auf der Autobahn gejagt. Die hypothetische Frage, ob eine andere Bank dann um zwei Uhr nachmittags nach dem urspünglichen Plan der Bankräuber auch noch überfallen werden sollte, scheint ein strittiger Punkt zwischen den Partnern zu sein. Ich persönlich glaube, dass Gott eingegriffen hat, um den Zorn der Feinde Israels in andere Bahnen zu lenken. Die Strategie Saddam Husseins und Hosni Mubaraks ging nicht auf. Obwohl 43 Scud-Raketen auf Israel abgeschossen wurden, wurde nur ein einziger Mensch unmittelbar getroffen. Und auch dazu kam es nur, weil er sich geweigert hatte, einen Luftschutzraum aufzusuchen. Andernfalls hätte auch er verschont bleiben können.

Israel unter der Likud-Regierung Schamirs wurde während der gesamten Operationen »Wüstenschild« und »Wüstensturm« von den USA gewarnt, nicht gegen den Irak zurückzuschlagen. Trotz der 43 Scud-Raketen auf Israel sollte die UN-US-Arabische Allianz nicht zerbrechen. Oder besser gesagt, man wollte Ägypten und Syrien keinen Anlass zur Entschuldigung für einen Angriff auf Israel liefern. So hatte es der ursprüngliche Plan vorgesehen. Darauf hatten man sich systematisch vorbereitet.

Im November 1993 erhielt ich in Israel glaubwürdige Berichte über den neuesten Stand der ägyptischen und syrischen Aufrüstung und Kriegsvorbereitungen. Einige dieser Informationen gebe ich hier weiter:

1. Syrien erhielt auf Anweisung des US-Außenministers James Baker vier Milliarden US-Dollar von Saudi-Arabien für eine Teilnahme an den Operationen »Wüstenschild« und »Wüstensturm«. Statt diese Gelder zu nutzen, um die Lage des syrischen Volkes zu verbessern, insbesondere für die Herstellung von Prothesen für Behinderte, wurden Hunderte von Scud-Raketen, 300 T-72-Panzer, alte sowjetische U-Boote und andere, nicht genau spezifizierte biologische, chemische und konventionelle Waffen angeschafft.

2. Israel hatte keine Abwehrraketen zur Verfügung, um sich gegen syrische Scuds zu verteidigen. Die Patriot-Rakete hatte sich als Fehlschlag erwiesen. Israel befand sich buchstäblich in einer Situation wie Japan vor dem Bombenabwurf auf Hiroschima und Nagasaki.

3. Die ägyptische Armee war nach glaubhaften Berichten mit neuesten amerikanischen Rüstungsgütern und der entsprechenden Ausbildung versehen worden, welche die sowjetische Ausrüstung ersetzte. Die ägyptischen Generalstabskarten, die während gemeinsamer ägyptisch-amerikanischer Manöver benutzt wurden, zeigen, dass Israel — nicht Libyen oder der Sudan — das Ziel der ägyptischen Manöver war.

4. Israel beschnitt seinen Haushalt für militärische Ausbildung und Rüstungskäufe bis zum äußersten. Im Grunde war es so: Während die Araber aufrüsteten und sich mit rasender Geschwindigkeit auf Krieg einstellten, rüstete Israel ab — wie einst Frankreich, England und die USA, als Hitlers Nazi-

Deutschland sich auf den Krieg vorbereitete. Israel tat das, um seinen arabischen Nachbarn friedliche Absichten zu beweisen.

Während die arabischen Länder sich mit Hypotheken für die nächsten hundert Jahre belasteten, um einen Krieg gegen Israel führen zu können, verwandte Israel seine beschränkten finanziellen Mittel für die Entwicklung seiner Wirtschaft und Infrastruktur, weil ohnehin klar war, dass es weder ein Wettrüsten gegen die Araber noch einen fortgesetzten Zermürbungskrieg oder gar — was Gott verhindern möge — einen unkonventionellen Krieg gewinnen konnte. Israel gleicht einem Stierkämpfer in der Arena, der einem wütenden Bullen den Rücken zukehrt und weggeht. Vielleicht kommt er lebend heraus, vielleicht aber auch nicht.

Ich werde niemals eine Tonbandaufzeichnung vergessen, die von US-Präsident Ronald Reagan vor einem Routine-Rundfunk-Interview aufgenommen wurde:»Testlauf 1 — 2 — 3 Testlauf. Amerikanische Bürger, ich bin stolz darauf, Ihnen ankündigen zu können, dass der Kongress gerade ein Gesetz verabschiedet hat, das Russland für immer vernichten wird. Das Bombardement beginnt in fünf Minuten.« So verrückt das einem Amerikaner vorkommen mag, die Russen nahmen es sehr ernst. Ein paar Wochen später verkündete der sowjetische Ministerpräsident Gorbatschow die Perestroika und das Ende des Kalten Krieges. Russland hatte erkannt, dass es den Vergleich mit dem Westen weder militärisch noch technologisch oder wirtschaftlich durchhalten konnte. Es war besser, das Kriegsbeil zu begraben, andernfalls — das war Gorbatschow klar — würde Russland verlieren.

Tief in meinem Innern habe ich das Gefühl, dass das genau der Punkt ist, der Rabin und Peres dazu bewog, um Frieden zu bitten — auch unter den ungünstigen Bedingungen. Dies veranlasste dann im Jahre 1996 die israelische Öffentlichkeit dazu, die Arbeiterregierung abzuwählen. Israel befürchtet weder einen Rüstungswettlauf noch einen High-tech-Krieg mit den Arabern und den Moslems einschließlich des Iran und ihrem unbegrenzten Ölreichtum gewinnen zu können.

Darum versetzt es mich in große Bestürzung, wenn es in Israel wie auch außerhalb des Landes Juden und Christen gibt, die den ermordeten Ministerpräsidenten Jitzchak Rabin und Schimon Peres wegen ihrer Vorgehensweise im Friedensprozess verurteilen. Rabins Erfahrungen als israelischer Botschafter in den USA in den späten sechziger und frühen siebziger Jahren enthüllten ihm die politische Ideologie des Council on World Affairs in Dallas oder des Council on Foreign Relations in New York City. Er erkannte, dass Israel in der Welt allein stand und nicht die Mittel besaß, um es mit den massiven Investitionen seiner arabischen Nachbarn in die High-Tech-Rüstung aufnehmen zu können. Aus diesem Grunde geht es uns in Israel wie Gorbatschow damals in Russland: Wir müssen eine Perestroika anstreben oder noch besser einen Frieden. Denjenigen Christen, die in ihren Kirchen Kampfeslust verbreiten, möchte ich aus dem Lukasevangelium Kapitel 14 die Verse 28-32 entgegenhalten: »Denn wer ist unter euch, der einen Turm bauen will und setzt sich nicht zuvor hin und überschlägt die Kosten, ob er genug habe, um es auszuführen? Damit nicht, wenn er den Grund gelegt hat und kann's nicht ausführen, alle, die es sehen, anfangen, über ihn zu spotten, und sagen: Dieser Mensch hat angefangen zu bauen und kann's nicht ausführen. Oder welcher König will sich auf einen Krieg einlassen gegen einen andern König und setzt sich nicht zuvor hin und hält Rat, ob er mit zehntausend dem begegnen kann, der über ihn kommt mit zwanzigtausend? Wenn nicht, so schickt er eine Gesandtschaft, solange jener noch fern ist, und bittet um Frieden.« Ich beneide keinen der israelischen Führer, mag er aus der Arbeiterpartei oder vom Likud kommen. Der nächste Krieg im Nahen Osten — den Gott verhüten möge — wäre schrecklicher als alle Kriege früherer Zeiten.

Was mich aber beunruhigt ist, dass trotz einer für die Araber vorteilhaften israelischen Regierung unter Rabin und Peres in der ägyptischen Presse Zitate zu lesen waren wie zum Beispiel: »Der Krieg mit Israel ist eine ausgemachte Sache und wir sind darauf vorbereitet« (der frühere ägyptische Verteidigungsminister Amin El Huwaidi, am 29. Januar 1995 in der ägyptischen Wochenzeitung *Rous el Yusef*). Oder: »Obwohl Israel über Atomwaffen verfügt, wird Ägypten in der Lage sein, die Waffen des Feindes unwirksam zu machen, wenn die Zeit dafür kommt« (gegenwärtiger ägyptischer Verteidigungsminister, Feldmarschall Mohammed Hussein Tantawi, am 29. Januar 1995 im gleichen, oben zitierten Artikel). Beide Aussagen erschienen in der erwähnten Wochenzeitung, deren spezielle Ausgabe damals ausschließlich der Frage eines Krieges mit Israel gewidmet war.

Die Artikel waren illustriert mit Fotos vom ägyptischen Militär, wie es während des Jom-Kippur-Krieges 1973 den Suez-Kanal überquerte. Dieser Tag lebt im ägyptischen Bewusstsein fort als der großartigste in der ägyptischen Militärgeschichte. Doch in Israel bleibt er eine traumatische Erinnerung, vergleichbar mit Pearl Harbor, ein heimtückischer Angriff am heiligsten Tag der Juden. Der Inhalt der *Rous el Yusef* wird unmittelbar vom Büro des Präsidenten Hosni Mubarak diktiert.

In den Monaten Februar bis April 1995 herrschte in Jerusalem große Bestürzung, als Präsident Mubarak und sein Außenminister Amr Musa Israel hart verurteilten, weil es sich weigerte, das Nicht-Verbreitungsabkommen für ABC-Waffen (NPT) zu unterzeichnen. Damit sollte Israel vor aller Welt den Besitz von Atomwaffen erklären, was ihm jegliche Abschreckung zur Erhaltung des Friedens unmöglich gemacht hätte. Man sprach damals (unter der sozialistischen Regierung) von einer derartigen Verschlechterung der Beziehungen zu Israel, dass man nicht voraussagen könne, wann ein neuer Krieg ausbrechen würde.

Im September 1995, zeitgleich mit der Unterzeichnung der zweiten Stufe des israelisch-palästinensischen Abkommens, gab es einen Skandal, der sowohl in Ägypten als auch in Israel die Wellen hoch schlagen ließ. Es ging um angebliche Hinrichtungen ägyptischer Gefangener auf dem Sinai im Jahre 1967, auf dem Höhepunkt des Sechs-Tage-Krieges. In Ägypten wurden Forderungen nach einem Abbruch der diplomatischen

Beziehungen zu Israel laut. Der Friedensprozess sollte eingefroren oder gar beendet werden. Es hat den Anschein, als ob Ägypten nach einem Grund Ausschau hält, den Friedensprozess zu beenden und einen Krieg in die Wege zu leiten.

Grundsätzlich war es immer Israels Strategie, Frieden zu schaffen und Frieden zu sichern — zuerst mit den Palästinensern, dann mit Jordanien und mit Syrien, was den Libanon einschließen würde, da er unter syrischer Herrschaft steht. Trotz der Abkommen mit den Palästinensern, den Jordaniern und den Ägyptern ist der entscheidende Punkt und möglicherweise »der Tropfen, der das Fass zum Überlaufen bringt«, die Jerusalem-Frage.

Jerusalem wird im Alten Testament 616-mal und im Neuen Testament 195-mal namentlich erwähnt, jedoch kein einziges Mal im Koran. Doch die Moslems beanspruchen Jerusalem als Hauptstadt des Palästinenserstaates und als Stadt, die plötzlich dem islamischen Glauben heilig sein soll. PLO-Chef Jasser Arafat hat viele Male betont, dass sein Ziel ein Palästinenserstaat mit Jerusalem als Hauptstadt sei. Dieses Ziel hat er hartnäckig und offen von Anfang an verfolgt. Offiziell weigert sich Israel, diese beiden Möglichkeiten in Betracht zu ziehen, obwohl es auf dem linken Flügel führende Israelis gibt, die mehr oder weniger privat ihre zögernde Einwilligung zu den palästinensischen Forderungen bekunden. Meiner Meinung nach sollten diese israelischen Führungspersönlichkeiten einen Bericht lesen, der am 23. Februar 1996 unter der Überschrift »Arafat sieht Israels Untergang« in der englischsprachigen *Jerusalem Post* erschienen war:

»Kürzlich sagte Jasser Arafat auf einem internen Treffen arabischer Botschafter in Stockholm, dass er den Untergang Israels in absehbarer Zeit erwarte. Das berichtete die norwegische Tageszeitung *Dagen* am 16. Februar 1996. Der PLO-Chef war am 30. Januar zur Verleihung eines Friedenspreises in die schwedischen Hauptstadt gereist. Den Preis hatten sich die Friede-Jetzt-Bewegung, der Nachwuchs der sozialistischen Führung, und die Fatah-Jugend geteilt.«

Laut *Dagen* war der Bericht von schwedischen Quellen bestätigt worden. Diese hatten ihre Informationen von einem der Diplomaten bezogen, die nach dem Festessen an dem Treffen mit Arafat teilgenommen hatten. Arafat soll seinen Zuhörern versichert haben, dass die Gründung eines Palästinenserstaates kurz bevorstehe und dass sowohl Ministerpräsident Schimon Peres als auch Minister Jossi Beilin einen Palästinenserstaat unterstützen, solange für jüdische Bewohner Religionsfreiheit garantiert werde.

Doch er sagte voraus, dass Juden nicht unter palästinensischer Oberhoheit leben würden. »Sie werden ihre Siedlungen aufgeben und in die USA auswandern«, erklärte er und fügte hinzu: »Wir Palästinenser werden alles übernehmen, einschließlich ganz Jerusalem. Peres und Beilin haben uns bereits halb Jerusalem versprochen. Auch die Golanhöhen sind bereits an Syrien zurückgegeben worden – es hängt nur noch an ein paar Details. Und wenn sie zurückgegeben sind, wird mindestens eine Million reicher Juden Israel verlassen.« Arafat sagte weiter, dass er den Ausbruch eines Bürgerkrieges in Israel erwarte, in dem russische Einwanderer, von denen »die Hälfte Christen oder Moslems sind«, für einen »vereinigten palästinensischen Staat« kämpfen würden. Ferner behauptete er, dass die »so genannten äthiopischen Juden« Moslems seien.

Im Rahmen der weiteren Ausführungen seiner Strategie meinte er: »Die PLO wird sich darauf konzentrieren, Israel psychologisch in zwei Lager zu spalten. Innerhalb von fünf Jahren werden wir sechs bis sieben Millionen Araber als Bewohner der Westbank und Jerusalems haben. Alle palästinensischen Araber sind uns willkommen. Wenn die Juden alle Arten von Äthiopiern, Russen, Usbeken und Ukrainern importieren können, können wir alle möglichen Araber hereinholen. Wir haben die Absicht, den Staat Israel auszulöschen und einen Palästinenserstaat zu errichten. Wir werden das Leben für die Juden unerträglich machen – durch psychologische Kriegsführung und durch eine Bevölkerungsexplosion. Juden werden niemals unter Arabern leben wollen.« »Ich habe keine Verwendung für

Juden ... sie sind und bleiben Juden. Wir brauchen jetzt alle Hilfe, die wir von euch (arabischen Botschaftern) im Kampf um ein vereinigtes Palästina unter arabischer Herrschaft bekommen können«, beschloss er seine Rede.

Da 60 Prozent der Juden in Israel gegen ein solches Szenario gestimmt haben, das von der Arbeiterregierung gefördert wurde, setzt nun vielleicht ein Umdenken oder eine Umstrukturierung des gesamten Friedensprozesses ein. Das könnte allerdings für Israels Feinde ein Grund sein, den Krieg zu beginnen, den sie so sorgfältig vorbereitet haben. Alle Araber, nicht nur die Palästinenser, wollen Jerusalem als Hauptstadt eines Palästinenserstaates sehen. Und wenn es dazu nicht kommt, könnten Aufruhr und Unruhen oder eine neue Intifada in den Straßen von Ostjerusalem, Hebron und anderen Städten in den palästinensischen Autonomiegebieten die Friedensabkommen mit Israel scheitern lassen. Dies könnte einen Domino-Effekt in Jordanien, Ägypten und anderen arabischen Staaten zur Folge haben, mit denen Israel so mühsam Beziehungen aufgebaut hat. Der ganze Friedensprozess könnte wie ein Kartenhaus zusammenfallen.

Offensichtlich hat Israel gar keine andere Wahl, als am Friedensprozess festzuhalten. Doch meine Meinung geht dahin, dass angesichts der Jerusalem-Frage, des palästinensischen Strebens nach Unabhängigkeit und des zunehmenden Widerstandes dagegen seitens der jüdischen Bevölkerung Israels der Friedensprozess jeden Augenblick zu Ende sein könnte.

Unmittelbar nach der Unterzeichnung des Abkommens mit Israel verglich Jasser Arafat in einer Moschee in Johannesburg in Südafrika dieses Abkommen mit einem Vertrag, den der Prophet Mohammed vor 1300 Jahren mit dem Stamm der Kuraisch in Mekka geschlossen hatte. Zwei Jahre später, als es den Moslems günstig erschien, annullierte er das Abkommen. Viele Leute meinten erregt, Jasser Arafat treibe ein falsches Spiel und sei auch noch stolz darauf. Ferner rief er in dieser Versammlung zum heiligen Krieg zur Befreiung Jerusalems auf. Alle Juden sollten aus Jerusalem vertrieben werden, wie einst durch Kalif Omar, den Eroberer von Jerusalem, der im Jahre 638 mit Patriarch Sophronius, dem christlichen Oberhaupt von Jerusalem, ein Abkommen geschlossen hatte. Muss Israel Jasser Arafat ernst nehmen, wenn er in Johannesburg, Gaza oder Washington spricht?

Doch lassen wir einmal die mehr oder weniger ernsthaften Auftritte Jasser Arafats beiseite und wenden uns ernsthafteren Tatsachen zu. Sein eigentliches Problem besteht nicht darin, den Juden Jerusalem abzunehmen, sondern vielmehr darin, seine Leute in Gaza, Jericho und den anderen unter palästinensischer Autonomie stehenden Städten auszuzahlen. Der Erfolg des ganzen Friedensprozesses und des Experiments der palästinensischen Autonomie hängt hauptsächlich von wirtschaftlichen Gegebenheiten ab, ob nämlich Arafat über seine Rhetorik hinaus Erfolge aufzuweisen hat. Die palästinensische Autonomie kann nur dann erfolgreich sein, wenn Milliarden von Dollars in die Infrastruktur und die Industrie fließen. Jerusalem wird zur Streitfrage, wenn es Arafat nicht gelingt, die Palästinenser wirtschaftlich auf die Füße zu stellen. Und auf diesem Gebiet scheint er bisher nur erbärmliche Fehlschläge vorweisen zu können.

Im Hinblick auf die Abgabe von Gebieten ist Israel bereit, wenn auch nicht ohne Einschränkungen, Konzessionen zu machen, zum Beispiel bei den Golanhöhen. Vom Jordan kann man sich nicht zurückziehen. Das heißt, dass ein territorialer Anschluss der palästinensischen Autonomie an das haschemitische Königreich Jordanien unmöglich ist. Wenn Israel gezwungen würde, sich von dieser natürlichen Grenze zurückzuziehen, wäre eine Verteidigung nach Osten hin unmöglich. Und je näher eine solche neue Grenze an Jerusalem rückte, desto größer würde der Widerstand innerhalb der jüdischen Bevölkerung. Grundsätzlich überlegt sich die israelische Regierung immer: »Wann wird ein Krieg unabwendbar? Was würde er kosten? Müssen eroberte Gebiete danach sowieso wieder abgegeben werden? Und wie verhält es sich mit den atomaren Ambitionen des Iran, wenn der Friedenswillen Syriens oder anderer arabischer Staaten nicht mehr erkennbar ist?«

103

Meine letzte Frage lautet: Angesichts der Tatsache, dass die Kräfte, die heute in Washington an der Macht sind, (wie ich in Dallas erfuhr) Israel als das Hindernis für stabile Ölpreise und Angebote ansehen; angesichts der Tatsache, dass Rabin während seiner Zeit als israelischer Botschafter in Washington in den sechziger und siebziger Jahren aufgrund seiner Erfahrungen die harte Realität erkannte, dass Israel in seinem Überlebenskampf allein steht; angesichts der Tatsache, dass die Araber trotz des Friedensprozesses ständig weiter aufrüsten; angesichts der Tatsache, dass die islamische Religion und Kultur Israel als verlängerten Arm des christlichen Westens betrachtet der deshalb früher oder später aus dem Nahen Osten entfernt werden muss (wie die Kreuzfahrer vor Jahrhunderten); angesichts der Tatsache, dass der Friedensprozess der Auflösung nahe ist; angesichts der Tatsache, dass diese Entwicklungen zur Intervention der hochaufgerüsteten Nachbarn, einschließlich Ägyptens, Syriens und des Irak führen könnten; angesichts einer großen Zahl von bibelgläubigen Christen im Westen, die sich für das Überleben Israels einsetzen möchten; angesichts all dessen: Ist es nicht eine Pflicht für Juden und Christen, sich heute zusammenzufinden und für den Frieden und die Unterstützung Israels einzutreten — und vor allem, alles zu tun, um dafür zu sorgen, dass im Nahen Osten kein neuer Krieg ausbricht? Sind die bibelgläubigen Christen des Westens nicht ein Machtfaktor, den man erreichen kann? Ich bin davon überzeugt: Mit einer klugen christlichen Führung in Washington könnte ein Krieg im Mittleren Osten vermieden werden. Eine christliche Stimme in Washington sieht es so, dass die islamischen Kräfte, die Tod und Vernichtung planen, durchaus abgeschreckt werden könnten, wenn eine US-Führung, die verlauten ließe: »Wagt es nicht, Israel anzugreifen!«

Mein Traum gilt dem Frieden. Ich wünsche mir, dass kein Tropfen Blut im Nahen Osten vergossen wird — weder von Juden, noch von Christen oder von Moslems. Das kann nur eine starke, christliche Führung in Washington erreichen, nicht aber Mächte, die sich dem Öl und dem Geld unterworfen haben und die Augen vor den langfristigen Folgen verschließen.

KAPITEL 8

Die nukleare Aufrüstung des Iran

Die Zeitschrift des Jerusalem Institute for Western Defense (Band 5, Digest 3 vom März 1993) fasst einen Bericht des deutschen Nachrichtenmagazins *Focus* vom 24. Januar 1993 folgendermaßen zusammen: »Nordkorea hilft dem Iran, Atomraketen zu entwickeln und trainiert angeblich iranische Piloten. Der Iran besitzt zwei nukleare Sprengköpfe von jeweils 40 Kilotonnen Sprengkraft, das heißt, jeweils zweimal so stark wie die Bombe von Hiroshima. Mit Hilfe Nordkoreas und Chinas beabsichtigt der Iran Mittelstreckenraketen herzustellen. Iranische Piloten, die in Wonsan, in Nordkorea, ausgebildet wurden, sind auf einem Flughafen unweit von Teheran stationiert. Dort ist auch die Atombombe gelagert. Sie kann von einer Mig 27 abgeworfen werden. Der Iran hat seine nukleare Ausrüstung teilweise aus Material zusammengesetzt, das aus den ehemaligen Sowjetrepubliken wie zum Beispiel Kasachstan und Tadschikistan importiert wurde. Eine deutsche Firma half bei der Entwicklung der Raketen.«

Iran bildet Kamikazepiloten gegen Israel aus

Auszug aus einem Interview mit dem im Exil lebenden iranischen Politiker Manoushar Ganjee, das Orli Azulai Katz in Paris für die israelische Tageszeitung *Jediot Acharonot* (Wochenendbeilage, 17. Februar 1995) durchführte: »Im Iran ist ein geheimer Flugplatz zur Schulung für Kamikazepiloten eingerichtet worden. Ihr Auftragsziel ist Israel. In den Berichten, die ich erhielt, stand nichts über die Nationalität dieser Selbstmordkandidaten. Nach einem dieser Berichte haben vier Piloten ihre Ausbildung bereits beendet und den Iran verlassen, um sich für ihren Einsatz vorzubereiten.«

Iran unterstützt islamistischen Terror in Europa

Hier nun die Zusammenfassung eines Berichts der libanesischen Zeitung *Al-Watan Al-Arabi*, der am 24. Dezember 1993 in Paris veröffentlicht wurde:

Vor einigen Tagen empfingen französische und deutsche Sicherheitskräfte eine geheime Warnung, dass Terrorzellen in ihr Land infiltriert seien, die gemeinsam mit Fundamentalisten und anderen extremistischen Gruppen militärische Operationen vorbereiten sollen. Der terroristische Hintergrund wird durch den Iran kontrolliert und finanziert.

In dem Bericht wurde noch vermerkt, dass die folgenden Organisationen an einem Treffen mit der iranischen Führung, das vor kurzem in Teheran stattfand, teilgenommen hätten:
- Der Fatah-Revolutionsrat, Leitung Abu Nidal
- Die Volksfront für die Befreiung Palästinas, Leitung Achmed Dschibril
- Die japanische Rote Armee
- Die geheime irische Armee (möglicherweise die IRA)
- Die geheime Armee für die Befreiung Armeniens
- Die libanesische Revolutionsorganisation, Leitung Mirschad Schabu
- Die libanesische Hisbollah

Alle oben genannten Organisationen wurden durch hochrangige Kommandeure vertreten. An den Treffen nahmen der Führer der iranischen Revolutionsgarden und Mohammed

Mussawi, der an der iranischen Botschaft in Beirut für Propaganda verantwortlich ist, teil. Auf Befehl des Iran stehen die oben angeführten Gruppen für Operationen gegen die USA und westliche Interessen wie auch für Anschläge gegen Diplomaten und Politiker bereit. Damit will der Iran Angriffen oder internationaler Bedrohung, die ihn politisch und wirtschaftlich isolieren und seine innere Stabilität gefährden würden, begegnen.

Seit der Unterzeichnung des Gaza-Jericho-Abkommens am 13. September 1993 gab es immer wieder Pläne, dieses durch Terror zunichte zu machen. Mehrere Millionen Dollar wurde als Kopfgeld für Jasser Arafat bereitgestellt. In den vergangenen Wochen erfuhr der Nachrichtendienst von einem Beschluss, demzufolge der Terror zuerst in den besetzten Gebieten, dann unter den Palästinensern allgemein, später im Libanon und schließlich in verschiedenen Teilen der Welt, besonders in Europa, verstärkt werden solle.

Iran hat Schulungslager für Kommandoeinheiten der Hisbollah, der Hamas und des palästinensischen islamischen Dschihad eröffnet. Gleichzeitig forderte der Iran vom Sudan, Schulungslager für arabische Veteranen aus dem Krieg in Afghanistan und für nordafrikanische Fundamentalisten einzurichten, die sich gegenwärtig in Europa aufhalten. Aktivitäten in Ausbildungslagern der Hisbollah im westlichen Beka'a-Tal (Libanon) wurden intensiviert. Dort bilden iranische Experten Rekruten im Guerillakrieg, in der Anwendung von Sprengstoff und der Herstellung von Autobomben aus. Die Anwesenheit von Mitgliedern der japanischen Roten Armee wurde im Beka'a-Tal und in Beirut bestätigt, wo sie unter dem Oberkommando von Achmed Dschibril stationiert sind. Der Kommandeur der iranischen Revolutionsgarde im Libanon traf sich regelmäßig mit dem Verantwortlichen der Hisbollah.

Viele dieser Terroristen sind bereits weltweit verteilt und haben ihre Anweisungen erhalten. Abu Nidals Plan, in diesem Monat einen arabischen Beamten in Indien zu ermorden, wurde vorzeitig entdeckt und führte zu erhöhter Alarmbereitschaft der Sicherheitsdienste vieler westlicher Staaten. Es liegen Berichte über Aktivitäten terroristischer Netzwerke in Deutschland und Frankreich vor. In Deutschland gibt es Hisbollah-Aktivisten, die deutsche Staatsbürger oder mit deutschen Frauen verheiratet sind. Fundamentalisten und radikale Kurden beteiligen sich ebenfalls an der Verwirklichung iranischer Pläne.

Untersuchungen in Frankreich haben ergeben, dass viele algerische Fundamentalisten Verbindung zur libanesischen Hisbollah haben und dass die Beziehungen zwischen der algerischen islamischen Befreiungsfront und dem Iran jetzt enger werden. Hassan al-Turabi im Sudan hat wesentlich dazu beigetragen. Die Franzosen sind besorgt über die Möglichkeit, dass iranische Terroristen ihre Aktionen auf französischem Boden austragen könnten.

Deutschland ist die Hauptbasis für Fundamentalisten und Extremisten. Dazu gehören die kurdische PKK, die mit dem Iran verbündet ist, Mitglieder der Moslembruderschaft und andere Fundamentalisten — Türken, Pakistani und Araber. Viele wohnen in Hamburg, München und Köln. Ein Sicherheitsabkommen, das kürzlich in Bonn zwischen der Bundesregierung und dem iranischen Minister, Ali Plahiyan, der für den Nachrichtendienst verantwortlich ist, unterzeichnet wurde, wurde von mehreren Seiten kritisiert. Die Beziehungen Irans zu Westeuropa haben sich eindeutig verschlechtert.

(Dieser Artikel stammt vom Jerusalem Institute for Western Defense und erschien im März 1994, Band 6, Digest 3.)

Weltweites iranisches Terrornetzwerk

Auszüge aus einem Artikel von Knut Royce und Saul Friedman, der am 7. September 1994 in *Newsday*, der Zeitung von Long Island, erschien:

Washington. Wie *Newsday* aus gut unterrichteten US-Quellen erfuhr, sind heute mindestens zwei Dutzend Iraner, die 1979 die US-Botschaft in Teheran besetzten und 52

Amerikaner über ein Jahr als Geiseln gefangen hielten, Regierungsbeamte und Botschafter. Viele von ihnen stehen im Verdacht, weltweit Terror zu fördern.

Aus diesen Quellen, die Verbindungen zum Nachrichtendienst der Regierung haben, geht hervor, dass die iranischen Beamten und ihre Botschaften für Anschläge auf jüdische Objekte, den Mord an Regimegegnern Teherans im Exil und für die Rekrutierung arabischer Terroristen in Lateinamerika, Europa und dem Nahen Osten verantwortlich sind. Zu ihren Plänen gehört auch die Ausbreitung des islamischen Fundamentalismus unter Moslems in Südasien und Anschläge in New York.

Einer dieser Beamten, Hosein Sheich-ol-Islam, wird als Schlüsselfigur bei der Besetzung der US-Botschaft bezeichnet. Heute ist Sheich-ol-Islam, laut Regierungsbeamten, Irans stellvertretender Außenminister für afroarabische Angelegenheiten und Vizegeneraldirektor des auswärtigen Dienstes. Kenneth Katzman, ein ehemaliger Nachrichtenanalytiker, der heute Iranexperte für den Congressional Research Service ist, kommt zu dem Schluss: »Er ist der Spitzenmann, Schutzpatron der Radikalen und ehemaligen Geiselnehmer, der Mann, der Aufträge in Übersee und in den Botschaften weltweit erteilt.«

Katzman, Autor des Buches »Warriors of Islam« (Krieger des Islam, ein Buch über die Revolutionsgarde des Iran) sagt, dass unter Führung Sheich-ol-Islams ehemalige Geiselnehmer und iranische Beamte diplomatische Gesandtschaften dazu benutzt haben, um terroristische Aktionen zu finanzieren, mit Waffen zu versorgen und Logistik und Unterschlupf zu gewähren. Katzman sieht das Hauptproblem weniger darin, dass frühere Revolutionäre der Regierung dienen, der sie zur Macht verholfen haben. Vielmehr trügen »diese Männer ihre Ideologie und ihre terroristischen Taktiken ins Ausland«.

Einer der Geiselnehmer unter Sheich-ol-Islam, Ali Reza Deyhim, war seit 1993 iranischer Botschafter in Mexiko und ist heute Gesandter Teherans in Belize (Honduras). Die iranische

Regierung hat ihr Interesse an einem Ausbau der Beziehungen zu den Ländern Lateinamerikas bekundet.

Der Terrorexperte Vince Cannistraro, ehemaliger Direktor des CIA-Antiterrorzentrums, gehörte während der Reagan-Administration zum Nationalen Sicherheitsrat. Er sagt, dass die US-Geheimdienste »den Aufbau einer iranischen Infrastruktur in Lateinamerika mit Besorgnis verfolgen«. Mexiko sei besonders wichtig, weil »es strategisch günstig und so nahe an den USA liegt«. Laut Cannistraro glauben Geheimdienstquellen, dass der Bombenanschlag vom 19. Juli auf ein panamanisches Nahverkehrsflugzeug, bei dem 23 Menschen — meist Juden — ums Leben kamen, »von Mexiko aus angeordnet worden war«. Außenminister Warren Christopher hat unter Bezugnahme auf US-Geheimdienste erklärt, die Hisbollah, die radikale islamistische »Partei Gottes«, vom Iran finanziert und weitgehend kontrolliert, sei für diesen Anschlag verantwortlich.

Christopher sieht die Hisbollah und den Iran auch hinter der Explosion, die am 18. Juli 1994 in Buenos Aires ein jüdisches Bürohaus zerstörte und fast hundert Personen tötete. Er bezeichnete dies als Teil eines Versuchs, den Friedensprozess im Nahen Osten zu untergraben. Gegen argentinische Untersuchungsergebnisse, die den Anschlag als Werk iranischer Agenten darstellten, legte Teheran Beschwerde ein und leugnete die Tat. Außerdem zog es seinen Botschafter Hadi Soleimanpur ab. Cannistraro und Katzman sagen, dass Soleimanpur einer der Geiselnehmer von 1979 gewesen sei, was der Geheimdienst allerdings nicht bestätigen konnte. »Das Bomben-Attentat in Bueons Aires mag vielleicht nicht unmittelbar vom Botschafter angeordnet worden sein«, meint Cannistraro, »aber die Botschaften unterstützen die Aktionen, stellen Logistik, Pässe, Visa und sogar Waffen zur Verfügung. Und gewöhnlich ist der Botschafter auch über die Aktionen unterrichtet.«

CIA und US-Außenministerium haben die Karriere einiger Geiselnehmer verfolgt, die in Schlüsselpositionen aufrückten. Meist fand man sie im iranischen Außenministerium wieder. Wiederholt entdeckte man ihre Spuren in terroristischen

Aktivitäten. Seit 1979 hat der CIA drei geheime Berichte zu dieser Frage herausgegeben. Im Terrorismusbericht des US-Außenministeriums vom vergangenen Jahr wird der Iran als »aktivster staatlicher Förderer von Anschlägen« bezeichnet. Er sei an »terroristischen Übergriffen in Italien, der Türkei und Pakistan beteiligt gewesen«. Außerdem heißt es in diesem Bericht, dass »der iranische Geheimdienst fortgesetzt iranische Oppositionelle in den USA, Europa, Asien und dem Nahen Osten unter Beobachtung halte.«

Der Bericht nennt auch noch einen anderen Staat, der den Terrorismus fördert – den Sudan. Und dann folgt die Bemerkung, dass Majid Kamal, bis Juli 1994 Irans Botschafter in Khartum, hauptverantwortlich für die Unterstützung, Organisierung, Finanzierung und Ausrüstung terroristischer Gruppen war, die vom Sudan aus operierten. Mehrere Sudanesen wurden letzten Sommer verhaftet, die zu einem Komplott gehörten, das an prominenten Orten in New York City Bombenattentate durchführen sollten. Vor seiner Entsendung in den Sudan im Jahr 1990 war Kamal Teherans Spitzendiplomat im Libanon. Dort leitete er laut Aussagen des Außenministeriums »iranische Bemühungen, die libanesische Hisbollah aufzubauen«, die verantwortlich ist für die jahrelange Geiselhaft von Amerikanern und anderen westlichen Staatsangehörigen.

1986 reichte das US-Außenministerium noch eine andere Beschwerde ein: Die Schweizer Regierung hatte das Beglaubigungsschreiben des neuen iranischen Botschafters Muhammad-Hussein Mala'ek entgegengenommen, obwohl dieser in Geiselnahmen verwickelt gewesen war. Ein weiterer Geiselnehmer, der von Katzman und iranischen Dissidenten identifiziert wurde, war ebenfalls in der Schweiz stationiert worden: Sirus Naseri, der iranische UN-Vertreter in Genf.

Am 24. August 1990, während der Amtsdauer der beiden oben genannten Iraner, wurde der führende iranische Oppositionelle Kazem Rajavi in Genf ermordet. Schweizer Behörden stießen bei ihren Ermittlungen auf 13 Iraner, die mit Diplomatenpässen ins Land gekommen waren. Ähnliches berichten

Katzman und Cannistraro aus dem Jahr 1979, als Geiselnehmer in Deutschland, Italien und der Türkei akkreditiert waren. Damals wurden Dutzende von Regimegegnern von iranischen Agenten verfolgt und ermordet.

Nach US-Geheimdienstberichten sind Afghanistan und Pakistan Hauptziele iranischer Bestrebungen, im moslemischen Süd- und Zentralasien Einfluss zu gewinnen. Laut Katzman versuchen Iraner in Pakistan terroristische Agenten unter den Radikalen, die in Afghanistan gekämpft haben, anzuwerben. Der iranische Botschafter in Pakistan, Mohammad Mehdi Akhondzadeh-Basti, ist ebenso ein ehemaliger Geiselnehmer wie der Generalkonsul in Lahore, Ali Nikan-Qomi. Zwei frühere Botschafter in Islamabad waren Geiselnehmer und Führer der Revolutionsgarden, die am Sturm auf die US-Botschaft beteiligt waren.

Die ehemalige Geisel Barry Rosen, ein Presseoffizier der US-Botschaft, der heute am Brooklyn College Kurse über den Iran gibt, sagte, er habe die Hoffnung aufgegeben, dass Teheran einen gemäßigteren Kurs einschlagen könnte.

Berliner Moschee dient zur Vorbereitung von Terroranschlägen

Artikel der Nachrichtenagentur Reuter, der am 13. November 1994 in der *Jerusalem Post* erschien:

Bonn — Islamische Extremisten wurden in einer Berliner Moschee bei der Vorbereitung von Terroranschlägen auf israelische Ziele ertappt, berichtete gestern das deutsche Nachrichtenmagazin *Focus*. Laut *Focus* stand in einem Telex des regionalen Spionageabwehrdienstes in Berlin, dass Mitglieder von Hamas, Hisbollah und der syrischen Moslembruderschaft sich in einer Moschee zur Planung von Anschlägen auf israelische Einrichtungen getroffen hätten. In einer Vorabausgabe zitierte das Magazin den Nachrichtendienst mit einer Warnung, dass die Extremisten Anschläge planten, sobald die Vorsichts-maßnahmen bei den israelischen Einrichtungen nachließen.

Im September berichteten *Focus* und das Wochenmagazin *Der Spiegel*, dass Sicherheitskräfte wegen möglicher palästinensi-scher Terroranschläge auf jüdische Ziele in Deutschland in Alarmbereitschaft stünden. Gleichzeitig berichteten deutsche Medien, dass Polizei und BND Pläne von Abu Nidal für Anschläge auf jüdische Einrichtungen sowie einen EL AL-Flug auf dem Flughafen Tempelhof entdeckt hätten.

Iranische Terroristen unterwandern Südamerika

Artikel von James Brooke in der *New York Times* vom 26. Juli 1994:
Nachdem sich die Zahl der Toten heute auf 80 erhöht hat, behaupten die Argentinier, der Iran sei an dem Autobomben-anschlag beteiligt gewesen, der vor einer Woche das Gemeinde-zentrum der argentinischen Juden zerstörte. »Schwere Ver-dächtigungen treffen den Iran«, sagte heute Ruben Ezra Beraja, eine führende jüdische Persönlichkeit, nach einem Treffen mit dem argentinischen Präsidenten Carlos Saul Menem. Beraja ist Vorsitzender der Delegation argentinischer jüdischer Vereini-gungen, einem Bund jüdischer Gruppen, die in dem Haus untergebracht waren, das durch die Bombe zerstört wurde. Außer den bestätigten Toten werden noch 24 Personen ver-misst, 52 sind immer noch im Krankenhaus.
Zur Zeit untersucht der argentinische Richter Juan Jos' Galeano das Bombenattentat. Er befragte einen oppositionellen iranischen Diplomaten in Caracas, Venezuela, nach Verbindun-gen Irans zu Bombenanschlägen in Südamerika. Am 14. Juli 1994 hatte die Regierung Venezuelas vier iranische Diplomaten des Landes verwiesen, weil sie Anfang Juli mit vorgehaltener Pistole einen oppositionellen Diplomaten und fünf seiner Fami-

lienmitglieder entführt und gegen ihren Willen in einem Hotel in Caracas festgehalten hatten. Nach der Ausweisung erklärte der iranische Botschafter in Venezuela, die Anklagen gegen seine Untergebenen seien völlig »aus der Luft gegriffen«. Venezuela wies daraufhin am Mittwoch den Botschafter Seyyed Reza Zargarbashi aus. Die Behörden Venezuelas führen jetzt Untersuchungen durch, um festzustellen, ob es irgendwelche Verbindungen zwischen iranischen Diplomaten und diesem Bombenattentat gibt.

Heute veröffentlichte die Zeitung *Clarin* Ausschnitte aus einem angeblichen venezuelanischen Geheimdienstbericht über Verbindungen zwischen iranischen Diplomaten in Caracas und Untergrundzellen der »Partei Gottes« (Hisbollah) in Südamerika, der fundamentalistischen Guerillagruppe, die vom Iran unterstützt wird. In dem Dokument heißt es, dass iranische Diplomaten hätten Terroristen mit »Logistik, Waffen und Sprengstoff versorgt und dabei die finanziellen Mittel für solche Zwecke benutzt. In einigen Fällen seien die Sprengstoffe von den Terroristen auf dem Weg über schiitische Gemeinschaften in Südbrasilien oder Uruguay herbeigeschafft worden.«

Iranische Diplomaten hier zu Lande haben jede Beteiligung an dem Bombenattentat in Buenos Aires abgestritten. In Teheran klagte heute der oberste Führer, Ajatollah Ali Khamenei, die Weltmächte an, sie führten einen Propagandakrieg gegen sein Land, bei dem Nachrichten gefälscht würden. Der iranische Botschafter in Argentinien, Hadi Suleiman Pour, übermittelte dem Außenministerium hier ein Kondolenzschreiben von Teheran. [...]

Unklar ist weiterhin, ob der LKW von einem Selbstmordfahrer gesteuert oder durch Fernsteuerung gezündet wurde. Bei Untersuchungen wurde die große Zehe eines rechten Fußes entdeckt, die zu keinem der bekannten Opfer gehörte. Als man die Schwielen an der Zehe genauer untersuchte, kamen Experten zu dem Schluss, dass die Zehe zu einem dunkelhäutigen Mann mittlerer Größe gehört, der häufig barfuß lief oder Ledersandalen trug.

114

Argentinien untersucht neue Hinweise auf Bombenanschläge

Aus einem Artikel von Thomas O'Dwyer, der am 26. Juli 1995 in der *Jerusalem Post* erschien:

Argentiniens Außenminister erklärte gestern, sein Land sei entschlossen, die Verantwortlichen für die Bombenattentate auf israelische und jüdische Ziele in Buenos Aires ausfindig zu machen. Guido Di Tella sagte der *Jerusalem Post*, dass zwei Libanesen in einer Gruppe von sechs Männern und einer Frau, die am Montag von Paraguay an Argentinien ausgeliefert worden seien, zu den Hauptverdächtigen gehörten. Nähere Angaben lehnte er ab.

Wegen des Bombenanschlags auf die israelische Botschaft am 17. März 1992, bei dem 29 Personen getötet und 225 verletzt wurden, wurde bisher niemand verurteilt. Das Gleiche gilt für den Anschlag ein Jahr zuvor auf die Argentine Israel Mutual Aid Association (AMIA), bei dem 86 Menschen getötet und 120 verletzt wurden. Ein Mann namens Carlos Telledin wurde angeklagt, weil er das Auto verkauft hatte, mit dem die Bombe zu dem AMIA-Gebäude transportiert worden war.

Die Verdächtigen, die von Paraguay ausgeliefert wurden, wurden namentlich genannt: Mohammed Hassan Alayan, Johnny Moraes Baalbay, Luis Alberto Nader, Sergio Salem und Fadil Abdul Karim — alle libanesischer Abstammung — und die Brasilianer Roberto Ribeiro Ruiz und Valdirene Vieira. Sie wurden gestern wegen eines Waffenverstecks, das 1994 auf einer Insel in der Nähe von Buenos Aires gefunden worden war, verhört. Die Insel gehörte dem argentinischen Neonazi Alejandro Sucksdorf, einem ehemaligen Geheimdienstoffizier. Sucksdorf wurde auf der Insel Parana, 50 Kilometer nördlich von Buenos Aires gelegen, verhaftet. Er befindet sich noch in Haft.

Die Verdächtigen werden in Campo de Mayo auf einem Militärstützpunkt am Rande von Buenos Aires festgehalten. Richter Roberto Marquevich sagte, dass sie mit Sucksdorf zusammen verhört werden sollen, weil behauptet wurde, sie hätten auf seiner Insel eine paramilitärische Ausbildung erhalten, um das Attentat auf die Botschaft auszuüben. Geheimdienstoffiziere aus Paraguay bestätigten, dass diese Gruppe Verbindungen zur Hisbollah unterhält und dass zumindest drei von ihnen etwas mit dem Bombenanschlag auf die Botschaft zu tun haben könnten. Die sieben wurden im Januar 1995 verhaftet. Man klagte sie wegen Drogenhandels und Waffenlagerns in einer entlegenen Grenzstadt Paraguays an, von der Diplomaten schon lange angenommen hatten, dass sich dort ein Versteck für Kriminelle aus dem Nahen Osten befand.

Mykonos-Prozess: Deutsches Gericht beschuldigt Iran für Morde in Berlin

Artikel aus der *Jerusalem Post* vom 11. April 1997:

Ein deutscher Gerichtshof entschied gestern, dass die oberste Führung des Iran hinter dem Mord an einem iranisch-kurdischen Oppositionellen in Berlin stehe. Dies erschütterte die engen Beziehungen und intensiven Handelsaktivitäten der Bundesrepublik mit der Regierung in Teheran. Innerhalb weniger Stunden zog Bonn seinen Botschafter aus dem Iran zurück und wies vier iranische Diplomaten aus. Der Außenminister sagte in einer Stellungnahme, das Urteil offenbare »einen Bruch des internationalen Rechts« durch den Iran. Der Iran rief ebenfalls seinen Botschafter in Bonn zu Beratungen zurück, berichtete das iranische Fernsehen.

Das deutsche Gericht überführte zwei Männer des Mordes und zwei weitere der Beihilfe zum Mord. Am 17. September 1992 waren der kurdische Führer Sadiq Sarafkindi und drei seiner Mitstreiter im Mykonos-Restaurant getötet worden. Der vorsitzende Richter Frithjof Kubsch erklärte jedoch, die Männer hätten nicht aus eigenem Antrieb gehandelt, sondern auf Befehl Teherans. »Die politische Führung des Iran ist verantwortlich«, sagte er und fügte hinzu, dass deren Ziel die Eliminierung politischer Gegner gewesen sei. Richter Kubsch sagte in seiner Urteilsverkündung, dass der Mord der vier kurdischen Führer von einem geheimen Kommandostab angeordnet worden sei, zu dem der iranische Ministerpräsident, die religiösen Führer des Staates, der Chef des Geheimdienstes und der Verantwortliche für die Außenpolitik gehört hätten. Einen Augenblick zögerte er, den Namen des iranischen Präsidenten Akbar Hashemi Rafsanjani und den religiösen Anführer Ajatollah Ali Khamenei ausdrücklich zu nennen, die von der Staatsanwaltschaft beschuldigt wurden, die letzte Verantwortung für den Anschlag im Mykonos-Restaurant zu tragen.

Der Schuldspruch ließ zum ersten Mal seit der Islamischen Revolution im Jahre 1979 erkennen, dass ein europäischer Gerichtshof eindeutig die politische Verantwortung für einen der Dutzende von Mordanschlägen auf iranische Oppositionelle im Ausland auf ihre eigentliche Quelle zurückführte. Der Iran wies das Urteil sofort als politische Machenschaft weit von sich und zog seinen eigenen Botschafter zur Beratung zurück. »Die Anklage ist unhaltbar«, sagte der iranische parlamentarische Sprecher Ali Akbar Nateq-Nouri gegenüber Reportern während eines Besuches in Moskau. »Wir haben die deutsche Führung wiederholt gefragt, ob sie Beweise für diese Anschuldigung habe, und dass sie diese offenlegen sollte. Doch bis heute haben sie nichts Derartiges getan. Die Verhandlung hat eine politische Färbung.« Im iranischen Außenministerium in Teheran hieß es, niemand stehe zur Verfügung, um Telefonanrufe anzunehmen. Und ein Botschaftssprecher in Bonn wollte keinen Kommentar abgeben.

Während Washington versuchte, den Iran als staatlichen Förderer des Terrorismus zu isolieren, haben Deutschland und andere Länder der europäischen Union jahrelang die Politik eines »kritischen Dialogs« verfolgt. Neben profitablen Geschäften mit dem Iran wurde über strittige Fragen des Terrorismus und der Menschenrechte verhandelt. Die Maßnahmen Washingtons sollten den Iran wegen der Unterstützung terroristischer Aktionen bloßstellen. Dazu wurde auch die EU aufgerufen, Handelsbeziehungen mit dem Iran abzubrechen.

»Der ›kritische Dialog‹ hat offensichtlich nicht dazu geführt, den Iran zu einem gemäßigteren Verhalten zu bewegen«, meinte der Sprecher des US-Außenministeriums Nicholas Burns. »Es ist nicht erkennbar, dass sich irgendetwas geändert hat.«

Das deutsche Außenministerium ließ verlauten, man werde »sich dieser Politik in absehbarer Zukunft nicht anschließen«. Weiter wurde erklärt, man handle in Absprache mit den EU-Partnern. Dabei wurde nicht klar, was für Auswirkungen diese Entscheidung haben würde. Deutschland ist der größte westliche Handelspartner des Iran. Die Außenhandelsbilanz belief sich im letzten Jahr auf drei Milliarden DM. Gleichzeitig ist Deutschland einer der stärksten Befürworter innerhalb der EU, den »kritischen Dialog« weiterzuführen.

Iranische Langstreckenraketen bis zum Jahr 2000

Artikel von Steve Rodan in der *Jerusalem Post* (Seite 2) vom 15. April 1997:

Israel beabsichtigt, die russische Unterstützung des iranischen Projekts für ferngesteuerte Mittelstreckenraketen zur Sprache zu bringen. Dies soll innerhalb dieser Woche während eines Besuchs des russischen stellvertretenden Außenministers Victor Posuwaliuk geschehen. Die Beamten erklären, dass sie Moskau zunehmend als strategische Bedrohung für die Stabilität im Nahen Osten betrachteten. Russland ließe trotz zahlreicher israelischer Einwände weiterhin den iranischen Raketenprojekten massive Unterstützung zuteil werden. Es heißt, der Iran habe eine Rakete mit einer Reichweite von bis zu 1500 Kilometer entwickelt, die Teile Israels treffen könnte.

»Vor zwei Wochen führte der Iran mit Russland Tests durch, um eine Rakete mit einer Reichweite von 1500 Kilometer zu entwickeln. Auf diese Weise kann der Iran mit ferngesteuerten Raketen Israel erreichen«, sagte Luftwaffen-Kommandeur Generalmajor Eitan Ben Eliahu am Sonntag. Experten fügten noch hinzu, dass diese Rakete in der Lage sein werde, einen bislang unbekannten Sprengkopf — einschließlich nuklearer Bestückung — zu tragen. Innerhalb der nächsten drei Jahre will Teheran die vorbereitenden Tests zum Start dieser Rakete durchführen.

»Wir halten dieses Projekt für eine schwer wiegende Angelegenheit«, sagte ein hochrangiger Vertreter. »Es geht um eine ernst zu nehmende Anstrengung Irans, die mit russischer Hilfe planmäßig zur Vollendung kommen könnte.« Angeblich soll Russland vom Iran auf dem Gebiet der ferngesteuerten Raketen um Hilfe gebeten worden sein, nachdem Nordkorea nicht in der Lage war, seine Nodung-I-Rakete anzubieten. Die Nodung-Rakete mit einer Reichweite von 1300 Kilometern soll nur ein einziges Mal abgefeuert worden und niemals zum wirklichem Einsatz gelangt sein. »Der Iran hat sich bemüht, die Nodung I zu bekommen, doch sie kam niemals dort an«, bestätigte Efraim Kam, der stellvertretende Direktor des Jaffee Center for Strategic Studies an der Universität von Tel Aviv. »Vielleicht waren finanzielle Schwierigkeiten in Nordkorea die Ursache. Vielleicht waren es auch politische Probleme mit den Amerikanern. Jedenfalls wurde dadurch Russland der Hauptunterstützer des Iran.«

Ministerpräsident Benjamin Netanjahu besuchte Anfang März Moskau und traf dort mit dem russischen Präsidenten Boris Jelzin zusammen. Sie kamen überein, das Ausmaß und die Art der Unterstützung Russlands für den Iran abzuklären. Doch israelischen wie auch russischen diplomatischen Quellen ist zu entnehmen, es sei Netanjahu nicht gelungen, Moskau grundsätzlich umzustimmen. Das Außenministerium und die russische militärische Lobby seien sich einig darin, weiterhin Waffen und atomare Technologie an den Iran zu liefern. »Russland ist ein ernstes strategisches Problem für Israel«, ließ eine offizielle Stimme verlauten. »Trotz aller angeblich so herzlichen Treffen, von denen berichtet wird, bezweifle ich, dass es Sympathien zwischen uns und Russland gibt.«

Aus diplomatischen Quellen verlautet, dass Israels Haltung auf Berichten basiere, denen zufolge der Iran und Russland einen Handel abgeschlossen hätten, indem der Iran russische Waffen für Syrien kaufe — der ersten Besuchsstation auf der Reise Posuwaliuks. Dieses Geschäft bedeutet die Lösung syrischer Finanzprobleme. Syrien sei nämlich nicht in der Lage, seine elf Milliarden Schulden an Moskau zu bezahlen. »Unserer Einschätzung nach können nur Syriens Schulden die fortgesetzten russischen Waffenlieferungen stoppen«, sagte ein Experte. »Doch wenn der Iran das finanziert, wird Russland auch weiterhin an Syrien verkaufen.«

US- und israelische Beamte sollten sich einig sein in der Beurteilung der russischen Unterstützung für das iranische Projekt der ferngesteuerten Raketen. Bei einem Besuch hochrangiger israelischer Verteidigungsexperten und Geheimdienstbeamter im Januar diskutierten beide Seiten das iranische Projekt mit dem israelischen Geheimdienst.

Reuter meldet: »Gestern ließ der Iran verlauten, er werde bald mit der Massenproduktion eines Kampfflugzeugs beginnen, das im eigenen Land entwickelt und gebaut worden sei. Der staatliche Rundfunk in Teheran zitierte einen stellvertretenden Führer des iranischen Generalstabs. Er habe bestätigt, dass dieses Flugzeug von iranischen Luftwaffen-Experten entwickelt und bereits erfolgreich getestet worden sei.«

Auge um Auge — Khomeinis Vergeltung

Ein Artikel von Seite 5 der *New York Post* vom 6. Juli 1997. Der Bericht stammt von Brian Blomquist in Washington, Uri Dan in Jerusalem, Devlin Barrett und Tracy Connor in New York. Geschrieben wurde er von Tracy Connor:

Ein rachsüchtiger Ajatollah Khomeini gab 1988 den Befehl zum Bombenattentat auf den Pan-Am-Flug 103 über Lockerbie in Schottland — soll ein früherer iranischer Spitzenspion bei Ermittlungen ausgesagt haben. Laut *Der Spiegel* soll der ehemalige Agent behauptet haben, dass der inzwischen

120

verstorbene Despot den Terroranschlag als Vergeltung gefordert hatte, weil sechs Monate zuvor eine iranische Passagiermaschine von US-Streitkräften abgeschossen worden war. Alle 290 Personen an Bord waren umgekommen, als das US-Schiff Vincennes den iranischen Jet über dem persischen Golf aufgrund eines tragischen Irrtums bei der Identifizierung abgeschossen hatte. Khomeini soll daraufhin Libyien und den palästinensischen Terroristen Abu Nidal um Hilfe bei dem Bombenanschlag auf die Pan Am-Maschine gebeten haben. Dabei wurden am 21. Dezember 1988 270 Menschen getötet.

Ein deutscher Vertreter der iranischen Fluggesellschaft soll Bombenteile durch die Sicherheitskontrolle des Flughafens geschmuggelt haben, wo sie nach London und dort in den Flug 103 nach New York verladen wurden, berichtete *Der Spiegel*. Dieser Bericht stimmt allerdings nicht mit britischen und amerikanischen Untersuchungen überein, welche die Bombe ursprünglich mit einem Air-Malta-Flug in Verbindung bringen. Laut *Der Spiegel* kam der Hinweis, den deutsche Stellen nicht beachtet hatten, von Abolghassem Mesbahi, dem Mitbegründer des iranischen Geheimdienstes.

Das Weiße Haus reagierte auf diesen Bericht mit Zurückhaltung und verwies darauf, dass man nichts Sicheres wisse, bevor zwei mutmaßliche Attentäter aus Libyen verhört worden seien. »Der Fall wird gründlich untersucht. Alle Anhaltspunkte, die wir entdecken konnten, weisen auf zwei Libyer hin«, sagte der Sprecher des Weißen Hauses David Johnson. Die einzige Möglichkeit, Klarheit zu schaffen, bestehe in einer Auslieferung dieser Männer in die USA oder nach Schottland, um sie dort zu verhören.

Diese Sicht erschien dem israelischen Antiterror-Experten Jigal Presler einleuchtend: »Der Teufelskreis des Terrors, der den Iran, Abu Nidal, prosyrische Terrororganisationen und die Libyer mit dem Bombenattentat auf die Pan Am-Maschine verbindet, wurde verschiedentlich während der Ermittlung nachgewiesen. Der Iran und Abu Nidal stehen in enger Verbindung miteinander, wozu auch die Ausbildung von Terroristen im Iran

121

gehört. Die Iraner halten auch ständigen Kontakt mit Terror-organisationen in Syrien und Libyen.«

Auch die Angehörigen der Opfer vom Flug 103 waren nicht überrascht von diesem Bericht. »Das war eine der ersten Theorien über das Geschehen«, sagte Paul Hudson, ein Jurist aus Albany, dessen sechzehnjährige Tochter Melina dabei umgekommen war. Er meinte, dass die Anklage gegen die beiden verdächtigen Libyer die Beteiligung Irans nicht ausschlösse. »Bis heute steht der Verdacht im Raum, dass der Befehl zum Attentat vom Iran an Libyen gegeben wurde.« Victoria Cummock, eine weitere Vertre-terin der Angehörigen der Opfer von Lockerbie, verweist darauf, dass ihre gesamte Gruppe immer der Ansicht gewesen sei, Kho-meini habe eine Hauptrolle bei der Explosion gespielt, bei der auch ihr Gatte umgekommen war. »Meine drei Kinder fühlen sich nicht sicher, solange sie wissen, dass diese Verbrecher frei herumlaufen.« Ferner ist sie der Ansicht, die USA müssten mehr tun, um die Hintermänner des Anschlags ausfindig zu machen. Es gehe hierbei nicht nur um die libyschen »Gepäckträger«, die angeklagt seien, die Bombe installiert zu haben. Hudson stimmt dem zu: »Seit mehr als fünf Jahren stagniert das Verfahren jetzt. Ich hoffe, dass unsere Regierung ihre Anstrengungen verdop-pelt, um den Fall aufzuklären.«

Rechtsanwalt Lee Kreindler, der führende Berater des juristischen Teams, das die Angehörigen vom Flug 103 im Pro-zess gegen die Fluggesellschaft vertritt, reagierte skeptisch auf den Bericht: »Es bestand von Anfang an die Möglichkeit, dass der Iran in die Sache verwickelt war, aber es hat nie einen ein-deutigen Beweis dafür gegeben. Solange Mesbahis Geschichte nicht bestätigt werden kann, bleibt sie nur ein weiteres Ge-rücht.« Das Zeugnis Mesbahis half im vergangenen Jahr deut-schen Staatsanwälten, die Regierung des Iran mit dem Mord an vier Exil-Iranern in Berlin in Verbindung zu bringen. Die Palästi-nensische Befreiungsorganisation behauptete im Jahr 1992, dass der Iran der Schuldige am Vorfall in Lockerbie gewesen sei, doch amerikanische und schottische Behörden erklärten, sie könnten keine Verbindung zu Teheran feststellen.

KAPITEL 9

Christenverfolgung im Iran

Christlicher Bischof im Iran als vermisst gemeldet

Artikel aus der *New York Times International* vom Donnerstag, 27. Januar 1994, Seite A5:

Kairo, 26. Januar — Ein führender iranischer Christ ist in Teheran verschwunden, nachdem er sich klar und deutlich gegen die Verfolgung von Christen ausgesprochen hatte, berichtete heute eine in New York ansässige Menschenrechtsgruppe. Bischof Haik Mehr Hovsepian sei in der iranischen Hauptstadt zuletzt am 19. Januar auf seinem Weg zum Flughafen gesehen worden, berichtete die Gruppe Middle East Watch in einer Stellungnahme.

Bischof Hovsepian war zwölf Jahre lang Generalsuperintendent der Gemeinden Gottes im Iran. Die Gruppe berichtet weiter, dass der 48-jährige Bischof vermutlich vom iranischen Sicherheitsdienst festgehalten wird. Niemand hätte die Verantwortung für seine Entführung übernommen, und die iranischen Behörden leugneten, etwas über seinen Verbleib zu wissen. »Diese Entwicklung gegenüber einer religiösen Minderheit im Iran ist neu«, sagt Andrew Whitley, Geschäftsführer der Menschenrechtsvereinigung Middle East Watch.

Der Bischof verschwand drei Tage, nachdem Rev. Mehdi Dibaj, ein anderer Geistlicher der Gemeinden Gottes, von den Behörden freigelassen worden war, berichtete die Gruppe.

123

Dibaj hatte wegen Abfalls vom Glauben neun Jahre im Gefängnis verbracht. Middle East Watch fügte hinzu, der Bischof habe der Gruppe am Tage vor seinem Verschwinden noch mitgeteilt, dass der Iran verschiedene prostestantische Kirchen geschlossen habe.

Vermisster iranischer Bischof tot aufgefunden

Nach einem AP-Bericht vom Februar 1994:

Ein iranischer Bischof, der in Teheran als vermisst gemeldet worden war, wurde tot aufgefunden, nachdem er die Regierung wegen ihres Verhaltens gegenüber der christlichen Minderheit im Lande kritisiert hatte. Mitglieder der protestantischen Kirche von Bischof Haik Mehr Hovsepian, der »Gemeinde Gottes«, berichteten gestern, Geheimboten der Polizei hätte sie darüber informiert, dass die Leiche ihres geistlichen Oberhauptes gefunden worden sei. Sie sagten, sie seien vom Tode Hovsepians, eines Armeniers, am Sonntag benachrichtigt worden — elf Tage nach seinem Verschwinden auf dem Weg zum Flughafen. Sie wüssten aber nicht, wann und wie er gestorben sei. »Wir haben keine Ahnung, was die Todesursache ist«, sagte Henry Manoukian, ein Mitarbeiter des Bischofs. »Es wurde uns gesagt, heute solle eine Autopsie durchgeführt werden.«

Middle East Watch, die Gruppe, die am 19. Januar als erste über das Verschwinden von Bischof Hovsepian und dann über die Entdeckung seiner Leiche berichtete, erklärte jedoch am Sonntag, der Bischof sei schon am 20. Januar gestorben. Die iranischen Behörden, die keinen Kommentar zu Hovsepians Verschwinden abgaben, müssen jetzt seinen Tod bekannt geben. Die staatlichen Medien haben die Sache einfach ignoriert. Middle East Watch zitierte eine Aussage, die vom regionalen Direktor der Gemeinden Gottes in Zypern gemacht wurde, in der es hieß, dass Fotos der Leiche Hovsepians Stiche im Unterleib aufgewiesen hätten. Sie deuteten darauf hin, dass nach dem Tod eine Untersuchung stattgefunden hätte. Das veranlasste die iranischen Behörden, den Befund bekannt zu geben und auch eine unabhängige Autopsie zu erlauben.

Auf die Frage, was diese Nachrichten für die Kirche bedeuteten, antwortete Henry Manoukian: »Wir sind in Sorge, dass das gegen uns gerichtet sein könnte.« Er weigerte sich, eine Erklärung darüber abzugeben. Als er vom Tode Hovsepians unterrichtet wurde, sagte Erzbischof Ardak Manoukian von der armenisch-orthodoxen Kirche, er sei überrascht, dass er diese Nachricht nicht aus anderen Quellen erfahren habe. Erzbischof Manoukian, der nicht mit Hovsepians Mitarbeiter verwandt ist, erklärte, Berichte über religiöse Verfolgungen im Iran seien unkorrekt, zumindest im Falle der ziemlich großen armenisch-orthodoxen Minderheit. »Hier herrscht religiöse Toleranz«, sagte er. »Die armenische Kirche hat keinerlei Probleme mit der Regierung und dem Volk des Iran.« Middle East Watch bemerkt, es gebe keine Erklärung dafür, dass die Angehörigen und Gemeindeglieder nicht früher über den Tod Hovsepians informiert wurden.

Hovsepian verschwand im Alter von 48 Jahren, kurz nach seinen erfolgreichen Bemühungen, einem Geistlichen der Gemeinden Gottes, dem Reverend Mehdi Dibaj, wieder zur Freiheit zu verhelfen. Dieser war zum Tode verurteilt worden war, weil er sich vom islamischen Glauben abgewandt hatte. Dibaj war neun Jahre im Gefängnis gewesen, bevor er im letzten Jahr wegen Abfalls vom Glauben verurteilt wurde. Der Iran verkündete seine Freilassung am 16. Januar, einige Tage, nachdem das US-Außenministerium den Iran dazu aufgefordert hatte. Als Teil seiner Kampagne, die Weltöffentlichkeit auf den Fall Dibajs aufmerksam zu machen, hatte Hovsepian vor kurzem seine Kritik an den iranischen Behörden verstärkt. Er hatte von einer langen Geschichte der Unterdrückung und Verfolgung evangelischer Kirchen im Iran gesprochen. Dies alles war von Middle East Watch zu erfahren.

Protestantischer Führer im Iran umgebracht

Artikel aus der *Jerusalem Post* vom 4. Juli 1994 (Nachrichten-agenturen):

Eine Gruppe, die sich weltweit für die Verteidigung verfolgter Christen einsetzt, berichtete diese Woche, dass ein führender Protestant im Iran ermordet worden sei. Das sei schon der zweite in diesem Jahr. Die Organisation Open Doors (Offene Türen), die 1955 in den Niederlanden gegründet wurde, wandte sich an den UN-Hochkommissar für Menschenrechte Jose Ayala Lasso mit der Bitte, sich für die Christen im Iran bei dessen Regierung einzusetzen.

Der Tote wurde als Tateos Michaelian identifiziert, ein 62-jähriger presbyterianischer Prediger, der Vorsitzender des Rates protestantischer Geistlicher im Iran war. Auf diesem Posten war er der Nachfolger von Bischof Haik Mehr Hovsepian gewesen, den man im Januar in der Nähe von Teheran ermordet aufgefunden hatte. Exiliraner und kirchliche Gruppen beschuldigen iranische Behörden, am Tod Hovsepians beteiligt gewesen zu sein. Das Ganze sei Teil einer Kampagne gegen Christen, besonders gegen ehemalige Moslems. Die iranische Führung wies diesen Vorwurf zurück.

Open Doors hat sich in der Vergangenheit auch aktiv für Christen in der Sowjetunion und anderen kommunistischen Ländern engagiert. Michaelian, ehemaliger Generalsekretär der iranischen Bibelgesellschaft, verschwand am 29. Juni. Am 2. Juli wurde laut Open Doors sein Sohn von der iranischen Polizei aufgefordert, die Leiche seines Vaters zu identifizieren. Sie wies Schusswunden am Kopf auf.

Schwierige Zeiten für iranische Intellektuelle

Artikel des Nahostkorrespondenten Nicholas Goldberg vom 2. Juni 1997, Seite A15, *Newsday*-Ausgabe:

Teheran — Am 29. März, etwas mehr als einen Monat nach dem Verschwinden, tauchte dessen Leiche Ibrahim Zalzadehs in der Leichenhalle der städtischen Mordkommission auf. In einem andern Land wäre seine Familie vermutlich davon ausgegangen, dass der 49-jährige Herausgeber eines Magazins Opfer eines Verkehrsunfalls oder einer ähnlichen, relativ gewöhnlichen Tragödie geworden war. Doch im Iran drängen sich andere Vermutungen auf. Tatsächlich erhärtete sich der Verdacht, als Freunde der Familie einige Tage später die Leiche sahen und berichteten, dass sie drei oder vier Stiche in die Brust aufwies. »Ein Stich hat ihn ins Herz getroffen«, sagte ein enger Freund, der darum bat, nicht namentlich genannt zu werden. »Es war mit Sicherheit kein Unfall.«

Keiner weiß mit Gewissheit, ob Zalzadeh von iranischen islamistischen Hardlinern umgebracht wurde. Doch er hatte zuletzt aus Sicht der Regierung auf der falschen Seite gestanden, weil er öffentlich die Zensur von Schriftstellern kritisiert hatte. Die Herausgabe seines eigenen Magazins Mayar musste aufgegeben werden, als die Regierung die Zuteilung für Zeitungspapier einstellte. In den Wochen vor seinem Verschwinden hatte Zalzadeh Freunden gegenüber geäußert, dass er sich von seiten der Regierung bedroht fühle. Noch auffälliger ist die Tatsache, dass sich sein Tod nach einer Reihe ähnlicher Unglücksfälle ereignete, die andere Schriftsteller und Intellektuelle betroffen hatten, unter anderem Ghaffer Hosseini, Ahmad Mir-Allai und Ahmad Taffazouli. Alles in allem sind mehr als ein halbes Dutzend Mitglieder der iranischen intellektuellen Elite in den letzten zwei Jahren auf mysteriöse Weise umgekommen. »Es ist alles sehr verdächtig«, sagte Daryoush Farouchar, ein langjähriger Gegner des iranischen

Regimes. »Zalzadeh ist nicht der Einzige, der in letzter Zeit gestorben ist.«

Seit die Mullahs das Regiment im Iran übernommen haben, ist es nichts Neues, dass die Regierung gegenüber Schriftstellern und Intellektuellen keine Nachsicht zeigt. Seit die islamische Revolution vor achtzehn Jahren den Ajatollah Ruhollah Khomeini an die Macht brachte, hat die Regierung sich geweigert, Filme, Bücher, Zeitschriften oder künstlerische Aktivitäten zu tolerieren, die auf irgendeine Weise sexuelle Vorstellungen oder Darstellungen benutzen oder als übermäßig »westlich« empfunden werden, die den Islam in ungünstigem Licht zeigen oder auch nur die leiseste Kritik an der Regierung erkennen lassen. Für diejenigen, die das nicht begriffen haben, wurde im Jahr 1989 die Salman Rushdie-Affäre inszeniert, bei der Khomeini ein religiöses Dekret herausgab, das den Tod des britischen Autors fordert, weil er einen Roman geschrieben hatte, der in den Augen des Islam als gotteslästerlich gilt.

Der jüngste Schlag ist die so genannte schwarze Periode. Sie begann vor etwa zwei Jahren und bedeutete Gefängnis und – nach Meinung mancher iranischer Intellektueller – Tod für diejenigen, die nicht zum Schweigen gebracht werden konnten. Sie ist ein neuer Tiefpunkt. Menschenrechtsgruppen nennen so etwas konzertierte offizielle Maßnahmen, um scharf gegen Gedanken und Ausdrucksweisen vorzugehen, die als gefährlich für die iranische Republik angesehen werden. Human Rights Watch brachte im letzten Monat in einem Brief an den obersten Richter des Iran die Sorge über »eine Welle der Repression gegen unabhängige Schriftsteller und Herausgeber« zum Ausdruck.

»Das Regime ist entschlossen, die Realität nicht zu sehen«, sagte Abas Maroufi, iranischer Schriftsteller und Herausgeber. Seine Zeitschrift *Gardoun* musste aufgegeben werden, und er selbst wurde wegen eines Artikels, der angeblich systemkritisch war und die Regierenden beleidigte, zu 20 Peitschenhieben und sechs Monaten Gefängnis verurteilt. »Sie wissen, dass Schrift-

128

steller wie Spiegel sind und dass man, wenn man sie schreiben lässt, die Realität nicht länger verleugnen kann.«

Doch trotz der bedrückenden Taktik des Regimes geht der Kampf weiter. Ein Herausgeber sagte letzte Woche in einem Interview, dass er 35 Bücher — einige, die in Auflagen von mehreren tausend Stück bereits gedruckt worden seien, andere in Manuskriptform — bei der Zensurstelle vorgelegt habe. Sie lägen nun als Staubfänger in einem Amt, das man beschönigend als »Ministerium für Kultur und Islamische Führung« bezeichne. Man habe ihm dort die Erlaubnis verweigert, die Bücher im Buchhandel anzubieten. Filme würden regelmäßig im Büro für Filmzensur zurecht geschnitten und abgeändert. Gedichtbände, die zum Teil schon vor Jahrzehnten veröffentlicht worden seien, würden auf den Index gesetzt oder in der neunten und zehnten Auflage noch abgeändert. Berühmte persische Schriftsteller seien in der letzten Ausgabe des iranischen Literaturlexikons gestrichen worden. In den letzten anderthalb Jahren hätten laut Farouhar etwa 20 Publikationen ihre Lizenz verloren und ihre Herausgeber sind bestraft worden.

Die letzte Welle der Unterdrückung begann, nachdem Ali Akbar Saidi-Sirdschani in der Haft Ende 1994 unter mysteriösen Umständen starb. Es gab niemals einen Bericht der zuständigen Behörden. Als dann 134 Schriftsteller und Intellektuelle einen Brief an Präsident Haschemi Rafsandschani unterzeichneten, in dem sie gegen die Behandlung des Falles protestierten, erhielt jeder Einzelne der Unterzeichner anonyme Todesdrohungen. Einer dieser Männer, Dr. Ahmad Mir-allai, Herausgeber der Zeitschrift *Zendehroud*, starb im Oktober 1995 unter verdächtigen Umständen in Isfahan (nach Angaben von Human Rights Watch). In den darauf folgenden Monaten überfielen Sicherheitsbeamte die Häuser von Schriftstellern und lösten Zusammenkünfte auf. Nicht wenige von ihnen wurden zu Peitschenhieben und Gefängnisstrafen verurteilt. Zalzadeh, Hosseini und Tafazoulli sind seit Anfang des Jahres verstorben.

Vielleicht ist nichts so symptomatisch für das, was sich dort abspielt, wie das vielfache Verschwinden von Büchern. Das

Ministerium für Kultur und Islamische Führung nimmt Bücher, die schon gedruckt, aber noch nicht verbreitet sind, und stapelt sie in Lagerräumen, während der Inhalt überprüft wird. Wenn man zu der Entscheidung gelangt, dass das Buch nicht in den Handel kommen sollte, werden alle existierenden Exemplare mitgenommen – in einem Fall waren es 11 000 Stück – und mit einem LKW in eine Kartonfabrik gebracht. Dort wäscht man sie in einem riesigen Behälter, um die Tinte oder Druckerschwärze zu entfernen. Dann werden die Blätter eingestampft und zu einem Brei zerkocht. Dieser Brei wird dann wieder zu Pappe verarbeitet. »Sie haben mein Geschäft niedergebrannt, sie haben mich verhaftet, meine Bücher haben sie mitgenommen, in den großen Topf geworfen und zu Brei gemacht«, sagte ein Herausgeber. »Aber es ist komisch, ich liebe meine Arbeit trotzdem, weil ich das Gefühl habe, keine Kompromisse gemacht zu haben ... Die Probleme hier haben sich allmählich entwickelt. Wir haben uns daran gewöhnt oder sind resistent dagegen geworden. Oder wir haben einfach gelernt zu überleben.«

Es gibt zahlreiche Reaktionen auf die Unterdrückung. Manche Herausgeber haben einfach weitergemacht, wie Zalzadeh und Maroufi, und sind dafür bestraft worden. Viele Schriftsteller und Intellektuelle, vor allem in jüngster Zeit, haben das Land verlassen. Und viele haben es gelernt, sich einer eigenen Zensur zu unterziehen. »Gerade das Letztere ist inzwischen weit verbreitet«, sagte jemand aus dem Verlagswesen. »Zuerst würgen die Schriftsteller ihre eigene Kreativität ab und unterdrücken ihre Begabung, sodass ihre Bücher für das Regime akzeptabel werden. Und dann nimmt der Herausgeber noch weitere Veränderungen vor. Sie können sich vorstellen, wie das Ergebnis aussieht.«

Doch das harte Durchgreifen hat die freie Meinungsäußerung nicht vollständig unterdrückt. Schriftsteller und Herausgeber kommen noch in ihren Häusern zusammen und lesen sich gegenseitig ihre Werke vor. Gedichte, die auf dem Index stehen, werden fotokopiert und verbreitet. Westliche Bücher werden ins Land geschmuggelt und vervielfältigt. Wie die

Samisdat-Veröffentlichungen in der früheren Sowjetunion werden ganze Bücher inoffiziell kopiert und von Hand zu Hand über Teheran weitergegeben. Untergrundmitteilungen werden per Fax verbreitet. »Die Regierung ist darüber natürlich entsetzt«, sagte Farouhar. »In jeder Atmosphäre solcher Unterdrückung sind Schriftsteller, Künstler und Intellektuelle diejenigen, die das Leiden des Volkes und seine Gefühle am besten vermitteln können. Und davor fürchten sich die Diktatoren. Doch sie sind nicht in der Lage, dem ein Ende zu bereiten.«

Salman Rushdie: Europas schändlicher Geheimhandel

Salman Rushdies Artikel in der *New York Times*, OP-ED Edition vom Februar 1997:

Europa beginnt – woran uns der italienische Schriftsteller Roberto Calasso in »Die Heirat von Kadmos und Harmonia« erinnert – mit einem Stier und einer Vergewaltigung. Europa wurde als asiatische Jungfrau von einem Gott entführt (der sich zu diesem Zweck in einen weißen Stier verwandelte) und in einem neuen Land, das mit der Zeit ihren Namen annahm, gefangen gehalten. Die Geschichte rächte diese Gefangene der nie endenden Begierde des Zeus nach sterblichem Fleisch. Zeus ist heute nur noch eine Sagenfigur. Er ist machtlos geworden. Doch Europa ist lebendig. In den Anfängen der Vision von Europa findet ein ungleicher Kampf zwischen menschlichen Wesen und Göttern statt. Doch gleichzeitig begegnet uns eine ermutigende Lektion: Während der Stier-Gott das erste Scharmützel gewinnt, ist es der jungfräuliche Kontinent, der auf die Dauer triumphiert.

Ich bin in ein Scharmützel mit einem Zeus der Neuzeit verwickelt, obwohl seine Blitze ihr Ziel weit verfehlt haben. Viele andere – in Algerien, in Ägypten und auch im Iran – sind weniger glücklich. Diejenigen unter uns, die in diesen Kampf verstrickt sind, haben längst verstanden, worum es geht. Es geht

um das Recht der Menschen — ihre Gedanken, ihre Kunst-
werke, ihr Leben — darum, diese Blitze und Donnerschläge zu
überleben, zu siegen über die launenhafte, diktatorische Herrschaft eines wie auch immer gearteten Olymp, der gerade in
Mode ist. Es geht um das Recht, moralische, intellektuelle und
künstlerische Urteile zu fällen, ohne Angst vor dem Tag des
Gerichts haben zu müssen.

Die griechischen Mythen sind die südlichen Wurzeln
Europas. Am anderen Ende des Kontinents bringt die alte nordi-
sche Schöpfungslegende ebenfalls die Kunde vom Verdrängen
der Götter durch die menschliche Rasse. Die entscheidende
Schlacht zwischen den nordischen Göttern und ihren schrecklichen Feinden hat schon stattgefunden. Die Götter haben ihre
Feinde getötet und sind selbst von ihnen umgebracht worden.
Jetzt, so wird uns gesagt, ist es Zeit für uns, die Macht zu übernehmen. Es gibt keine Götter mehr, die uns helfen könnten.
Wir sind auf uns selbst angewiesen, oder, um es anders auszudrücken (denn auch Götter sind Tyrannen), wir sind frei. Der
Verlust des Göttlichen stellt uns selbst mitten auf die Bühne,
damit wir unsere eigene Moral, unsere eigenen Gemeinschaften aufbauen: damit wir unsere eigenen Entscheidungen treffen, unseren eigenen Weg gehen.

Noch einmal: In den frühesten Vorstellungen von Europa
finden wir die Betonung des Menschlichen über alles andere hinaus, was manchmal als göttlich angesehen wird. Götter mögen
kommen und gehen, aber wir werden, mit ein bisschen Glück,
immer weiterleben.

Diese humanistische Schau ist meiner Ansicht nach einer
der attraktivsten Aspekte des europäischen Denkens. Man
kann natürlich leicht sagen, dass Europa während seiner langen
Geschichte ebenfalls für Eroberung, Plünderung, Vernichtung
und Inquisitionen stand. Aber jetzt sind wir aufgefordert, uns
zur Schaffung eines neuen Europa zu vereinigen, und es ist hilfreich, uns an die beste Bedeutung des volltönenden Klangs
dieses Wortes zu erinnern. Weil es ein Europa ist, um das sich
viele, wenn nicht die meisten seiner Bürger bemühen. Es ist

nicht ein Europa des Geldes oder der Bürokratie. Weil das Wort »Kultur« ein überstrapazierter Begriff geworden ist, möchte ich es nicht benutzen. Das Europa, das es wert ist, dass man darüber spricht, wert, wieder neu geschaffen zu werden, ist mehr als nur eine »Kultur«. Es ist eine Zivilisation.

Heute höre ich auf das traurige Echo eines trivialen, intellektuell verarmten, erbärmlich gewalttätigen Angriffs auf die Werte dieser Zivilisation. Ich beziehe mich — es tut mir Leid, das zu sagen — auf die fatwa, mit dem mich Irans Ajatollah Ruhollah Khomeini gestern vor acht Jahren belegte, und auf die jüngsten barbarischen Gerüchte um das Kopfgeld, das von der »15-Khordad-Stiftung«, einer Organisation der iranischen Regierung, auf mich ausgesetzt wurde. Es tut mir Leid, sagen zu müssen, dass die Antwort der Europäischen Union auf eine solche Drohung kaum mehr als leere Worte sind. Sie haben zu nichts geführt.

Das Europa, für das die Europäer Sorge tragen, sollte mehr tun, als einfach nur festzustellen, dass ein solcher Angriff nicht akzeptabel ist. Es sollte Druck auf den Iran ausüben, damit dadurch der Druck auf die, deren Leben bedroht ist, verringert wird. Doch genau das Gegenteil ist geschehen. Der Iran steht kaum unter Druck, während einige von uns acht Jahre lang unter enormem Stress standen.

Während dieser acht Jahre habe ich die fehlende Eindeutigkeit im Herzen des neuen Europa kennen gelernt. Ich habe den deutschen Außenminister mit einem Schulterzucken sagen hören, dass es eine Grenze dessen gibt, was die Europäische Union für die Menschenrechte tun kann. Ein paar Monate danach ließ Deutschland, damals der wichtigste Handelspartner des Iran, für den führenden iranischen Terroristen, den Chef des Geheimdienstes, Minister Ali Fallahian, den roten Teppich ausrollen. Mein norwegischer Verleger William Nygaard wurde in der Woche nach dem triumphalen Empfang Fallahians erschossen. Der belgische Außenminister sagte mir persönlich, dass die EU vollkommen über die terroristischen Aktivitäten des Iran gegen seine eigenen Dissidenten auf europäischem

Boden informiert sei. Aber wozu führte das? Nur zu einem müden Lächeln, zu einem weiteren Schulterzucken.

Als Italien im vergangenen Jahr den EU-Präsidenten stellte, weigerte sich der italienische Außenminister, unsere Briefe in dieser Angelegenheit zu beantworten oder auch nur anzuerkennen. In den Niederlanden kam ich sogar in die Lage, dass ich den Beamten des Außenministeriums erklären musste, warum es von der EU nicht gerade gut sei, die fatwa aus religiösen Gründen zu akzeptieren!

In Dänemark wurde mir die Einreise verweigert, weil mein Leben in besonderer Weise bedroht sei. Diese »besondere Bedrohung« verschwand auf mysteriöse Weise angesichts eines öffentlichen Aufschreis. Doch ich weiß auch, dass Dänemark, das bis dahin schon ein bedeutender Käseexporteur nach Iran war, bemüht ist, den Handel mit diesem Land weiter auszudehnen.

Auch Irland schaut danach aus, den Handel mit dem Iran zu erweitern. Während der soeben beendeten Präsidentschaft Irlands in der EU wurde mir ein Zusammentreffen mit Dick Spring angeboten, dem irischen Außenminister. Merkwürdigerweise brauchte man sechs Monate und viel Nachdruck, damit die Begegnung zustande kam. Bei dem Treffen versicherte mir Spring, dass es beim EU-Gipfeltreffen in Dublin zu einer eindeutigen Stellungnahme im Blick auf die fatwa kommen würde. Diese Stellungnahme ist niemals erfolgt.

Das neue Europa sieht mir nicht nach Zivilisation aus. Es ist ein eher zynisches Unternehmen. Führer der Europäischen Union machen Lippenbekenntnisse zu den großen europäischen Idealen der Pressefreiheit, Menschenrechte, Aufklärung, Meinungsfreiheit und der Bedeutung der Trennung von Kirche und Staat. Doch wenn diese Ideale mächtigen Banalitäten gegenüberstehen, die man als Realität zu bezeichnen pflegt, nämlich Handel, Geld, Rüstung, Macht, dann hört die Freiheit auf. Wenn dänischer Feta-Käse oder irisches Halal-Rindfleisch gegen die europäische Konvention für Menschenrechte antreten, dann rechne man nicht etwa mit freier Meinungsäußerung. Um als echter Europäer reden zu können, genügt es, Euroskeptiker zu sein.

Bald wird Großbritannien die Präsidentschaft in der EU übernehmen und Gelegenheit haben, dieses Problem anzupacken. Ich hoffe — und ich denke, dass ich nach so langem Warten ein Recht dazu habe —, dass die britische Regierung während dieser Periode wesentlich aktiver sein wird als bisher. Ein großer Teil der Diplomatie besteht in Nicken und Augenzwinkern, so viel habe ich inzwischen gelernt. Die extreme Passivität des britischen Außenministeriums hat dem Rest der EU erlaubt, die Angelegenheit einschlafen zu lassen und dem iranischen Volk signalisiert, dass es nicht nötig sei, sich darum zu kümmern. Ich bin natürlich erfreut, dass das Außenministerium das neue Kopfgeld verurteilt hat. Aber ein paar scharfe Worte einmal pro Jahr sind kein Ersatz für Politik. Wie so viele meiner britischen Landsleute hoffe ich darauf, dass wir bald eine Labour-Regierung haben werden. Ich habe schon lange diese hoffentlich kommende Regierung gedrängt, sich die Bedeutung der Künste bewusst zu machen bei der nationalen Erneuerung, die eine Labour-Regierung so schnell wie möglich herbeiführen muss.

Aus Anlass dieses Jahrestages bitte ich Tony Blair, den Führer der Arbeiterpartei, der vielleicht der nächste britische Ministerpräsident sein wird, einem Künstler zu Hilfe zu kommen. Wie er mir selbst gesagt hat, weiß er, dass die Grundsätze, die hier auf dem Spiel stehen, weit über die Frage des Überlebens eines einzelnen Individuums hinausgehen. Ich bat ihn, neuen Nachdruck für den Kampf gegen den »Zeus des Iran« und seinen Versuch, unsere Freiheit abzuwürgen, aufzubringen. Ich forderte ihn auf, die Verpflichtung der Arbeiterpartei an den wahren europäischen Geist zu demonstrieren — nicht nur im Sinne einer Wirtschaftsvereinigung oder einer Währungsunion, sondern in dem einer wirklichen europäischen Zivilisation.

KAPITEL 10

Christenverfolgung durch den Islam im Heiligen Land

In den ersten Wochen des Monats Januar 1992 las ich zufällig die *Jerusalem Post* und fand auf der ersten Seite einen Bericht über den katholischen Priester George Abou Khazan, der gerade im Magazin des Franziskaner-Ordens *La Terra Santa* einen Artikel geschrieben hatte, in dem erstmalig eine offizielle Stelle der katholischen Kirche die Moslems und nicht die Juden für den Tod von Christen im Heiligen Land verantwortlich machte. Einen oder zwei Tage später erschien ein anderer Artikel in der *Jerusalem Post*. Mit dem »Islamischen Dschihad« sei man übereingekommen, das Leben von Pater George Abou-Khazan zu schonen, wenn die November/Dezember-Ausgabe 1991 von *La Terra Santa* mit dem Artikel über islamische Aufkäufe von christlichem Eigentum von den Zeitungsständen in Jerusalem verschwinden würde. Mit anderen Worten: Zensur, Einschüchterung und ein Maulkorb für die freie Presse durch den Islam.

Natürlich war nun meine Neugier geweckt. Ich ging sofort zu der bekannten Ludwig-Mayer-Buchhandlung in Jerusalem, um eine Ausgabe dieser Zeitschrift zu bestellen. Der Buchhändler versprach mir, wenn mir irgendjemand eine Ausgabe dieser Zeitschrift besorgen könnte, dann seien sie es. Doch nach viermonatigem Warten wurde mir klar, dass ich schon selbst, auf privatem Weg, einen Versuch starten müsste, um dieses Magazin zu bekommen. Ich nahm also all meinen Mut zusammen und ging ins christliche Viertel der Altstadt von Jerusalem zum Büro der Franziskaner und sagte ihnen, dass ich Student am Seminar für judaistische Studien in Jerusalem sei, um dort die Magisterprüfung abzulegen. Ich müsse das klassische Griechisch für Anfänger als auch Einführungskurse über das klassische Griechenland und das antike Rom an der Hebräischen Universität von Jerusalem belegen. Ich sagte ihnen, dass ich eine Untersuchung anstellen müsse, für die ich alle sechs Zweimonatsausgaben ihres Magazins aus dem Jahr 1991 benötige. Die beste Lüge ist die Wahrheit! So kaufte ich alle sechs Ausgaben, obwohl ich eigentlich nur die November/Dezember-Ausgabe brauchte. Kaum hatte ich diese in Händen, bestieg ich einen Bus nach Tel Aviv und suchte das Büro des Sprechers vom israelischen Verteidigungsministerium auf. Dort gehöre ich zu den Reservekräften. Ich übergab Fotokopien des Artikels, der im Original in Italienisch geschrieben war, ans Militär, um sie ins Hebräische übersetzen zu lassen. Dafür wurde ein Italienisch sprechender Reserveoffizier ausfindig gemacht. Kopien dieses Artikels wurden an alle Mitglieder meiner Einheit verteilt. Dann übersetzte ich den Artikel vom Hebräischen ins Englische.

Der bittere Auszug von Christen aus dem Heiligen Land

Artikel des Franziskanerpaters George Abou-Khazen, erschienen in dem vom Vatikan genehmigten Magazin des Franziskaner-Ordens *La Terra Santa*, in der November/Dezember-Ausgabe 1991, veröffentlicht in Jerusalem und später aus dem Verkehr gezogen wegen islamischer Todesdrohungen gegen Pater Abou-Khazen:

Der Traum, dass es eines Tages einen Dialog über Leben, Frieden und Zusammenarbeit zwischen Christen und Moslems geben würde, ist von den Franziskanern im Heiligen Land niemals aufgegeben worden. Diesen Geist übernahmen sie von der Weltkonferenz (der Kirche) des Heiligen Franziskus, dem Helden eines berühmten, freundschaftlich verlaufenden Treffens mit dem Sultan. Die Schwierigkeiten, die den Christen begegnen, haben ihre Ursache in der wachsenden Zunahme des moslemischen Einflusses im Land, durch den der Lebensraum der Christen eingeengt werden soll. George Abou-Khazan, ein in Bethlehem ansässiger Priester, erhebt seine Stimme für die Christen im Heiligen Land.

Die Christen verlassen allmählich den Nahen Osten. Leider ist das eine nicht zu leugnende Tatsache. Viele haben schon versucht, dieses Phänomen zu analysieren. Andere prophezeien, dass es in dreißig Jahren keine Christen mehr in dieser Region geben wird. Es ist klar, dass die jüdische Präsenz im Land die Araber aufgestört hat. Und mehr als alles andere haben die wirtschaftlichen, kulturellen und technologischen Kontakte der vergangenen Jahre eine Konfrontation zwischen der westlichen Zivilisation und der Kultur des Nahen Ostens — der islamischen Kultur gegen die judäochristliche Kultur — herbeigeführt. Dieser Vorgang wurde verschärft durch die heutige islamische Einstellung: Alle Welt muss islamisch werden.

Aus diesem Grunde waren die Ersten, die diese Haltung zu spüren bekamen, die Araber aus Galiläa, die den »Tag des Bodens« feiern. Diese Gedenkfeier geht zurück auf den 30. März 1977. Sie soll alle Welt daran erinnern, dass an diesem Tag, als Ergebnis von Demonstrationen gegen Landenteignungen, fünf Araber getötet und Dutzende verletzt wurden. Gedenkfeiern für dieses Ereignis gibt es in allen arabischen Gemeinden Israels und selbst in den früher jordanischen Gebieten, die von Israel verwaltet werden. Wir Christen sagen auch, dass jeder Mensch dazu aufgerufen ist, den Glauben zu verteidigen. Aber wir sagen das zu allen Menschen, unter welcher Regierung, in welcher Kultur oder in welchem Staat sie auch leben. Sie müssen frei glauben dürfen und die Freiheit haben, zum Christentum übertreten zu können, wenn sie das wünschen.

Die moslemische Religion (der Islam) ist sowohl eine Religion als auch eine Gesellschaftsordnung. Religion und Staat ist dabei eins. Wer nicht Glied dieser Religionsgemeinschaft ist, wird als Fremder und Außenseiter betrachtet. Für den Islam kann, wenigstens in absehbarer Zukunft, keine pluralistische oder demokratische Gesellschaft existieren. Der Islam kann (und muss) nicht mit irgendeiner nicht-islamischen Regel übereinstimmen. Wie der Islam als Staatszugehörigkeit angesehen wird, so gilt auch für das »Haus des Islam«: Alle Gebiete, wo Moslems leben oder die jemals von Moslems besetzt wurden, werden als »Haus des Islam« betrachtet. Heute wird die geographische Einheit, bekannt als »Palästina«, als »waqf« oder moslemische Treuhänderschaft (über den Landbesitz) betrachtet. Das ist aber ein Grundsatz, an dem die Juden ebenfalls im Hinblick auf Palästina festhalten. In Saudi-Arabien zum Beispiel ist es verboten, eine christliche Kirche zu bauen oder eine christliche Beerdigung durchzuführen, einfach weil es nicht erlaubt ist, moslemischen Boden für private Zwecke zu benutzen. Auch der Aufruf zum Gebet ist an das Gebiet gebunden: er muss in allen Stadtvierteln gehört werden können.

Da die Moslems zur Zeit nicht in der Lage sind, eine homogene islamische Gesellschaft hinsichtlich des Lebensstils und der Gesetzgebung auf den ganzen Staat auszudehnen, versuchen sie das Land zu islamisieren, das heißt ins Eigentum von Moslems zu überführen. Um das zu bewerkstelligen, wurden jahrzehntelang von moslemischen Ländern riesige Geldbeträge bereitgestellt, zum Beispiel während eines Gipfeltreffens moslemischer Staaten in Bagdad im Jahr 1978. Dabei wurde unter anderem beschlossen, in Beit Jala Ländereien zu kaufen und dort eine Moschee zu bauen, was dann auch geschah.

Davon gab es noch viele Beispiele in den siebziger und achtziger Jahren. Eine Kampagne wurde gestartet, um Geschäfte im christlichen Viertel der Altstadt von Jerusalem aufzukaufen – Bemühungen, die durchaus erfolgreich waren. Das sensationellste und am häufigsten publizierte Ereignis betrifft das St. Johannes-Hospiz in der Altstadt von Jerusalem (das Eigentum der griechisch-orthodoxen Kirche war und im Jahre 1990 von den Israelis für das Passahfest benutzt wurde) und

140

belegt meine Behauptungen. Als die Israelis das Gebäude betreten wollten, inszenierten die Moslems einen Volksaufstand und schoben der orthodoxen Kirche die Schuld dafür in die Schuhe. Wenn jedoch die griechisch-orthodoxe Kirche Land an Moslems verkaufte, protestierte »das Volk« in keiner Weise.

Auf jeden Fall wenden die Moslems weiterhin ihre »Tricks« an, um Ländereien zu kaufen. Sie haben in Bethlehem astronomische Preise gezahlt, nicht nur für Land. In Gebieten, die rechtlich meiner Kirche unterstanden, wollte eine christliche Familie eine Parzelle verkaufen. Moslems interessierten sich dafür, aber die Familie informierte sie dahingehend, dass sie versuchen wollten, das Land an andere Christen zu verkaufen. Schließlich erreichten sie dieses Ziel auch, doch kurze Zeit später versuchten die Moslems, ihr Haus anzuzünden. Wer legte den Brand? »Kinder«, lautete die Antwort. Glücklicherweise bemerkten die Eigentümer das Feuer sofort und konnten es löschen. Doch in Jerusalem wurden zwei Geschäfte von zwei Straßenkehrern angesteckt und vollständig zerstört.

Man sieht, dass die Islamisierung des Landes große Spannungen verursacht und gleichzeitig den Lebensraum der Christen mehr und mehr einengt. Die heutigen politischen Probleme, die Beschränkungen, die man den Christen durch fortgesetzte Angriffe auferlegt und das Drama der Intifada (des palästinensischen Aufstandes gegen Israel), haben den moslemischen Arabern beträchtliche Hilfe von moslemischen »Bruderländern« gebracht, wobei den Christen gesagt wurde: »Ihr habt ja eure Kirchen!« (Diese sammeln Spenden am Karfreitag und haben keinerlei Rückhalt durch Ölquellen.)

Wenn diese Situation bestehen bleibt, werden junge christliche Familien immer weniger in der Lage sein, Grundstücke zu kaufen und eigene Häuser zu besitzen. Sie werden sich in ihrem Heimatland nicht mehr verwurzeln können und bald gezwungen sein, sich der christlichen Auswanderungswelle aus dem Heiligen Land anzuschließen.

Christen werden auf den Straßen Jerusalems von Moslems angegriffen

Artikel von Jim Hutman auf Seite 1 der *Jerusalem Post* vom 18. Juli 1994:

Jüngste Angriffe von Moslems auf christliche Ziele in der Altstadt von Jerusalem haben in Regierungskreisen Sorge geweckt. »Moslems haben ihre Angriffe auf Christen in Jerusalem verstärkt, um ihre Dominanz in der Stadt zu demonstrieren.« Uri Mor, der Berater des Religionsministeriums in christlichen Fragen, teilte das der *Jerusalem Post* gestern mit. Er sagte, dass Führer der Hamas mindestens zweimal in den vergangenen sechs Monaten führende Christen verbal bedroht hätten. »Wir blicken mit großer Sorge auf diese Entwicklung«, fügte Mor hinzu. Laut Mor soll die Angelegenheit heute bei der wöchentlichen Zusammenkunft des Kabinetts angesprochen werden.

Während des Wochenendes überfiel eine Bande moslemischer Jugendlicher eine Halle in der Nähe der Grabeskirche, die häufig von christlichen Jugendlichen besucht wird. Vier der Christen wurden durch Stiche leicht verletzt. Einer von ihnen musste ins Krankenhaus gebracht werden. Augenzeugen sagten aus, dass etwa 50 junge Moslems am Samstagnachmittag durch das christliche Viertel zu der Halle marschiert seien und christenfeindliche Parolen gesungen hätten. Sie griffen dann die Christen in den Räumlichkeiten an und zerschlugen Stühle, Tische und andere Gegenstände. Mor berichtete, der Vorfall sei dem Generalinspektor der Polizei Assaf Hefetz gemeldet worden, der die Ermittlungen zur obersten Priorität erklärte.

Der stellvertretende Polizeichef der Altstadt David Givati bestätigte, dass es vor kurzem eine Reihe von moslemischen Übergriffen auf christliche Ziele gegeben habe. Er könne aber nicht sagen, ob diese inzwischen gegenüber der Vergangenheit verschlimmert hätten. Arabische Bewohner der Altstadt meldeten Verbrechen häufig nicht bei der Polizei, bemerkte Givati. Mor sagte aber, dass nach Berichten, die er erhalten habe, der

Angriff vom Samstagnachmittag der schwerste einer Reihe solcher Vorfälle in den letzten Monaten gewesen sei. Er behauptete, diese Angriffe seien politisch motiviert. Die Polizei meint jedoch, dass häufig soziale und religiöse Fragen mit im Spiel seien, wie zum Beispiel dann, wenn Christen Alkohol ausschenken, der den Moslems verboten ist.

Aus internen Quellen hört man inzwischen, an christlichen heiligen Stätten sei Polizeischutz bereitgestellt worden — um vor allem an Feiertagen — Anschläge moslemischer Extremisten zu verhindern.

Moslems greifen Christen an

Artikel in der Beilage zur *Jerusalem Post* unter dem Titel »In Jerusalem« vom 22. Juli 1994, Seite 3:

Christliche Bewohner der Altstadt nahmen mit der Redaktion der Beilage Verbindung auf und informierten uns darüber, dass sie zum Ziel wachsender, regelmäßiger Angriffe moslemischer Banden geworden seien. Am vergangenen Wochenende erlitten drei Christen Stichwunden und mussten im Hadassah-Krankenhaus behandelt werden, wo sie sich in relativ guter Verfassung befinden sollen. Die Einwohner klagten darüber, dass die Polizei zwar am Schauplatz des Vorfalls auftauchte, aber nicht so rechtzeitig, um die Täter noch zu erwischen. Die Einwohner beabsichtigen, Selbstschutzmaßnahmen zu ergreifen und bereiten eine Eingabe an die Stadtverwaltung vor, um mehr Polizeischutz zu erhalten.

Entführung und Folterung palästinensischer Christen durch palästinensische Behörden in Jericho

Auszug aus einem Artikel von Steve Rodan und Bill Hutman in der *Jerusalem Post* vom 19. Mai 1995:

Inzwischen liegt uns eine Meldung vor, wonach ein weiterer Palästinenser von palästinensischen Behörden entführt worden sein soll. Er wurde als Shaker Mustafa Daoud Saleh, 37, identifiziert. Er stammt aus Sarta in der Nähe von Nablus.

Angehörige sagen, dass Saleh — ein Moslem, der vor kurzem zum Christentum übergetreten ist — den Befehl erhielt, in Jericho zu einem Verhör durch die palästinensische Polizei zu erscheinen. Vor zehn Tagen sei er in Jericho angekommen und bisher nicht zurückgekehrt.

Familienmitglieder erhielten die Erlaubnis, Saleh am Mittwoch in der Polizeistation von Jericho zu besuchen, wo sie feststellten, dass sein Kiefer und ein Bein gebrochen waren. In einem Interview lehnte Dschibril Radschub [der Polizeichef von Jericho] es ab, über die Entführung zu sprechen.

Auszug aus einem Artikel von Nadav Ha'etzni in der *Yesha Report*-Beilage, Jerusalem, Mai 1995:

An einem Sonntag vor etwa drei Wochen begab sich Victor Elias, ein 22-jähriger Einwohner von Betlehem, zu einem Basketballspiel nach Jericho, um seine Mannschaft in einem Spiel gegen das Team aus Ramallah anzufeuern. Er ahnte nicht, dass er den Heimweg im Liegen zurücklegen würde, wobei ihn jeder seiner Knochen an die »Sonderbehandlung« erinnern würde, die ihm von palästinensischen Polizisten widerfahren war.

Sein Pech war gewesen, dass er in einen Krawall hineingeriet, der am Rande des Spielfeldes ausbrach. Uniformierte mit roten Baretts, die zur Militärpolizei von Jericho gehörten, waren herbeigerufen worden, um die Ordnung wiederherzustellen. Augenzeugen sagten vor Gericht aus, die Polizisten hätten jeden niedergeschlagen, der ihnen zufällig in die Quere kam.

Sie schossen in die Luft und heizten die Situation damit nur noch mehr an. Victor hatte die ganze Zeit neben einem Soldaten gestanden, der seine Waffe sprühen ließ. Ohne Hintergedanken fragte er den Soldaten:»Warum schießen Sie denn? Sie richten doch nur ein Chaos in der Menge an. Selbst die israelischen Soldaten würden an einem solchen Platz nicht schießen.«

Doch damit hatte er einen großen Fehler begangen. Was dann geschah, teilte Elias zwei Wochen später seinen Freunden und dann auch detailliert in einem Brief an Jasser Arafat, den Chef der palästinensischen Autonomiebehörde, mit. Der um sich schießende Soldat hatte seine Kollegen herbeigerufen und gemeinsam hatten sie den»unverschämten« jungen Mann in ein Militärfahrzeug gezerrt, das in der Nähe stand, wobei sie ihn fluchend mit Knüppeln zusammenschlugen. Der palästinensische Minister für Sport, Umi Shueihi, war dabei und versuchte, sich einzumischen. Doch die Uniformierten würdigten ihn keines Blickes.

Elias wurde nach Jericho ins Gefängnis gebracht und in eine Zelle gestoßen, wo dann die»richtige« Behandlung begann:»Sie zerbrachen drei Knüppel auf mir«, berichtete er später.»Jedesmal fiel ich, von den vielen Schlägen getroffen zu Boden, sie traten mich, stellten mich wieder auf die Füße und schlugen weiter zu. Bei der Prügelei wurde mein Hemd zerrissen und das Kreuz, das ich an einer Kette um den Hals hängen hatte, wurde sichtbar. Danach wurden sie noch gewalttätiger. ›Wir sind extra vom Libanon hierhergekommen, um die christlichen Hunde zu belehren‹, sagten sie. Und während sie weiter schlugen, zwangen sie mich, dreimal das ›sahaduta‹ [das islamische Glaubensbekenntnis] zu wiederholen: ›Es ist kein Gott außer Allah, und Mohammed ist sein Prophet.‹ Nachdem ich das getan hatte, informierten sie mich darüber, dass ich ›nun ein Moslem‹ sei. ›Und jetzt werden wir dich lehren, was das bedeutet!‹ Und dann begannen die Prügel von neuem.«

Nach Stunden dieser schrecklichen Behandlung wurde Victor von seinen Freunden aus dem Gefängnis befreit, aber erst, nachdem sich der palästinensische Minister und Bürger-

meister von Betlehem, Elias Freij, sich empört an Arafats Hauptquartier gewandt und ihn um Intervention gebeten hatte. Victor wurde in ein Krankenhaus von Betlehem gebracht, wo seine
vielfachen Knochenbrüche und Prellungen, die er am ganzen
Körper davongetragen hatte, behandelt wurden.

Im Anschluss an diesen Vorfall sandte Elias einen Be-
schwerdebrief an den PLO-Vorsitzenden und forderte eine
Untersuchung und ein Verhör der Verantwortlichen. Es gab keinerlei Untersuchung, aber die Beschwerde wurde dem Büro
von Dschibril Radschub vorgelegt – des starken Mannes von
Jericho. Radschub versicherte, die Soldaten hätten sich für die
Misshandlung und die Beleidigung entschuldigt und ließ
außerdem Freij gegenüber durchblicken, dass er mit nie-
mandem über den Vorfall sprechen soll.

Arabische Christen unter palästinensischer Herrschaft

Artikel von David Blewitt, Geschäftsführer der »National
Christian Leadership Conference for Israel«, New York City,
NY. Genehmigter Nachdruck aus Midstream, Mai 1996 (Aus
der *Jewish Political Chronicle* vom August/September 1996):
Im Januar 1996 war ich mit einer christlichen Touristen-
gruppe in Bethlehem. Wir verließen die Busse, um in die
Geburtskirche zu gehen. Plötzlich sahen wir vor uns ein zwei-
seitiges Spruchband mit einem lächelnden Arafat auf den Krip-
penplatz hinunter blicken. Dieses Bild war seit Weihnachten
dort, als Arafat auf dem Dach der Kirche neben einer palästinensischen Flagge gestanden und die Pilger mit den Worten
begrüßt hatte: »Dies ist die heilige Stadt, die Stadt des Herrn
von Palästina, des Messias des Friedens und der Freiheit.« Die
moslemischen Führer der palästinensischen Verwaltung hatten
sich dann in der Kirche breitgemacht und es den Christen praktisch unmöglich gemacht, dort einen Gottesdienst abzuhalten.

146

Als die Rundreise beendet war, kehrte ich noch einmal nach Bethlehem zurück, um mit palästinensischen (arabischen) Christen zusammenzutreffen. (Es fällt mir immer noch schwer, Araber als »Palästinenser« anzureden, weil sich dieser Begriff bis 1948 auf Juden bezog, die im Gebiet des heutigen Israel lebten.) Ich war schockiert zu entdecken, wie sehr der Friedensprozess sie in Mitleidenschaft zieht.

Israel hat sich aus allen Gebieten zurückgezogen, in denen die Araber die Mehrheit stellen. Zum ersten Mal in der Geschichte stehen 450 Dörfer und alle größeren Städte im Gazastreifen, Judäa und in Samaria unter palästinensischer (arabischer) Herrschaft. Während einer Pressekonferenz am 11. Dezember 1995 mit Präsident Bill Clinton sagte Ministerpräsident Schimon Peres: »Israel hat eines seiner größten moralischen Versprechen erfüllt — nicht über andere Völker zu herrschen« (*Near East Report*, 18. Dezember 1995).

Die neue palästinensische Regierung soll die Vertretung aller Palästinenser sein. Doch in Wirklichkeit wird sie von Moslems kontrolliert, die sich wenig oder überhaupt nicht um die christliche Minderheit kümmern. (Arabische Christen stellen in Judäa und Samaria eine Minderheit dar, die nur etwa 50 000 Personen, d. h. 2,4 Prozent der Gesamtbevölkerung umfasst, nachdem sie 1948 noch 20 Prozent der Bevölkerung ausmachte. *New York Times*, 31. Dezember 1995.) Die orthodoxe Ostkirche stellt die größte Gruppe, gefolgt von den römischen Katholiken, die das meiste Gewicht haben aufgrund der Beziehungen zwischen dem Vatikan und Israel. Die Protestanten bilden eine sehr kleine, zersplitterte, kaum messbare Gruppe, die keinen bedeutenden Einfluss im Lande besitzt. Sie verlassen sich auf ihre jeweiligen Kirchenleitungen, wenn ihre Stimmen im Ausland Gehör finden sollen. Im Übrigen folgen sie dem »dhimmi«-System des islamischen Gesetzes, das den Christen und Juden (den »Menschen des Buches«) nur ein zurückgezogenes Leben erlaubt. Infolgedessen schrumpft die arabisch-christliche Minderheit in Israel immer mehr. (Nach katholischen Statistiken wohnten in Bethlehem von 1931 bis 1967 rund 79 Prozent Christen. Die letzten, inoffiziellen Statistiken von Vater Ignacio Pena aus dem Jahr 1984, die für die katholische Veröffentlichung *Holy Land Review* aufgestellt wurden, zeigen, dass die christliche Bevölkerung Bethlehems bis auf 40 Prozent abgenommen hat: 5150 Ost-Orthodoxe (griechisch- und armenisch-orthodoxe), 4400 Katholiken, 180 Protestanten und ein Kopte (*Jerusalem Post Magazine* vom 15. Dezember 1995). Man schätzt, dass der christliche Bevölkerungsanteil inzwischen auf 32 Prozent gesunken ist. Da diese Leute im Allgemeinen eine bessere Ausbildung, höhere Einkommen, weniger Kinder und dazu Familienangehörige im Ausland haben, haben sie die Möglichkeit, in fast alle Länder der westlichen Welt zu reisen und sich dort in christlichen Gemeinschaften aufnehmen zu lassen.

Israel wurde des öfteren beschuldigt, arabische Christen zur Auswanderung gedrängt zu haben. Doch die christliche Bevölkerung in den israelischen Städten hat sich seit 1948 vervierfacht — von 30 000 auf 146 000 im Jahre 1993 (»Jerusalem«, 7. Auflage, Israel Information Center, 1995).

Palästinensische Christen haben die israelische Regierung in der Vergangenheit öffentlich kritisiert, weil sie selbst mehr Angst vor der PLO hatten als vor der israelischen Regierung. Doch jetzt sind sie in Sorge um ihre Zukunft, weil sie fürchten, Israel nicht mehr als Schutzmacht hinter sich zu haben. Sie sind in eine übermächtige moslemische Gesellschaft hinein versetzt worden, in der sie nicht nur als minderwertig, sondern als potentiell treulos gegenüber der palästinensischen Regierung betrachtet werden, besonders angesichts eines wachsenden radikalen islamischen Fundamentalismus.

Christliche Araber überlegen sich heute, welchen Platz sie als »dhimmi« in einer moslemischen Gesellschaft unter palästinensischer Oberhoheit einnehmen werden. Die gegenwärtigen Anzeichen sind nicht gerade ermutigend. Einige christlichen Laien in Bethlehem sagten mir, dass sie anders reden als denken. Damit wollten sie sagen, dass sie zwar im Herzen oft mit den Israelis fühlten, aber bei ihrem Reden Übereinstimmung mit ihrer eigenen Obrigkeit bekunden müssten. Das ist nichts Neues. Viele Jahre lang mussten sie die Loyalität gegenüber ihren Behörden damit beweisen, dass sie Widerstand gegen Israel leisteten. Verschiedene arabische Christen äußerten mir gegenüber, das sei der Preis, den sie für ihre Sicherheit zahlen müssten. Einer von ihnen sagte mir: »Wenn wir nach Osten gehen (in die arabischen Länder), müssen wir den Mund halten, wenn wir nach Westen gehen (nach Israel), dürfen wir ihn aufmachen.«

Die arabischen Christen sind eine eingeschüchterte Minderheit, für die es schwer ist, gegen ihre palästinensische Führung Widerstand zu leisten. Sie wissen nur zu gut, was anderen passiert ist, die mit der PLO-Polizei aneinander geraten sind. Und sie erinnern sich an Arafats Drohung vom Januar 1989: »Zehn Kugeln in die Brust eines jeden, der mit Israel zusammenarbeitet.« Sie wissen, dass er Journalisten, Intellektuelle und Menschenrechtler, die seinen Zorn auf sich zogen, bedroht und verhaftet hat, weil sie Verfehlungen des palästinensischen Sicherheitsdienstes aktenkundig machten (*Boston Globe*, Januar 1996).

Sie wissen auch, was mit dem Herausgeber von *Al-Quds*, der führenden palästinensischen Zeitung in Jerusalem, geschah. Maher Alami wurde für eine Woche ins Gefängnis gesteckt, weil seine Zeitung einen wohlwollenden Artikel über Jasser Arafat auf der dritten statt auf der ersten Seite brachte, wo er nach Arafats Ansicht hingehört hätte (*Dispatch from Jerusalem*, Januar/Februar 1996; *Jerusalem Insider*, 4. Februar 1996). Und sie erinnern sich daran, dass auf der Höhe der Intifada dreimal so viele Araber von Arabern wie von Israelis getötet wurden. Die *New York Times* berichtete, wenn Palästinenser ein Klopfen an ihrer Tür hörten, seien sie erleichtert gewesen, wenn ein Israeli davor stand statt eines maskierten Palästinensers (»Myths and Facts«, *New York Times* vom 12. Juni 1991, Seite 170), und sie wussten, was mit den Graffiti an einer Wand in Beit Sahur gemeint war: »Zuerst die Samstagsleute, dann die Sonntagsmenschen« (*New York Times Magazine* vom 24. Dezember 1995, Seite 40).

Mir wurde gesagt, der griechisch-orthodoxe Patriarch habe es nicht zu melden gewagt, als die Intifada den Pilgerzug zur Geburtskirche in Bethlehem mit Steinen bewarf. Außerdem berichtete man mir, dass eine Marienstatue vom Kloster Beit Jala bei Jericho geraubt und verbrannt worden sei. Darauf angesprochen, reagierten die Nonnen entsetzt und fragten zurück: »Woher wisst ihr das? Wir haben nichts davon gesagt!« Auf die Frage, warum sie geschwiegen hätten, legte eine Nonne den Finger an die Lippen und flüsterte: »Das hat man uns befohlen.«

Solche Ereignisse erreichen die westliche Presse überhaupt nicht. Aber können Sie sich die Aufregung vorstellen, falls Israel dafür verantwortlich wäre? Mehr als einmal hörte ich Menschen auf verschiedene Weise zum Ausdruck bringen: »Unsere Lebensumstände sind nicht so schlecht, wie sie ohne die Anwesenheit Israels sein könnten.« Alle, mit denen ich redete, gaben an, dass ihre einzige Hoffnung in der gegenwärtigen Situation immer noch bei Israel liege.

Das Problem ist meiner Erkenntnis nach folgendes: 1. Aus Furcht vor dem, was ihnen und ihren Familien passieren könnte, müssen die Christen vor Ort immer das sagen, was ihnen von den palästinensischen Behörden befohlen wird. 2. Die meisten großen protestantischen Kirchen im Westen hören das, was palästinensische Christen gezwungenermaßen sagen. Die durch Drohungen bewirkte Einschüchterung bemerken sie gar nicht und glauben demzufolge den Äußerungen. 3. Führende kirchliche Persönlichkeiten haben viel von ihrer eigenen Glaubwürdigkeit in die Unterstützung der palästinensischen Araber investiert. Sie haben Israel so lange als den Urheber der Probleme hingestellt, als das Hindernis für den Frieden im Nahen Osten, dass sie heute nicht akzeptieren können, dass der einzige wirkliche Freund, den christliche Araber in diesem Gebiet haben, Israel ist. Können sie zugeben, dass sie missbraucht worden sind – und noch heute missbraucht werden – um antiisraelische Propaganda zu verbreiten? Ihre ständigen Angriffe auf Israel, auf das doch die arabischen Christen ihre einzige Hoffnung auf Hilfe setzen, nützt den arabischen Gemeinden überhaupt nichts. Und dabei behaupten diese Kirchenführer, diese Gemeinden unterstützen zu wollen. 4. und letztens: Die Übergabe von Bethlehem an die palästinensische Verwaltung stellt möglicherweise eine Zeitbombe dar. Ein führender Israeli sagte mir, er befürchte, dass die Aufgabe Bethlehems — ohne jeden Protest seitens der christlichen Welt — einen Präzedenzfall darstellen könnte, der zur Neuaufteilung Jerusalems führen würde. Und ein Christ, der die gleiche Sorge hatte, sagte, dass die Aufgabe Bethlehems durch Israel desinformierten Christen ein Argument für die Preisgabe Jerusalems liefere. Wenn es von den Christen keinerlei Reaktion auf die Tatsache gibt, dass die Palästinenser Bethlehem verwalten, warum sollte es dann Probleme geben, wenn sie auch einen Teil Jerusalems kontrollieren? Dabei muss bedacht werden: Nur unter israelischer Herrschaft hatten die Anhänger aller Glaubensrichtungen Zugang zu Jerusalem. Und die PLO hat ihr ursprüngliches Ziel niemals aufgegeben, das Land von allen Juden zu säubern — wobei Christen ebenfalls als »dhimmi« betrachtet werden, die man misshandeln darf.

Worin liegt nun die Herausforderung für die Christen im Westen? Die Notwendigkeit der Unterstützung Israels besteht unverändert, erhält aber einen neuen Antrieb, wenn wir unsere Verantwortlichkeit für unsere christlichen Schwestern und Brüder sehen, die sich unter palästinensischer Oberhoheit allein gelassen und aufgegeben fühlen. Echter Friede kann in diesem Gebiet nicht einziehen, solange der Dschihad, der »heilige Krieg«, herrscht, den Arafat weiterführen will, wenn man seinen arabischen Worten Glauben schenken darf. (Auf Englisch sagt er, dass es um den Aufbau eines Staates geht.) Friede kann nur entstehen, wenn Menschen lernen, miteinander zu leben und zu arbeiten.

Palästinensische Polizei verweigert griechisch-orthodoxen Geistlichen den Zutritt zu ihren Gemeinden

Artikel aus der *Jerusalem Post* vom 12. November 1996:

»Es gibt Fälle, in denen griechisch-orthodoxe Geistliche, die ihre Gemeinden in Gebieten unter palästinensischer Verwaltung besuchen wollten, daran gehindert und von der palästinensischen Polizei zur Umkehr gezwungen wurden«, klagte einer der ranghöchsten Führer der griechisch-orthodoxen Kirche. Metropolit Timothy, Sekretär des griechisch-orthodoxen Patriarchen von Jerusalem, sagte, dass am Sonntagabend, als er und ein griechisch-orthodoxer Erzbischof auf dem Weg nach Ramallah gewesen seien, palästinensische Polizei sie angehalten und ihnen die Umkehr nach Jerusalem befohlen habe. »Ich habe Berichte über ähnliche Vorfälle in der Vergangenheit gehört, habe sie aber nie recht glauben können, bis ich es selbst erlebte«, bemerkte er.

Als sie angehalten wurden, hatte Timothy außer seinem Führerschein keinen Ausweis bei sich, während der Erzbischof seinen griechischen Pass mit sich führte. Als er sich über die Kontrolle beklagte und sagte, dass er zu einer Verabredung in Ramallah erwartet würde, befahl ihnen der Polizeibeamte augenblicklich umzukehren. Timothy bestand darauf, Namen und Identitätsnummern der Polizeibeamten, die ihn kontrolliert hatten, zu erfahren. Dreißig Minuten lang weigerte er sich umzukehren, bis der Befehlshaber der Gruppe erschien. Er erklärte, dass die gewünschten Angaben nicht gemacht werden könnten und ordnete nochmals die Umkehr an.

Kirchenführer diskutieren mit Ministerpräsident Netanjahu Waqf-Schlägerei

Artikel von Chaim Schapiro aus der *Jerusalem Post* vom Freitag, den 25. April 1997, Seite 20:

Als gestern Tausende von orthodoxen christlichen Pilgern die Altstadt von Jerusalem füllten, um ihr an diesem Sonntag stattfindendes Osterfest vorzubereiten, trafen sich die Oberhäupter der beiden großen orthodoxen Kirchen zusammen mit einem führenden Katholiken bei Ministerpräsident Benjamin Netanjahu, um das Eindringen von Moslems in die heiligste Stätte der Christenheit zu erörtern.

Führende Christen — der griechisch-orthodoxe Patriarch Diodoros I., der armenische Patriarch Torkomm Manoogian und der Franziskaner und Wächter des Heiligen Landes, Joseph Nazzaro — hatten vorher an Netanjahu geschrieben und um seine Unterstützung gebeten. Diese Kirchenführer beklagten sich, dass während der Renovierungsarbeiten an der neben der Grabeskirche liegenden Khanqa-Moschee der Waqf (die moslemische religiöse Verwaltung) eine Toilette auf dem Dach der Kirche eingerichtet habe. Außerdem sei der Waqf in zwei Räume des griechisch-orthodoxen Patriarchat eingebrochen und habe sie in Beschlag genommen.

Netanjahu sagte den Kirchenführern, die Regierung werde keinerlei Veränderung des Status quo von Jerusalem akzeptieren, besonders in den Teilen der Altstadt, in denen Kirchen und Moscheen stünden. »Es ist unsere Pflicht, die Zukunft Jerusalems im Auge zu behalten, und wir werden alles tun, um den Status quo, der in diesem Gebiet über hundert Jahre lang geherrscht hat, wiederherzustellen«, sagte der Ministerpräsident. Er versprach den Kirchenführern, die Regierung werde diese Angelegenheit mit äußerster Verantwortlichkeit behandeln. Bei dem Treffen waren außerdem der stellvertretende Minister für religiöse Angelegenheiten, Yigal Bibi, Jerusalems Bürgermeister Ehud Olmert und der Jerusalemer Polizeichef Jair Jitzchaki anwesend.

Inzwischen verordnete das Jerusalemer Bezirksgericht gestern einen Baustopp für die Arbeiten an der Moschee. Diese Verfügung wurde aufgrund einer Rückfrage der Jerusalemer Stadtverwaltung erlassen, die behauptete, dass die Renovierungen ohne Genehmigung erfolgt seien.

Christlich-Moslemischer Streit eskaliert

Artikel von Chaim Schapiro in der *Jerusalem Post* vom Donnerstag, den 1. Mai 1997:

Die Konfrontation zwischen christlichen und moslemischen Institutionen in der Jerusalemer Altstadt eskalierten gestern weiter aufgrund der Vorwürfe eines kirchlichen Anführers, Moslems hätten versucht, in die Grabeskirche einzubrechen. Christen behaupten, im Rahmen der Bauarbeiten sei unberechtigt in ihr Eigentum eingedrungen und die Heiligkeit der alten Kirche verletzt worden. Die für die umstrittenen Bauarbeiten verantwortlichen Moslems leugneten Übergriffe der Moslems und weigerten sich, das Recht der Stadtverwaltung einen Baustopp anzuordnen anzuerkennen.

Der Streit wurde durch Bauarbeiten an der Khanka-Salahieh-Moschee, die an die Kirche angrenzt, ausgelöst. Drei etablierte, geschichtsträchtige kirchliche Gemeinschaften, die griechisch-orthodoxe, die armenisch-orthodoxe und die römisch-katholische Kirche, behaupteten, der moslemische Waqf hätte Toiletten über der Kirche eingerichtet. Dadurch würde auf jeden Fall der Status quo verletzt, der über zwei Jahrhunderte hinweg die interreligiösen Beziehungen in der Stadt stabil gehalten hat. Außerdem behaupteten die Griechisch-Orthodoxen, dass die Moslems sich eines Einbruchs schuldig gemacht und zwei Räume im griechisch-orthodoxen Patriarchat in Beschlag genommen hätten.

Bei einer Besichtigung des strittigen Bereichs durch das Presseamt der Regierung erklärte Metropolit Timothy, der Sekretär des griechisch-orthodoxen Patriarchats, gestern, dass die moslemischen Arbeiter versucht hätten, in die Kirche einzubrechen. Bezugnehmend auf Steine und Schutt von der Kirchenmauer, die Kirchenangestellte gefunden hatten, sagte Timothy, er wisse nicht, warum die Arbeiter versucht hätten, einzubrechen.

Die Besichtigung offenbarte ein Labyrinth von miteinander in Verbindung stehenden Bauten, mit Räumen, die aus Gebäudeteilen herausgehauen waren, die zu verschiedenen historischen Schichten gehörten ... Auf griechisch-orthodoxer Seite ging man durch eine ganze Anzahl gewundener Passagen und Räume und stand schließlich vor zwei Türen zu Eingängen, die mit Steinen und Zementblöcken grob abgesperrt waren. Auf moslemischer Seite führte ein ebenfalls gewundener Durchgang eine Treppenflucht hinauf, vorbei an einem benutzten Bereich zu einem Raum, der offensichtlich einmal eine Kreuzfahrerhalle gewesen war und jetzt als Moschee fungierte. Nach einer Version war es nur die kleine Halle auf Straßenniveau, die die eigentliche Moschee gebildet hatte, während nach einer anderen Version die obere Moschee für Würdenträger vorgesehen gewesen war, einschließlich für Saladin.

Am Eingang zu dem oberen Raum zeigte Scheich Jakub Radschaby, der für die Moschee verantwortlich ist, auf eine frisch verputzte Wand in der angeblichen Eingangshalle. Auf diese Weise machte man es den Pressevertretern unmöglich, die beiden Räume zu finden, die von den Orthodoxen beschrieben worden waren. »Die Priester haben behauptet, dass hier zwei Räume seien, die wir ihnen gestohlen hätten. Sie sehen doch selbst, dass das hier der Haupteingang zur Moschee ist«, sagte er. Ganz eindeutig war der frisch zugemauerte Bereich Teil eines einzigen Raumes gewesen und hatte offensichtlich irgendwie mit der Halle in Verbindung gestanden, die heute als Moschee diente. Aber ob das bereits im Jahre 1187, als Saladin Jerusalem eroberte, der Fall gewesen war oder erst in den beiden letzten Jahrhunderten, ist unklar.

Auf der anderen Seite des Eingangs, entlang einer Mauer, die an die Nordecke der Grabeskirche angrenzte, ging die

Arbeit an der neuen Toilettenanlage trotz des Baustopps der Jerusalemer Stadtverwaltung weiter. Radschaby sagte, dass der Waqf den verfügten Baustopp nicht beachten werde. »Die Stadtverwaltung hat hier nichts zu sagen, nur der Waqf. Die Arbeit hier kann nur Allah beenden«, waren seine Worte.

Es war praktisch unmöglich zu entscheiden, ob die neuen Toiletten tatsächlich über der christlichen heiligen Stätte lagen, wie die Christen behaupten, oder ob die äußere Mauer der Kirche etwa 18 oder 20 Meter von diesem Gelände entfernt ist, wie Radschaby versichert. Fotografen kletterten über Mauern und Dächer und versuchten vergeblich festzustellen, wie weit sich die Kirchengebäude erstrecken.

Laut offizieller Pressestelle der Regierung (GPO), welche die Bauarbeiten als »illegale Bautätigkeit im Herzen des christlichen Viertels« bezeichnete, begann die Geschichte vor zwei Jahren, als der Waqf »die Aufsicht übernahm« über das, was er als unterirdische Halle unter der Grabeskirche beschrieb (offensichtlich die Kreuzfahrerhalle). Später führte das dann zur Aneignung der beiden Räume im Patriarchat. Die GPO sagt auch, die Toilettenanlage, die aus Stahlbeton errichtet ist, zerstöre den antiken Charakter dieser Stätte und könne künftig zur Vernichtung der urspünglichen Bausubstanz führen.

Griechisch-orthodoxe Probleme mit der Waqf ungelöst

Artikel von Chaim Schapiro in der *Jerusalem Post* vom Dienstag, 8. Juli 1997:

Im Gegensatz zu einem vor kurzem veröffentlichten jordanischen Bericht ist eine Lösung in der Streitfrage zwischen dem griechisch-orthodoxen Patriarchat und dem moslemischen Waqf nicht in Sicht. […]

Metropolit Timothy, Sekretär des griechisch-orthodoxen Patriarchats, sagte gestern, dass die Jordanier tatsächlich eine Delegation zu Diodoros geschickt hätten. »Diese jordanische

Delegation besuchte Seine Heiligkeit und betonte den Wunsch der Jordanier, dass das Problem auf gütliche Weise gelöst werden möge. Wir haben alle das Gefühl, dass eine friedliche Lösung angebracht wäre«, erklärte er. Die Jordanier hätten vorgeschlagen, die beiden Räume gegen die St. Georgs-Kirche in Kerak, östlich vom Toten Meer, einzutauschen. Die Kirche sei eine Stätte der Anbetung für Christen und Moslems gewesen, aber ein jordanisches Gericht hatte entschieden, dass sie den Moslems gehören sollte. Laut Timothy hatte Diodoros die Jordanier gebeten, ihr Angebot schriftlich zu fixieren. Bis heute hätten diese aber noch nichts unternommen. »Der Streit ist immer noch nicht beigelegt, die Angelegenheit ist nicht erledigt«, sagte Timothy.

Palästinensische Polizei interveniert in russischer Kirche – Streit um Besitzansprüche in Hebron

Artikel von Chaim Schapiro in der *Jerusalem Post* vom Mittwoch, 9. Juli 1997:

In einer beispiellosen Aktion brach die palästinensische Polizei an diesem Wochenende in das russisch-orthodoxe Kloster »Abrahams Terebinthe« in Hebron ein, vertrieb die Kleriker der in New York beheimateten »russisch-orthodoxen Kirche außerhalb Russlands« und übergab das Kloster Vertretern der Moskauer russisch-orthodoxen Kirche. Ein Vertreter der russisch-orthodoxen Kirche erklärte gestern, die Aktion sei die Einlösung eines Versprechens, das PLO-Chef Jasser Arafat dem Patriarchen von Moskau, Alexej II., bei dessen Besuch im vergangenen Monat gegeben habe.

Obwohl das Eigentum der russisch-orthodoxen Kirche in Israel vor 1967 in den Händen der in Russland beheimateten orthodoxen Kirche lag, hatte die in New York stationierte Mission die Verwaltung dieses Eigentums in der Westbank und in Ostjerusalem seit den frühen fünfziger Jahren in Händen gehabt. Die jordanische Regierung hatte entschieden, dass diese orthodoxe Mission der rechtmäßige Erbe der russisch-orthodoxen Kirche sei. Nach dem Sechs-Tage-Krieg erkannte Israel den Status quo an.

Laut Archimandrit Bartholomäus, dem Leiter der in New York angesiedelten Mission der russisch-orthodoxen Kirche, hatten Beamte der palästinensischen Geheimpolizei das Kloster fast täglich aufgesucht und die Bewohner zum Verlassen aufgefordert. An einem Samstag seien die Palästinenser dann in den Wohnbereich eingebrochen und hätten drei Priester und vier Mönche angewiesen, ihre Sachen zu packen und das Kloster zu verlassen. Die Letzteren hatten sich geweigert. Inzwischen war Bartholomäus selbst mit zwei Nonnen angekommen.

Bartholomäus sagte, dass Vertreter der russischen Kirche und des russischen Konsulates hätten beobachtet, wie die palästinensische Polizei die Geistlichen aus dem Gebäude gezerrt hätte. Weibliche Polizeioffiziere, die von ihren männlichen Kollegen unterstützt wurden, rissen auch die Nonnen heraus und schlugen auf sie ein. Eine der Nonnen musste ins Krankenhaus gebracht werden.

Nach einer Pressemeldung von Erzbischof Laurus, dem Sekretär der Bischofssynode der in New York beheimateten Kirche, ist sie in den USA eine Körperschaft des öffentlichen Rechts und untersteht somit den Gesetzen des Staates New York. Ein Beamter des US-Konsulates in Jerusalem erklärte gestern jedoch, dass es keinen Grund für das Konsulat gebe, sich einzumischen. Ann Casper, stellvertretende Leiterin der Presseabteilung des Konsulates, sagte, das Konsulat sei verpflichtet, darauf zu sehen, dass amerikanische Staatsbürger unter den örtlichen Gesetzen gerecht behandelt würden. Doch ein solcher Schutz betreffe nicht die Kirchen.

Der Sprecher der palästinensischen Verwaltung, Nabil Abu Rudeineh, äußerte gestern, dass er von den Vorfällen nichts gewusst habe, dass die palästinensische Verwaltung sich aber prinzipiell nicht in kirchliche Angelegenheiten einmische.

Blutige Woche in einem galiläischen Dorf

Auszüge aus einem Artikel von David Rudge aus der *Jerusalem Post* vom Freitag, 2. Mai 1997, Seite 10:

Gewaltsame Zusammenstöße zwischen zwei Familien im Dorf Turan in Untergaliläa haben das Schreckgespenst eines moslemisch-christlichen Streites in dem arabischen Dorf neu aufleben lassen. Führende Dorfbewohner in Turan behaupten, dass die blutige, wochenlange Fehde, bei denen ein christlicher Einwohner getötet und drei Moslems ernsthaft verletzt wurden, nicht auf religiösen Hintergründen basiere, sondern ihre Ursachen in familiär bedingten Auseinandersetzungen habe.

Trotzdem glaubt Dr. Elie Rekhess, dass es Anzeichen für eine zunehmende Spaltung zwischen der moslemischen und der christlichen Bevölkerung gibt. Führende arabische Persönlichkeiten in Israel hätten sich große Mühe gegeben, selbst geringfügige Anzeichen religiöser Auseinandersetzungen in ihren Reihen herunterzuspielen, sagt Rekhess, der selbst Experte für israelische Araber am Dajan-Zentrum der Universität von Tel Aviv ist. »Im Allgemeinen waren die Beziehungen innerhalb der arabischen Gemeinden Israels früher durch Ruhe und Frieden gekennzeichnet«, erläutert Rekhess. »In den letzten Jahren hat es jedoch gelegentlich Spannungen gegeben, besonders an moslemischen und christlichen Feiertagen wie zum Beispiel am Id al-Fitr (am Ende des Fastenmonats Ramadan), am Id al-Adha (dem Opferfest), an Weihnachten und Ostern.«

»Diese wachsende Spannung, die manchmal durch Fehden von Clans oder gewöhnliche Streitereien verschlimmert wird, hängt teilweise mit der Ausdehnung der islamistischen Bewegung innerhalb der arabischen Gemeinden Israels zusammen«, erklärt Rekhess. Er ist der Meinung, dass Schlagworte der islamistischen Bewegung wie zum Beispiel »Der Islam ist die Wahrheit« oder »Der Islam ist die Lösung« bestimmte Kreise in der christlichen Gemeinde verärgert hätten. »Führende Moslems versuchen, religiöse Unterschiede herunterzuspielen und stellen die islamistische Bewegung als panarabische Größe dar.« »Führende Christen sind besorgt darüber, dass der Wind sich gedreht hat, obwohl keiner öffentlich darüber sprechen will«, sagt Rekhess. »Auch arabische Führungspersönlichkeiten haben allen Anzeichen eines moslemisch-christlichen Streites in der Öffentlichkeit lebhaft widersprochen, obwohl einige Risse schon in Erscheinung getreten sind, selbst an Plätzen wie Nazareth und Kafr Jasif.« Laut dem Dorfältesten Nagi Nessar in Turan sind die Krawalle, die den Frieden und die normalerweise harmonischen Beziehungen zwischen den Bewohnern des Dorfes, das an der Straße von Nazareth nach Tiberias liegt, gestört haben, Handlungen jugendlicher Randalierer. Trotzdem kann ein Andauern der Kämpfe, die ursprünglich zwischen Mitgliedern des moslemischen Dahleh-Clans und des christlichen Khouri-Clan geführt wurden, weitreichende Auswirkungen auf das Leben der 9000 Einwohner Turans haben, von denen 90 Prozent Moslems und die übrigen griechisch-orthodoxe Christen sind.

KAPITEL 11

Realitäten palästinensischer Selbstverwaltung

Wie in der Hölle

Artikel von Uri Dan und Dennis Eisenberg in der *Jerusalem Post* vom 5. September 1996:

Wir werden ihn (aus Sicherheitsgründen) Mustafa nennen. Er ist Dekorateur und arbeitet in der Jerusalemer Wohnung eines Mannes, der für diese Zeitung schreibt. Letzte Woche kündigte er plötzlich an:»Ich habe die israelische Staatsbürgerschaft beantragt.« Das war eine Überraschung für uns, da er überglücklich gewesen war, als Jasser Arafat vor drei Jahren in Washington die Osloer Verträge unterzeichnete. Damals sagte er:»Wir werden einen palästinensischen Staat haben und ihr einen jüdischen. Wir werden als Brüder in Frieden nebeneinander leben.«

Jetzt schwang in seiner Stimme Bitterkeit:»Unter Arafats Geheimpolizei zu leben ist die Hölle. Lieber lebe ich unter den Juden. Meine Leute fürchten Tag und Nacht um ihr Leben, weil wir schreckliche Dinge mitbekommen. Dschibril Radschubs Schläger entführen junge Mädchen in Gebieten, die unter Arafats Herrschaft stehen, in Ramallah und andern Städten, selbst in Jerusalem. Dann vergewaltigen sie die Entführten und schließlich ermorden sie sie, um sie an Aussagen zu hindern. Das menschliche Leben ist weniger wert als der Dreck im Rinnstein.«

»Das klingt nach Gerüchten«, sagten wir ihm. »Wir können nur mit Fakten etwas anfangen.« »Ich werde euch Fakten liefern, wenn ihr mir versprecht, meine Identität geheim zu halten«, lautete seine Antwort.

»Am 19. August drangen Radschubs Helden in ihren Lederjacken in das Haus eines Nachbarn im arabischen Teil der Altstadt von Jerusalem ein. Es war in der Nähe vom Damaskus-Tor. Im Haus meines Nachbarn befand sich ein Mädchen von 18 oder 19 Jahren, eine Verwandte aus Gaza, die bis zum Beginn des neuen Monats dableiben wollte. Mein Nachbar, ein Vetter meiner Frau, sagte mir, das Mädchen habe Streit mit seinen Eltern gehabt. Sie hätte einen reichen alten Mann heiraten sollen, einen Bauunternehmer aus Gaza. Sie hatte gedroht, sich selbst umzubringen, wenn man sie nach Hause zurückschickte. Radschubs Männer drangen einfach in das Haus ein, ergriffen das Mädchen, schlugen ihr auf den Kopf und, als sie schrie, auch ins Gesicht. Sie drohten ihr mit Gewehren, für den Fall dass sie den Mund nicht hielte. Dann zerrten sie das Mädchen hinaus ins Auto und fuhren mit ihr davon.«

Mustafa fuhr fort: »Radschub hat einige Hundert Männer, die in Jerusalem ganz offen vorgehen. Sie nehmen sich in den Geschäften, was ihnen gerade einfällt — Radiogeräte, Lebensmittel, Zigaretten — und manchmal sogar das Geld aus der Kasse. Die Geschäftsinhaber wagen nicht zu protestieren. Wenn sie zur israelischen Polizei gehen, ist klar, dass sie innerhalb von 24 Stunden nicht mehr am Leben sind. Wenn sie versuchen, sich selbst zu schützen, bringen Radschubs Offiziere sie nach Ramallah oder Jericho. Jeder weiß über die Folterkammern dort Bescheid. Diejenigen, die sie überlebt haben, sagen, dass es besser sei, gleich zu sterben, als in den Verhören von Radschubs Leuten zu verenden. So bedanken sie sich noch bei diesen Männern und schweigen.«

Mustafa sagte, er habe von dem Vorfall erst eine Woche später gehört. »Ich sprach mit einem befreundeten Rechtsanwalt, der Leute in solchen Angelegenheiten vertritt. Er wusste von etwa einem Dutzend Mädchen, die von Radschubs

Männern abgeholt worden waren und nie wieder auftauchten. Mit einem hohen Geldbetrag kann man sie manchmal bestechen, die Mädchen zurückzubringen. Doch in diesem Fall ging das nicht. Der Anwalt sagte, dass die Familie des Mädchens 6000 israelische Schekel an Radschubs Offiziere zahlen würde, sollte sie nach Gaza zurückgebracht werden. Sie fuhren mit ihrem Auto durch alle israelischen Sperren hindurch. Alle vier hatten sie unterwegs vergewaltigt. Der Bruder des Mädchens bezahlte den Betrag. Wollen Sie wissen, was dann mit dem Mädchen passierte? Ihr Bruder nannte sie eine Hure, weil sie weggelaufen war und tötete sie. Ihre Leiche wurde in einen Graben geworfen. Es war eine Frage der Familienehre.«

Ein israelischer Geheimdienstoffizier erklärte uns: »Es gibt nichts, was wir dagegen tun könnten. Wir haben viele solcher Fälle bei der Regierung gemeldet, besonders, wenn sie in Jerusalem passierten. Doch wenn israelische Araber beteiligt sind, können wir uns in den palästinensisch verwalteten Gebieten nicht um sie kümmern. Wir haben keinen Einblick dort, vor allem, seitdem wir gezwungen sind, auf palästinensische Informanten zu verzichten. Jetzt versuchen wir, Informationen von Arafats Sicherheitsdienst zu bekommen. Dort sagt man uns aber nichts und lacht uns nur aus. Es ist demütigend.«

Vor kurzem ging ein Fernsehteam nach Ramallah, um einen Film über das Leben im »unabhängigen Palästina« zu drehen. Der Kameramann wollte Aufnahmen von der Polizeistation machen, weil die großartigen Autos vor dem Gebäude ihn beeindruckten. Da gab es Volvos, BMWs, Mitsubishis — lauter teure Wagen, alle ziemlich neu. Man gab ihnen keine Erlaubnis zum Fotografieren. Die Fahrzeuge waren sämtlich gestohlen: Manche hatten sogar noch ihre ursprünglichen israelischen Zulassungsschilder. Eine zweite Stelle des Sicherheitsdienstes, mit der wir sprachen, bestätigte diesen Befund.

Ein besonderes Problem ist, dass viele von Arafats Leuten und seinen Sicherheitsbeamten kaum eine Beziehung zu den Palästinensern haben. Sie sind von Arafat aus Tunis hierher gebracht worden. Dort hatte man sie als »Marine-Polizei«

bezeichnet, weil sie den ganzen Tag am Strand verbracht hätten. Sie hassen ihre Tätigkeit hier. Sie werden schlecht bezahlt, und die Ortsansässigen wollen nichts mit ihnen zu tun haben. Geheimdienstler erzählten uns von drei derartigen Vorfällen während des vergangenen Monats, die alle mit Mord endeten.

Vor kurzem sahen zwei von Arafats Polizisten einen jungen Mann, der um Mitternacht eine Diskothek in Ramallah verließ und in seinen BMW einstieg. Er stellte sein Radio an und drehte es auf volle Lautstärke. Modernste Rockmusik ertönte. Die Beamten befahlen dem jungen Mann, das Radio leiser zu stellen. Als er sich weigerte, zerrten sie ihn aus dem Auto. Am nächsten Morgen fand man seine Leiche in einer Nebenstraße.

In Nablus hatte ein ortsansässiger »Held« aus der Zeit der Intifada die »Marine-Polizei« verärgert. Man fand ihn zerstückelt. Sie hatten ihn zu einem israelischen Krankenhaus gebracht, um den Eindruck zu erwecken, dass er von Juden umgebracht worden sei.

In dem Dorf Bidou klagten die Leute über rivalisierende Familien, die sich mitten in der Nacht stritten, anbrüllten und tätlich angriffen. Schließlich erschien die palästinensische Polizei und griff sofort ein. Sie richteten ihre Pistolen auf je ein Mitglied der Familien und erschossen sie beide — und das war's dann.

In einem der berüchtigsten Zentren hat Radschub Mitglieder der »Force 17« stationiert. Jeder Palästinenser weiß sehr genau um diesen Keller in Abu Dis am Stadtrand von Jerusalem Bescheid. Dorthin bringt man entführte Männer und Frauen, bevor sie ganz offiziell nach Ramallah oder Jerusalem »verlegt« werden. Israelische Geheimdienstbeamte, die vor kurzem in dem Dorf eine Razzia machten, fanden blutbefleckte Holzkeulen. Einwohner sagten ihnen, die Dorfbewohner machten nach Möglichkeit einen Umweg um das Gebäude, in dem sich Arafats Leute aufhalten.

Ein hoher Offizier des Nachrichtendienstes sagte uns: »Allmählich erhebt sich Ärger und sogar Hass gegen Arafat wegen der Art und Weise, wie er mit seinen eigenen Leuten umgeht. Es gibt Hunderte von Leuten wie euren Dekorateur, die schon die israelische Staatsbürgerschaft beantragt haben oder es zu tun beabsichtigen. Sie tun es allerdings heimlich, weil sie Rache fürchten. Die (palästinensische) Regierung ist informiert über das, was vor sich geht, vor allem im Bereich von Jerusalem. Es ist frustrierend. Nicht das Geringste wird dagegen getan. Es ist nicht nur beschämend, es ist auch gefährlich, wenn es sich so nahe bei den größten israelischen Zentren abspielt.«

Hatte nicht der Prophet Hosea gewarnt: »Wer Wind sät, wird Sturm ernten«? Die Abkommen von Oslo waren der Wind, der vor drei Jahren so gedankenlos gesät wurde. Jetzt sehen wir den Sturm einer barbarischer Grausamkeit, von Vergewaltigungen, Folter und Tod durch Knüppel und Kugeln, der auf allen Seiten um den jüdischen Staat tobt.

Erbe der Gewalt

Ein Artikel von Jon Immanuel aus der *Jerusalem Post* vom Dienstag, 4. Februar 1997, Seite 2:

Folgende Liste von Todesfällen in den palästinensisch verwalteten Gebieten stammt aus dem gemeinsamen Bericht von B'Tselem und der Palestinian Human Rights Monitoring Group vom Dezember:

1. Farid Dscharboa aus Gaza starb am 6. Juli 1994 in einem Gefängnis in Gaza. Der palästinensische Justizminister Freih Abu Medein gab bekannt, Dscharboa sei gewaltsam zu Tode gekommen. Vier Polizeibeamte wurden verhaftet und später freigelassen.

2. Salman Dschalajtah, 40, aus Jericho starb in einem Gefängnis in Jericho am 18. Januar 1995. Nach Angaben seiner Familie war er von Mitgliedern des Preventive Security Service schwer gefoltert worden. An seiner Leiche waren Spuren von Gewaltanwendung zu sehen.

3. Jussef Sa'arawi, 21, aus Gaza wurde am 26. Mai 1995 während eines Verhörs von einem Kopfschuss getroffen. Laut Staatsanwalt Khalid al-Qidra ging die Waffe aus Versehen los.

Der verantwortliche Offizier sollte deswegen verhört werden. Bis heute hat es noch keinerlei Verhör stattgefunden.

4. Mohammed Amour, 50, aus Khan Junis starb am 21. Juni 1995 im A-Shifa-Krankenhaus, nachdem der Geheimdienst ihn zwei Monate lang festgehalten hatte. Nach Angaben seiner Familie gab es Zeichen von Brandwunden an seiner Leiche. Eine Autopsie wurde durchgeführt und eine Untersuchungskommission gebildet, doch die Ergebnisse wurden nie veröffentlicht.

5. Tawfik Sawarka, 36, aus Gaza starb am 27. August 1995 im Zentralgefängnis von Gaza. Angeblich soll eine Herzattacke die Ursache gewesen sein. Man bestellte eine Untersuchungskommission und es wurde bekannt gegeben, dass zwei der verhörenden Beamten vom Dienst suspendiert worden seien.

6. Assam Mosleh aus Ain Jabrud bei Ramallah wurde am 27. September 1995 vom Geheimdienst verhaftet. Am 29. September wurde der Familie seine Leiche ausgeliefert. Eine Autopsie wurde durchgeführt. Nach Angaben seiner Familie wies die Leiche Spuren von Schlägen auf. Die palästinensischen Behörden gaben bekannt, dass drei Offiziere verurteilt worden seien — zwei zu einem Jahr und der dritte zu sieben Jahren Haft.

7. Mahmud Dschumajel, 26, aus Nablus starb am 31. Juli 1996 im Hadassah-Krankenhaus in Jerusalem. Dschumajel war am 18. Dezember 1995 verhaftet und acht Tage später ins Dschuneid-Gefängnis in Nablus überführt worden. Man hatte ihn mit Elektrokabeln und Prügeln traktiert und ihm Elektroschocks verabreicht. PLO-Chef Jasser Arafat ordnete eine Untersuchung an, deren Ergebnisse bis heute nicht veröffentlicht wurden. Drei der Ermittlungsbeamten wurden zu je 15 Jahren Gefängnis verurteilt.

8. Nahed Dahlan, 24, aus Gaza starb am 7. August 1996 im Krankenhaus, nachdem er vom palästinensischen Geheimdienst eine Woche lang verhört worden war. Nach einer offiziellen Verlautbarung ergab die Autopsie, dass er ein Pestizid eingenommen und Selbstmord begangen habe. Seine Angehörigen erhielten niemals einen Bericht über den Befund der Autopsie.

9. Khaled Habal, 60, aus Hirbata bei Ramallah starb am 11. August 1996 in der Polizeistation von Ramallah, nachdem er am Tag zuvor wegen eines Streits mit Nachbarn verhaftet worden war. Am 13. August wurde seine Leiche der Familie übergeben, die an seinem Körper Spuren von Gewalteinwirkung feststellte. Der Staatsanwalt von Ramallah ordnete eine Autopsie an, deren Ergebnis seiner Familie bis heute vorenthalten wird. Die Polizei verkündete indessen, Habal habe Selbstmord begangen.

10. Raschid Fatiani wurde am 3. Dezember 1996 von einem palästinensischen Polizeioffizier im Gefängnis von Jericho erschossen, nachdem er am 15. Januar 1995 vom Geheimdienst verhaftet worden war. Laut Angaben seiner Familie war er schwer gefoltert worden. Nach dem Bericht der Gefängnisaufsicht war ein Streit zwischen Fatiani und dem Polizeioffizier ausgebrochen, in dessen Verlauf der Offizier dreizehnmal auf Fatiani schoss. Der Offizier wurde vom Dienst suspendiert und sollte einem Verhör unterzogen werden.

11. Fajes Qumsijeh, ein 53-jähriger Taxifahrer aus Beit Sahur, starb am 17. Januar 1997, elf Monate nach seiner Verhaftung. Er soll mit dem Mord an dem 15-jährigen Bassem Rischmawi fünfzehn Jahre zuvor in Verbindung gebracht worden sein. Die Polizei sagte, er sei an einem Herzanfall gestorben. Die Angehörigen gaben an, er habe zwar ein Herzproblem gehabt, doch bei ihrem Besuch am Morgen seines Todestages habe er einen gesunden Eindruck gemacht. Sie behaupteten, dass seine linke Hand gebrochen gewesen sei und er habe auch sonst Zeichen von Schlägen aufgewiesen.

12. Josef Baba, ein 32-jähriger Immobilienhändler, wurde am 3. Januar vom militärischen Geheimdienst verhaftet. Er starb am 1. Februar im Rafidije-Krankenhaus von Nablus. Da Baba eindeutig gefoltert worden war, versprach der palästinensische Generalstaatsanwalt eine Untersuchung.

Palästinensische Selbstverwaltung: Einige abschließende Zitate und Gedanken dazu

Jasser Arafat:

1. »Ziel unseres Kampfes ist das Ende Israels. Da gibt es keinen Kompromiss« (März 1970 in der *Washington Post*).

2. »Frieden bedeutet für uns die Vernichtung Israels« (Februar 1980 in *El Mundo*, Caracas, Venezuela).

3. »Der Siegeszug wird weitergehen, bis die palästinensische Flagge über Jerusalem und ganz Palästina wehen wird« (Dezember 1980 in einer Rede an der Universität Beirut).

4. »Wir stehen vor der Aufgabe, den vollkommenen Rückzug aus allen besetzten Gebieten durchzusetzen. Das gilt zuallererst für das heilige Jerusalem, die Hauptstadt unseres unabhängigen Staates« (Dezember 1993 in Stimme Palästinas, Algier).

5. »Der Dschihad (der heilige Krieg der Moslems) wird weitergehen ... Ihr müsst verstehen, dass unsere Hauptschlacht Jerusalem gilt ... Es ist unsere Hauptstadt« (Mai 1994 in einer Rede in Johannesburg, Südafrika).

6. »Ich werde niemals meine Hand dazu hergeben, einen einzigen Paragraphen der palästinensischen National-Charta zu annullieren« (August 1994, Radio Monte Carlo).

7. »Jerusalem ist die Hauptstadt des palästinensischen Staates, ob sie es wahr haben wollen oder nicht. Wenn sie es nicht wollen, lasst sie aus dem Meer von Gaza trinken« (Oktober 1994 in einer Rede in Gaza).

8. »Um das Ziel der Rückgabe zu erreichen, müssen wir alle manchmal (im Blick auf den ›Friedensprozess‹) die Zähne zusammenbeißen. Doch es darf nicht sein, dass das den fortgesetzten Kampf gegen den zionistischen Feind beeinflusst ... Der Rückzug Israels aus den besetzten Gebieten ist nur die erste Stufe bei der Errichtung eines palästinensischen Staates mit Jerusalem als Hauptstadt. Nur ein solcher Staat kann den Kampf dann

weiterführen, um den Feind aus allen Gebieten Palästinas zu vertreiben« (Artikel der *Jerusalem Post*, November 1994).

9. »Wir setzen die palästinensische Revolution bis zum letzten Märtyrer fort, um einen palästinensischen Staat zu schaffen« (Ansprache in Gaza, Januar 1995).

10. »Ich sage es noch einmal, dass Israel der Hauptfeind des palästinensischen Volkes bleibt — nicht nur heute, sondern auch in Zukunft« (Ansprache in Gaza, Mai 1995).

11. »Wir sind alle bereit, Märtyrer zu sein auf dem Weg zu unserm Ziel, bis unsere Fahne über Jerusalem, der Hauptstadt Palästinas, weht. Keiner soll denken, dass sie uns mit ihren Waffen abschrecken können. Wir haben stärkere Waffen, die Waffe des Glaubens, die Waffe des Martyriums, die Waffe des Dschihad« (*Parade Magazine*, Juni 1995).

12. »Wir werden diesen langen Dschihad fortführen, diesen schwierigen Krieg ... auf dem Weg des Sterbens ... auf dem Weg über Opfer« (*Jerusalem Post*, August 1995).

13. »Bei Allah schwöre ich ... dass das palästinensische Volk dazu bereit ist, den letzten Jungen und das letzte Mädchen zu opfern, bis die palästinensische Flagge über den Mauern, den Kirchen und den Moscheen von Jerusalem weht« (*Jerusalem Post*, September 1995).

14. »Wer auch immer von den Gläubigen sein Leben und sein Geld für Allah gibt, um zu töten und getötet zu werden, wie es in der Tora, dem Neuen Testament und dem Koran geschrieben steht, dem hat Allah den Himmel versprochen« (Ansprache in Gaza, 24. September 1996).

Nabil Scha'ath:
»Wenn die Verhandlungen in eine Sackgasse geraten, müssen wir zum totalen Kampf zurückkehren, wie wir ihn 40 Jahre lang praktiziert haben. Das liegt nicht außerhalb unserer Möglichkeiten. Solange Israel Fortschritte (beim Friedensprozess) macht, gibt es keine Probleme. Aus diesem Grunde halten wir uns an die Abmachungen die dem Frieden und der Gewaltlosigkeit dienen. Doch wenn Israel eines Tages sagen

wird: ›Jetzt ist Schluss! Über Jerusalem wird nicht mehr gesprochen! Wir werden die Flüchtlinge nicht zurückkehren lassen!
Wir werden die Siedlungen nicht abreißen und uns nicht weiter
von den Grenzen zurückziehen!‹ — dann wird die Gewalt
wieder unvermindert ausbrechen. Mit dem Unterschied, dass
wir um diese Zeit 30 000 palästinensische Soldaten unter Waffen haben werden« (Ansprache im März 1996 anlässlich eines
Symposions in Nablus).

Großmufti Scheich Ekrima Sabri:
    Artikel von Jay Bushinsky aus der *Jerusalem Post* vom
Montag, 14. Juli 1997:
    Der von der palästinensischen Verwaltung eingesetzte
Mufti Ekrima Sabri bezeichnete in einer Predigt israelische
Siedler als »Söhne von Affen und Schweinen« und sprach sich
für die Vernichtung der USA aus. Höhere Regierungsbeamte
bezeichneten diesen Vorgang gestern als schwer wiegende
Verletzung der Abkommen von Oslo.
    Bei einer Ansprache an die moslemischen Gläubigen in
der Jerusalemer Al-Aksa-Moschee in Jerusalem warf Sabri den
USA vor, dass sie von zionistischen Juden regiert würden und
dass Präsident Bill Clinton »den Willen seines Vaters (Satans)
erfülle«, wenn er sich mit Israel identifiziere. »Allah wird das
Weiße Haus schwarz anstreichen«, sagte Sabri, den die palästinensische Verwaltung als die höchste moslemische Autorität in
Jerusalem bezeichnet. Er soll seinen alten, von Jordanien unterstützten Gegenspieler Abdel Kader Abdin ablösen, der aber
noch im Amt ist und mit Sabri rivalisiert. »Die Moslems erklären Großbritannien, Frankreich und all den treulosen Nationen,
dass Jerusalem eine arabische Stadt ist. Wir werden die Wünsche anderer in dieser Hinsicht nicht respektieren. Die einzig
relevante Partei ist die islamische Nation, die anderen treulosen
Nationen keinerlei Einmischung erlaubt.«
    Israelische Regierungsstellen zitierten Artikel 22 des Inte-
rim-Abkommens vom 28. September 1995 (bekannt als Oslo
II), demzufolge Israel und die palästinensische Verwaltung sich

um gegenseitiges Verständnis und wechselseitige Toleranz bemühen und sich aller Hetze, einschließlich feindlicher Propaganda, enthalten sollen ... Artikel 22 verpflichtet sie auch, gesetzliche Maßnahmen zu ergreifen, um eine derartige Hetze durch Organisationen, Gruppen oder Einzelne innerhalb des Bereichs ihrer Rechtsprechung zu verhindern. Das wirft eine delikate Frage auf, weil die Al-Aksa-Moschee innerhalb der Grenzen Jerusalems liegt, d. h. der israelischen Regierung, untersteht. Gleichzeitig untersteht sie aber auch der direkten und exklusiven Verwaltung der moslemischen religiösen Treuhänderschaft oder Waqf.

Sabris Rhetorik eskalierte immer mehr und erreichte ihren Höhepunkt in den Worten: »Allah wird an den kolonialistischen Siedlern, diesen Söhnen von Affen und Schweinen, Rache nehmen – um der Sache seines Propheten willen.« Danach bat er Allah, den Moslems zu vergeben – »wegen der Handlungen dieser Söhne von Affen und Schweinen, die dein Heiligtum zu schänden suchen.«

Ergänzung durch Victor Mordecai: Dieser Hass wird im Koran in Sure 5,57-60 unter der Überschrift »Der Tisch« gelehrt: »Ihr Gläubigen! Nehmt euch nicht diejenigen, die mit eurer Religion ihren Spott und ihr Spiel treiben, – (Leute) aus dem Kreis derer, die (schon) vor euch die Schrift erhalten haben, – und (auch nicht) die Ungläubigen zu Freunden! Und fürchtet Allah, wenn (anders) ihr gläubig seid! Wenn ihr zum (gemeinsamen) Gebet ruft, treiben sie damit ihren Spott und ihr Spiel. Dies (tun sie), weil sie Leute sind, die keinen Verstand haben. Sag: Ihr Leute der Schrift! Habt ihr denn keinen andern Grund, uns zu grollen, als dass wir an Allah glauben und an das, was (als Offenbarung) zu uns und was (schon) früher herabgesandt worden ist, und dass die meisten von euch Frevler sind? Sag: Soll ich euch von etwas Schlimmerem Kunde geben im Hinblick auf eine (gewisse) Belohnung (die Frevler aus euren eigenen Reihen) bei Allah (erhalten haben)? (Leute) die Allah verflucht hat, und auf die er zornig ist, und aus denen er Affen und Schweine und Götzendiener gemacht hat. Die

sind schlimmer daran (?) und weiter vom rechten Weg abge-
irrt.«

Ibrahim Makadama:
»Nichts kann Israel aufhalten außer heiligen Kriegern, die
Sprengstoff an ihren Körpern tragen, um die Feinde Gottes zu
vernichten. Wir werden Jerusalem nicht durch Verhandlungen
befreien. Wir werden Jerusalem auch nicht durch Demonstrationen und Kundgebungen befreien. Wir werden Jerusalem
befreien durch den anhaltenden Dschihad (heiligen Krieg) und
mit der Hilfe Allahs, gelobt sei sein Name. Wir werden weitergehen auf dem Pfad des Dschihad.

Unser Volk muss sie jagen, ob sie in Tel Aviv oder in Lateinamerika leben. Die neue Intifada (Aufstand) ist eine andere Art
von Intifada. Und gerade wie Rabin in der Vergangenheit Gaza
am liebsten im Meer versenkt hätte, so müssen wir Netanjahu
dahin bringen, dass er den Tag seiner Geburt verflucht und
dass er nur noch hofft, Jerusalem möge vom Erdboden verschwinden.

Fürchtet die Kraft eures Feindes nicht. Fürchtet euch nicht
vor seinen Plänen oder seinen Atombomben. Fürchtet euch
nicht vor Amerika oder den andern ketzerischen Nationen, die
es unterstützen. Allah ist mit uns, Allah ist der Größte, Allah ist
mit uns, Allah ist der Größte.«

(Ibrahim Makadama ist Chef des geheimen militärischen
Flügels der Terrororganisation Hamas. Er hielt diese Ansprache
am 21. März 1997, als ein Hamas-Selbstmordattentäter in
einem Café in Tel Aviv drei israelische Frauen tötete und mehr
als 40 Personen verletzte.)

KAPITEL 12

Israel und die Christen im Südlibanon

Artikel des Historikers Scharbel Barakat, ehemals Oberst der libanesischen Armee und Direktor der Nahostabteilung der World Lebanese Organization (WLO). Abdruck aus dem *Middle East Intelligence Digest*, Juli 1995, und *The Jewish Political Chronicle*, Oktober 1996:

Unter den christlichen Verbündeten Israels im Südlibanon herrscht eine ständig wachsende Furcht, dass sie auf dem Altar eines israelisch-syrischen Friedensvertrages geopfert werden könnten. Wenn die libanesischen Christen verraten werden, wird kein gemäßigter arabischer Führer, der sich für ein Abkommen mit Israel eingesetzt hat, diesem Staat jemals wieder volles Vertrauen entgegenbringen können.

Am 13. Oktober 1990 fielen die syrische Armee und ihre Verbündeten, die Hisbollah und islamistische Splittergruppen, in den Libanon ein. Unter dem Druck von 30 000 Soldaten, schwerer Artillerie, Hunderten von Panzern und dem Bombardement von Flugzeugen sowjetischer Herkunft brach der christliche Widerstand zusammen. Sechshundert Gefangene und Dutzende von Zivilisten wurden von den Invasionstruppen hingerichtet. Seit diesem Zeitpunkt befindet sich der Libanon unter syrischer Herrschaft, und die libanesischen Christen stehen unter politischem Druck.

Nur im Südlibanon, in der so genannten Sicherheitszone, fühlen sich 180 000 Libanesen unter dem Schutz der südlibanesischen Armee (SLA) und ihren israelischen Verbündeten noch sicher. 1976 wurde die christliche Bevölkerung im Grenzgebiet zu Israel von der PLO und moslemischen Milizen angegriffen. Ohne Kontakt zum christlichen Ost-Beirut und ohne Ausweichmöglichkeit, außer nach Süden, öffneten die christlichen Widerstandsgruppen ihre Dörfer für ihre hebräischen Verwandten. Nur durch den berühmten »guten Zaun« — die offene Grenze zwischen Israel und dem Libanon — konnte der freie Südlibanon überleben.

Als sich Israel 1985 aus dem Zentrallibanon zurückzog, machte die SLA im Norden der Stadt Dschessin (80 000 Einwohner) Halt. Die Massaker, die die Christen im Schuf und in den Iqlim-Bergen nach dem Abzug der israelischen Armee über sich ergehen lassen mussten, waren eine Lektion für ihre südlichen Landsleute. Die Enklave eines freien Südlibanon wurde aus zwei Verpflichtungen heraus geboren:

1. einer christlichen Verpflichtung, dem syrisch-islamistischen Angriff auf den Libanon Widerstand zu leisten;

2. einer israelischen Verpflichtung, die Sicherheit seiner nördlichen Grenzen und seiner Verbündeten im Südlibanon zu gewährleisten.

Die »Sicherheitszone« wurde zum Symbol der Zusammenarbeit und Blutsbruderschaft zwischen der jüdischen und der christlichen Bevölkerung im Nahen Osten.

Dschessin liegt auf dem Gipfel eines 1000 Meter hohen Berges und stellt die letzte Hochburg der freien Libanesen dar. Sie schneidet das schi'itische Beka'a-Tal von den Hisbollah-Stellungen im Süden ab und verhinderte so eine lückenlose islamistische Front. Nach dem Fall von Damour im Jahr 1976, Zgorta 1978, dem Schuf 1983, Zahle 1985 und Ostbeirut und Ba'abda seit 1990, ist Dschessin das letzte freie christliche Zentrum im Land, der letzte Bereich, der nicht unter arabisch-moslemischer Kontrolle steht. Wenn Dschessin in die Hände der syrisch-kontrollierten Regierung fällt, hat das zur Folge, dass

1. der christliche Widerstand bricht, nicht nur in der Stadt,

sondern in der gesamten Sicherheitszone. Kein Christ wird nach dem Fall von Dschessin noch kämpfen können.

2. Syrien die internationale Grenze zwischen Israel und dem Libanon unter Kontrolle hat und damit die Bedrohung eines »Blitzkrieges« gegen den jüdischen Staat erhöht wird.

3. islamistische Guerilla-Truppen leicht nach Galiläa und auf die Golanhöhen eindringen können – die Letzteren würden dann möglicherweise unter US-Aufsicht stehen. Massaker an den Christen im Südlibanon, Tötungen von Juden im nördlichen Israel und Morde an Mitgliedern des auf dem Golan stationierten US-Personals sind in diesem Falle abzusehen.

Außerdem hätte die Aufgabe Dschessins an einen syrisch-besetzten Libanon auch nicht absehbare Konsequenzen auf internationaler Ebene. Außer dem eindeutigen und endgültigen Verlust des Libanon als eines prowestlichen, freien und demokratischen Landes ist noch eine weitere Auswirkung vorhersagbar.

Achtzehn Jahre lang hat die israelische Unterstützung des freien Südlibanon das Bündnis zwischen Juden und Christen im Nahen Osten verkörpert. Die Vorstellung von libanesischen christlichen Soldaten, die mit jüdischen Soldaten gemeinsam ihr Leben einsetzen, um ihre beiden Länder zu verteidigen, war die Grundlage für so manche internationale christliche Unterstützung Israels. Wenn Israel aus irgendeinem Grund, einschließlich seiner eigenen politischen Interessen, die Sicherheitszone – und besonders Dschessin – aufgäbe und einer syrisch-islamistisch kontrollierten Regierung in Beirut auslieferte, könnten Millionen von Menschen weltweit es sich zweimal überlegen, bevor sie weiterhin dem jüdischen Staat ihre Unterstützung gewährt. Amerikas mächtige Christenheit würde hellwach werden. Der amerikanische Kongress ist die einzige Macht der Welt, die diesen Punkt ins Bewusstsein rufen kann. Wenn die US-Regierung für das Problem sensibilisiert würde, würde sie die Grenzlinie nördlich von Dschessin anders beurteilen.

Israel hat eine moralische und historische Verpflichtung, nicht nur seinen Verbündeten die Treue zu halten, sondern auch alle syrischen Erpressungsversuche zurückzuweisen, die den christlichen Widerstand im Libanon untergraben sollen. Für die libanesischen Christen ist Dschessin die endgültige rote Linie. Es ist in Ordnung, dass kein israelischer Soldat in jenem Gebiet bleiben sollte. Aber gleichzeitig sollte es auch keinen Handel geben, der den Widerstand der Stadt bricht. Mit anderen Worten: Bis der Libanon seine Freiheit und Souveränität wiedererhält, sollte die südlibanesische Armee der einzige Garant dieser christlichen Stadt bleiben. Und die Einhaltung dieser Verpflichtung sollte Israels Beitrag im Verhältnis zu seinen treuen Verbündeten sein.

KAPITEL 13

Trauer um die Opfer
eines Massakers

Newsday-Artikel vom 14. Februar 1997, Seite A17 (verschiedene Nachrichtendienste):

Abu Qurqas, Ägypten — Etwa 5000 Menschen besuchten gestern das Begräbnis von neun christlichen Theologiestudenten, die bei einem islamischen Überfall in ihrer Kirche erschossen worden waren. Der Angriff wurde von einem weiten Spektrum auf der politischen Bühne Ägyptens verurteilt. Ein zehntes Opfer starb später im Krankenhaus. Die schockierten Einwohner — Christen und Moslems — versammelten sich in dem südlichen Dorf zu einem Gedenkgottesdienst für die Studenten, die am Mittwochabend getötet worden waren, als Bewaffnete die St. Georgs-Kirche stürmten und eine Gruppe koptischer Christen angriffen. Vier verwundete Kopten müssen noch im Krankenhaus behandelt werden. Der Priester, der die Trauerfeier in diesem Bauerndorf — wo 9000 Christen und 4500 Moslems leben — leitete, beschwor die »nationale Einheit« zwischen beiden Religionsgemeinschaften. Als der Trauerzug auf der fast vier Kilometer langen Straße zwischen der Kirche und dem Friedhof mit Polizeischutz unterwegs war, wurden aus der Menge Rufe gegen bewaffnete Islamisten laut, die bereits eine fünfjährige Gewaltkampagne gegen die säkulare Regierung Ägyptens führen.

In der Folge dieser Morde stationierte die Polizei gepanzerte Fahrzeuge im Umkreis der Kirchen Südägyptens, ver-

177

hängte eine Ausgangssperre über Abu Qurqas und durchsuchte die Provinz Minya nach Verdächtigen, wobei etwa 80 Personen verhaftet wurden. Dieser Anschlag war der jüngste islamistische Angriff auf orthodoxe Christen im Minya-Gebiet, etwa 300 Kilometer südlich von Kairo. Von vielen Seiten wurde der Anschlag verurteilt, angefangen von der marxistischen Tagammu-Partei bis hin zur Moslembruderschaft, die sich ebenfalls dafür eingesetzt hatte, dass ein islamistisches Regime eingesetzt wird, die aber Gewalt ablehnt. Seit dem Ausbruch der islamistischen Gewalt im März 1992 wurden etwa 110 Kopten getötet — insgesamt forderte sie das Leben von 1141 Menschen. Die meisten der Opfer waren Polizeibeamte und Soldaten.

Minya ist im Laufe der beiden letzten Jahre Hauptstützpunkt der größten bewaffneten islamischen Gruppe in Ägypten, der Dschama'a Islamija, geworden. Ein koptischer Priester in Minya sagt, Geheimdienstkräfte hätten schon vor einem Jahr verhindert, dass Polizeiposten an koptischen religiösen Stätten in Minya aufgestellt worden seien. Sie hätten stattdessen mobile Patrouillen auffahren lassen. Die Polizisten selbst sind Hauptzielscheibe der Dschama'a Islamija und der Dschihad-Kämpfer — erst in zweiter Linie die Kopten.

Der schlimmste antikoptische Anschlag dieses Jahrzehnts ereignete sich im Mai 1992, als zwölf orthodoxe Christen im Süden der Stadt Sanabu von Dschihad-Kriegern umgebracht wurden. Letztes Jahr im Februar wurden sechs Kopten und zwei Moslems getötet, als islamische Fundamentalisten mit automatischen Waffen auf die Einwohner von Etmanya schossen. Etwa 5,8 Prozent der insgesamt 63,5 Millionen Ägypter sind Kopten. Im Minya-Gebiet, wo am Mittwoch das Massaker stattfand, leben 485 000 Kopten, die größte Konzentration dieser religiösen Gruppe außerhalb von Kairo.

Drei Christen in Ägypten bei Überfall getötet

Ein Artikel aus der *New York Times International* vom Samstag, 15. Februar 1997:

»Bei einem Überfall im südlichen Ägypten wurden drei Christen erschossen«, berichtete heute der Innenminister. »Der Angriff erfolgte trotz Anwesenheit der Sicherheitspolizei, nachdem die Angreifer in eine christliche Kirche eingedrungen waren. Die Leichen der drei Männer wurden am Donnerstagabend in El Suheir, einem Dorf in der Provinz Minya, gefunden.«

Nachdem am Mittwoch Bewaffnete in die Mar Girgis-Kirche eingedrungen waren und das Feuer auf eine Wohltätigkeitsveranstaltung eröffnet hatten, wobei zehn Menschen getötet wurden, stationierte die Polizei gepanzerte Fahrzeuge rund um Kirchen. Koptische Christen, die etwa zehn Prozent der 60 Millionen Ägpter ausmachen, aber in Südägypten eine ziemlich große Minderheit stellen, waren Zielscheibe der moslemischen Angriffe, weil sie als Ketzer angesehen werden.

Mord am Nil

Artikel von Richard Engel aus den Wirtschaftsnachrichten von Reuter in der *Jerusalem Post* vom 16. April 1997, Seite 3:

Amgad, ein Christ aus einem Dorf in Mittelägypten, befand sich über ein Jahr lang in einem Versteck in Kairo. Er ist ein weiteres Opfer von Schutzgelderpressungen, die die Sozialstruktur seines Geburtsortes allmählich zerstören. Amgad wurde durch einen dritten Drohbrief der Dschama'a al-Islamija (Islamische Gruppe), der größten extremistischen islamischen Organisation Ägyptens, in diese Situation hineingetrieben: »Wir verlangen von dir bis morgen 10 000 Pfund (= 3000,00 US]. Wir werden uns nicht mit einem einzigen Piaster weniger zufrieden geben. Wenn du das Geld erst einen Tag später

179

bringst, müssen es 15 000 Pfund sein. Falls du diese Forderung nicht innerhalb von drei Tagen erfüllst ... kennst du die Strafe.«

Die Islamisten brauchen die Gelder für ihre Terrorakte gegen die Regierung. Sie hatten Amgad unter dem Vorwand als Geldquelle ausgesucht, dass die ägyptischen Christen ja ohnehin alle die ›gisja‹ zahlen müssten, die alte islamische Steuer für nicht-moslemische Untertanen. Die ›gisja‹-Steuer ist schon vor über hundert Jahren von der Regierung abgeschafft worden. Heute taucht diese Forderung in einer bösartigen Form wieder auf und ist nicht zu unterscheiden von den Erpressungen der Mafia in aller Welt.

Die Islamisten »nehmen sich, was immer sie brauchen. Wenn sie Waffen brauchen, nehmen sie den Christen das Geld dafür ab«, sagte Samir, der nicht mit seinem richtigen Namen genannt werden will, weil er um seine Sicherheit fürchtet. Samir, der weiterhin in einem Dorf in der Nähe von Amgads Dorf lebt, ist das Opfer einer zweiten und möglicherweise noch verbreiteteren Form desselben Phänomens. Dabei geht es um Erpressung durch einen mafiosiartigen moslemischen Boss des Dorfes, der diese Praxis möglicherweise von den Leuten der Dschama'a-Gruppe gelernt hat.

»Jeder zahlt, jeder. Aber was können wir machen? Ich fürchte, dass sie mich umbringen werden. Und wenn es dahin käme, würde keiner ein Wort darüber verlieren, selbst ein Zeuge nicht«, sagte er. Einige von ihnen sind getötet worden und Kopten — Angehörige der christlichen Minderheit, die Jahrhunderte moslemischer Herrschaft überlebt hat — sagen, dass die Polizei nichts dagegen tut. »Wir kennen nur die Toten. Wir wissen aber nie, wer zahlt, weil sie, wenn sie reden, sofort umgebracht werden. Vor kurzem töteten sie einen Arzt, der sich geweigert hatte, sich weiter erpressen zu lassen. Wir wussten nicht, dass er vorher gezahlt hatte«, sagte Talat Hamed, ein Arzt aus Abu Qurqas.

»Viele Kopten fürchten sich, die Polizei einzuschalten, und ich bezweifle auch, dass die Polizeioffiziere daran interessiert wären. Sie denken: ›Macht nichts — lasst die Kopten nur immer

zahlen‹«, sagte Rifaat Said, ein moslemisches Parlamentsmit-
glied der linken Tagammu-Partei. Diese Praxis scheint sich
hauptsächlich auf die zentralägyptischen Provinzen von Minya
und Assiut zu beschränken, wo der Anteil der Kopten an der
Bevölkerung relativ hoch ist und wo die Dschama'a am aktivs-
ten ihren Kampf gegen die Regierung führt.

»In der zum Bistum gehörigen Stadt Qusiya, einer Stadt
im Niltal, etwa 300 Kilometer südlich von Kairo gelegen, ist
der Zwang der gisja-Zahlung für viele der 100 000 koptischen
Einwohner bereits zur alltäglichen Erfahrung geworden«, sagt
Bischof Thomas. Der Bischof verfolgte die Spur von mehr als
hundert Dorfbewohnern, die zu Zahlungen gezwungen wurden. Er nimmt an, dass die Erpressung durch regionale Bosse
inzwischen weiter verbreitet ist als die durch die Islamisten. Der
Boss »übermittelt eine Botschaft und fordert einen Geldbetrag.
Sie brauchen nicht einmal geheime Briefe. Er geht beim Haus
eines Christen vorbei und sagt: ›Du schickst mir dann die 1000
Pfund.‹ Das sind Mafia-Bosse, und es ist überall bekannt, dass
nur Christen zahlen müssen«, berichtete der Bischof.

Milad Hanna, ein prominenter koptischer Intellektueller
und Aktivist für gute Beziehungen zwischen Kopten und Moslems, sagt, dass seiner Ansicht nach diese Praxis auf die Dauer
gefährlicher sei als gelegentliche Massaker unter Christen
durch mutmaßliche extremistische Moslems. In diesem Jahr
haben zwei solcher Massaker stattgefunden – eines an zehn
jungen Kopten in einer Kirche unweit von Abu Qurqas und
eines an dreizehn weiteren Personen, darunter acht Kopten.
Das letztere passierte bei einem Krawall in den Straßen eines
Dorfes in der Nähe der im Süden gelegenen Stadt Nag Ham-
madi. »Das Phänomen der gisja-Zahlung ... offenbart den wahren Fundamentalismus. Die schlimmen und schmutzigen Vorfälle (der Erpressung) bedeuten, dass es in Ägypten in Wirklichkeit keine säkulare Regierung gibt. Sie bedeuten, dass wir in
einem fundamentalistischen Staat wie dem Iran oder Saudi-
Arabien leben«, sagt Hanna. Er fährt fort: »Ich klage die (regie-
rende) National-Demokratische Partei an ... dass sie in den

181

vergangenen 20 Jahren die Kopten vom politischen Leben ausgeschlossen hat.« Hanna erklärt, dass die Hauptauswirkungen dieser Praxis der Schaden sei, den sie in den Beziehungen zwischen beiden Religionsgemeinschaften anrichtet. Zu den Folgen gehöre auch eine demographische Veränderung. Die Kopten verließen das Gebiet.

»Es ist ein System, das jede Entwicklung zerstört«, sagt Bischof Thomas. »Die Kopten müssen die gisja-Steuer auf jede geschäftliche Transaktion zahlen, auch wenn sie nur ihre Ernte einbringen oder aus dem Ausland zurückkehren.« Samir versuchte, seine Geschäfte im Nildelta abzuwickeln, fern vom Einflussbereich seiner Mafia-Bosse. Doch sie verfolgten ihn. »Es macht mich sehr traurig, dass viele Leute wegen dieser Situation das Gebiet bereits verlassen haben«, sagt Samir. Ein koptischer Apotheker in Qusiya äußerte: »Das ist die Hölle, aber ich zahle nicht.« Er erklärte, er würde am liebsten auswandern. Aber dazu fehlten ihm die Mittel.

Beziehungen zwischen den USA und Ägypten zunehmend belastet

Auszug aus einem Artikel von Steve Rodan in der *Jerusalem Post* vom 18. April 1997, Seite 14:

Rose El Youssef ist die Zeitschrift der liberalen ägyptischen Elite und erscheint jeden Sonntag mit spannenden Verschwörungsstorys, Cartoons und einem gelegentlichen Interview. Am vergangenen Sonntag gab der oberste Führer der Moslembruderschaft, der größten fundamentalistisch-moslemischen Gruppe Ägyptens, ein Interview. Darin rief der fundamentalistische Führer Mashoor (unter diesem Namen ist er allgemein bekannt) die Regierung auf, Christen aus dem Militär zu entfernen und zu zwingen, eine religiös begründete Steuer (gisja) zu zahlen, die einst nicht-moslemischen Minderheiten auferlegt worden war.

182

Behörden in Washington, die ägyptische Verlautbarungen überwachen, sind entsetzt. Dieses Interview, so sagen sie, sei die letzte Munition für die wachsende Anzahl von Kritikern im Kongress, die die US-Hilfe für Kairo beenden wollten. Die Regierung von Präsident Hosni Mubarak entferne sich immer weiter von amerikanischen Interessen und halte nicht mehr an einer allgemeingültigen Regelung für alle Gebiete fest. »In den vergangenen Jahren sind das öffentliche Missfallen und die persönliche Frustration zwischen Ägypten und den Vereinigten Staaten gewachsen«, besagt eine neue Studie des Washingtoner Institute of Near East Policy unter dem Titel »Building for the Security & Peace in the Middle East: An American Agenda«. »Manchmal reflektieren diese Spannungen ganz eindeutig politische Differenzen aufgrund nationaler Interessen beider Länder, ein andermal spiegeln sie größere Frustrationen zwischen den beiden Gesellschaften wider.«

Mehr als ein Jahr lang haben führende Mitglieder des Kongresses und ihre Anhänger Mubarak und seinen Außenminister Amr Moussa insgeheim immer wieder gewarnt, dass ihre Feindseligkeiten gegen Israel und Kairos Opposition auf vielen Gebieten gegen die US-Politik im Nahen Osten die 2,1 Milliarden US-Dollar an Hilfsgeldern, die Ägypten von den USA empfängt, gefährden könnten. Im Januar übermittelten die Leiter des für die Bewilligung zuständigen Unterausschusses — der sich im Senat und im Abgeordnetenhaus mit der Auslandshilfe befasst, Mitch McConnell und Sonny Callahan — während ihres Besuchs in Kairo die Botschaft an Präsident Mubarak. Angestellte des Kongresses, die Ägypten in seinen Äußerungen beobachten, sagen, dass es nichts genützt habe. Sie glauben auch, dass Mubaraks Besuch in Washington im letzten Monat nicht dazu beigetragen habe, die Beziehungen zwischen den USA und Ägypten zu verbessern. Jetzt sind die Warnungen aus Kongresskreisen publik geworden, weil sowohl Republikaner als auch Demokraten in führenden Kongressausschüssen vor einem Bruch mit Ägypten warnen.

Der Blitzableiter dieser Kritik bot sich bei einer Anhörung

am 10. April im Haus des Ausschusses für Internationale Beziehungen dar. Der Vorsitzende Benjamin Gilman, ein Republikaner aus New York, war tonangebend, als er das Verhalten der Regierung Mubarak während der letzten sechs Monate der Unterzeichnung des Friedensvertrages mit Israel im Jahr 1979 gegenüberstellte. »Das letzte Beispiel von Missstimmung ergab sich erst vor ganz kurzer Zeit, als die Arabische Liga unter ägyptischer Führung ihren Mitgliedsstaaten empfahl, die Beziehungen zu Israel nicht weiter zu normalisieren, sondern zum alten Wirtschaftsboykott zurückzukehren«, sagte Gilman. »Ägyptens Führungsrolle in dieser Abstimmung gibt Rätsel auf und erfüllt viele seiner Freunde in den USA mit Bestürzung.«

Laut Gilman hat der Kongress zahlreiche Probleme mit Ägypten. Dazu gehört zum Beispiel, dass Ägypten die Aufhebung der Sanktionen gegen Libyen befürwortet, das es seinerseits ablehnt, seine Agenten auszuliefern, die im Verdacht stehen, die Pan Am-Passagiermaschine über Lockerbie in Schottland gesprengt zu haben. Ägypten hat die multilateralen Gespräche über regionale Sicherheit scheitern lassen, indem es darauf bestand, über die angebliche atomare Bewaffnung Israels zu diskutieren. Antisemitische Angriffe in der ägyptischen Presse gehören zur Tagesordnung, wobei Israel unter anderem beschuldigt wird, AIDS unter Ägyptern zu verbreiten. Gilman erwähnte ferner einen Bericht, demzufolge sich die Beachtung der Menschenrechte in Ägypten im Laufe der letzten Jahre negativ entwickelt habe. Islamistische Überfälle auf Christen mehrten sich und einschränkende Maßnahmen der Regierung gegenüber Kirchen nähmen schärfere Formen an.

Ägyptisches Gerichtsurteil:
Akademiker muss sich scheiden lassen

Artikel aus der *Jerusalem Post* vom 7. August 1996 (Nachrichtenagenturen):

Ein ägyptischer Gerichtshof stellte sich in dieser Woche auf die Seite von Islamisten, indem er eine Regelung für gültig erklärte, wonach sich ein glücklich verheirateter Universitätsprofessor scheiden lassen muss. Seine Schriften ließen ihn ungeeignet erscheinen, mit einer moslemischen Frau verheiratet zu sein. So soll erwiesen sein, dass er dem Islam abgeschworen habe. Die Entscheidung im Fall Nasr Abu Seid zog umgehend die Kritik von Menschenrechtsaktivisten und säkularen Rechtsanwälten auf sich. Diese befürchten, dass das Urteil moslemische Fundamentalisten dazu ermutigen könnte, auch andere Personen zu verfolgen, die ihre Ansichten über den Islam nicht teilen. »Dies ist umso gefährlicher, weil es rückständigen Kräften Gelegenheit bietet, auch andere persönliche, akademische, wissenschaftliche und religiöse Ansichten vor Gericht zu zerren.« Diese Aussage kam von der Egyptian Organization for Human Rights (EOHR). Die Gruppe äußerte, sie fürchte um das Leben von Abu Seid und drängte Präsident Hosni Mubarak, die ungerechte Entscheidung aufzuheben.

Der Gerichtshof lehnte Abu Seids Berufung gegen die Verfügung ab, wonach er sich von seiner akademischen Mitarbeiterin Ibtihal Younis zu trennen hatte. Moslemische Fundamentalisten gewannen im vergangenen Jahr den Prozess gegen Abu Seid, als ein Richter ihre Behauptung unterstützte, dass seine Schriften ihn als Ungläubigen auswiesen. Mohammed Moneib, Generalsekretär der EOHR, nannte den Gerichtsentscheid einen schweren Schaden für den Ruf Ägyptens. »Das ist ein Schock für uns. Für die zivile Gesellschaft und ihre Entfaltung ist diese Regelung ein Schlag ins Gesicht. Es ist ein weiterer Schritt in Richtung auf rückständiges Verhalten in Ägypten, womit jede echte Entwicklung abgewürgt wird und die Einschränkungen von Meinungs- und Glaubensfreiheit weiterhin verfestigt werden«, sagt Moneib. »Wir bestürmen den Präsidenten, sich sofort einzuschalten und diese ungerechte Entscheidung für ungültig zu erklären.«

Aus gerichtlichen Quellen verlautete, man habe erwartet, dass Richter Mohammed Misbah Scharabija aufgrund der Berufung sein Urteil aufschieben würde. Die Anwälte Abu Seids hätten dann eine Chance gehabt, die Einzelheiten einer neuen Gesetzgebung, die Anfang dieses Jahres vom Parlament verabschiedet worden war, noch zur Anwendung zu bringen. Dieser Fall wurde nämlich davon berührt. Nach diesem neuen Gesetz muss jeder Fall, in dem es um die Scheidung eines Mannes von seiner Frau geht, untersucht werden, bevor man damit vor Gericht geht, falls der Kläger nicht unmittelbar davon betroffen ist. Abu Seid und Younis reisten zu Beginn des Jahres in die Niederlande, um dort eine Lehrtätigkeit aufzunehmen. Der Gerichtshof, der das Urteil fällte, ist die letzte Instanz für Berufungen in Ägypten. Aus gerichtlichen Quellen verlautet, wenn das Paar jemals wieder nach Kairo zurückkehrte, müssten sie sich trennen.

Menschenrechtsgruppen haben ihre Sorge um Abu Seids Leben geäußert. Sie befürchten, dass militante moslemische Gruppen, die darum kämpfen, Ägypten in einen streng islamistischen Staat zu verwandeln, die Entscheidung gegen Abu Seid als Erlaubnis betrachten, ihn umzubringen. Die extremistische ägyptische Dschihad-Gruppe erklärte schon im letzten Jahr, dass Abu Seid nach islamischem Recht getötet werden müsse, da er seinen Glauben verleugnet habe. »Abu Seids Leben ist in Gefahr. Es gibt keinen Weg für ihn oder seine Frau, je wieder (nach Ägypten) zurückzukehren, weil man ihnen dort auflauert, um sie sofort zu töten. Und dabei hätte man eine rechtliche Grundlage — dieses ungerechte Gerichtsurteil«, sagte Moneib von der EOHR.

KAPITEL 14

Algerien: Islamischer Brudermord

In den beiden letzten Kapiteln habe ich mich mit der Verfolgung der Christen im Iran, im Heiligen Land und in Ägypten befasst. Dem habe ich einen kleinen Beitrag über die Verfolgung der eigenen Glaubensgenossen durch die radikalen, fanatischen, fundamentalistischen Islamisten angefügt. In diesem Kapitel gebe ich nun einen kleinen Überblick über Presseberichte, die sich mit dem Bürgerkrieg in Algerien befassen — einem Land, in dem sich keine Juden und praktisch auch keine Christen befinden. Der dortige Krieg spielt sich zwischen Moslems ab. Die islamische Ideologie predigt, wenn alle Juden und Christen, die Völker des Buches, den Islam annehmen würden — wenn die ganze Welt islamisch würde —, dann wäre die »Utopia« im »Dar-es-Salaam«, dem islamischen »Haus des Friedens«, erreicht. Die folgenden Artikel beschreiben die Realität im »Haus des Friedens«.

Algerische Rebellengruppe ernennt früheren Bosnienkämpfer zum neuen Führer

Artikel der AP in der *Jerusalem Post* vom Montag, 9. Dezember 1996:

Algier — Ein 28-jähriger moslemischer Extremist, der in Afghanistan und Bosnien gekämpft hat, wurde zum Führer der Bewaffneten Islamischen Gruppe (GIA), der gewalttätigsten

187

Rebellengruppe Algeriens, gewählt. Slimane Maherzi, auch bekannt als Abu Dschamil, ersetzt Antar Zouabri und soll den Kampf der Gruppe anführen, um in Algerien eine fundamentalistisch-islamische Regierung an die Macht zu bringen.

Es war nicht sofort klar, warum Zouabri abgelöst wurde. Möglich ist jedoch, dass er vom algerischen Geheimdienst, der seine Aktionen in den vergangenen fünfzehn Tagen verstärkt hat, umgebracht wurde. In den viereinhalb Jahren Bürgerkrieg sind mehr als 60 000 Menschen getötet worden. Zouabri soll verantwortlich gewesen sein für die Morde an Dutzenden von Algeriern, die das islamische Gesetz nicht strikt genug einhielten.

Weitere Morde in Algerien

Artikel aus der *Jerusalem Post* vom 26. Januar 1997:

Paris — »Mutmaßliche moslemische Rebellen töteten bis zu 59 Menschen bei weiteren Massakern in Dörfern in der Nähe Algiers«, berichtete gestern eine algerische Zeitung. Wenige Stunden zuvor hatte Präsident Liamine Zeroual vom »unvergleichbaren Terror« in seinem Lande gesprochen. Die größten unabhängigen Tageszeitungen Algiers berichteten alle von fortgesetzten Morden in dem seit fünf Jahren andauernden Konflikt. *Le Matin* teilte mit, dass allein in den beiden letzten Wochen mehr als 250 Menschen umgebracht worden seien.

Ohne Einzelheiten über die Massaker anzuführen oder von neuen Schritten zu berichten, wie dem Terror Einhalt geboten werden könnte, sagte Zeroual der Nation in einer Fernsehansprache am Freitagabend: »Unschuldige Bürger aus allen Schichten fallen täglich einem blinden Terror zum Opfer, wie man ihn niemals zu anderen Zeiten oder an anderen Orten erlebt hat.« *Le Matin* zitiert Dorfbewohner: »Neunundfünfzig sind an diesem Wochenende im Landesinnern ermordet worden, die meisten in Berroughia und in den douars (Dörfern)

Benramdane, Saoula und Baraki (in der Nähe von Algier).« Zeroual beschuldigt ausländische Kreise, sich »Krimineller, Verräter und Söldner« bedient zu haben.

Schock nach Massaker

Artikel der Agentur Französische Presse in *Newsday* vom 19. Februar 1997, Seite A17:

Kerrach, Algerien — Zwischen ihren ausgebrannten Häusern versammelten sich gestern die Überlebenden eines der brutalsten algerischen Massaker. Entsetzt und unter Tränen mussten sie mit ansehen, wie 31 ihrer Nachbarn lebendig verbrannt und in Stücke zerhackt wurden. Derartige Überfälle auf abgelegene Orte gehören schon lange zum fünfjährigen Bürgerkrieg zwischen islamischen Fundamentalisten und dem vom Militär gestützten Regime. Doch die Brutalität des Massakers vom Sonntagabend hat diese nordafrikanische Nation regelrecht schockiert. Unter den Toten sind 24 Frauen, sechs Männer und ein kleines Mädchen — die meisten männlichen Einwohner hatten auf der Suche nach Arbeit dieses Gebiet verlassen. Die Opfer waren verbrannt, erschossen oder mit der Axt erschlagen worden. Sie waren, wie ein Überlebender berichtete, in lebendige Fackeln verwandelt worden.

[…] Ein Überlebender hockte gestern mit anderen zusammen und beschrieb den Angriff auf das Dorf, das früher ein Skifahrerort gewesen war: »Sie kamen über die Berge — wahrscheinlich von Medea. Es war etwa um ein Uhr morgens. Sie begannen unten im Dorf und arbeiteten sich dann hangaufwärts vor. Manche trugen Tarnkleidung, sie hatten Bärte und Kalaschnikows, Äxte und Schwerter.« Die Angreifer, zwischen 30 und 50 Männer, schlossen die erschrockenen Einwohner in ihren Häusern ein und zündeten diese dann an. »Ein kleines Mädchen kam mit brennenden Kleidern aus einem Haus gelaufen. Es versuchte, zu fliehen«, erzählte ein Einwohner. »Einer der Terroristen erschoss es, bevor es den Hof verlassen konnte.«

Seit November sind mehrere hundert Dorfbewohner an Orten wie diesem – nur 50 Kilometer südlich der Hauptstadt Algier – in Kämpfen umgekommen, durch welche die Regierung von Präsident Liamine Zeroual gestürzt werden sollte. Die Tageszeitung *El Watan* berichtet, dass der Anteil an Todesopfern noch höher gewesen wäre, wenn nicht ein Dorfbewohner hätte fliehen und die Sicherheitsstreitkräfte alarmieren können. In dem Bericht heißt es, dass die Angreifer noch ein zehnminütiges Feuergefecht mit den Sicherheitskräften geführt hätten und dann geflohen seien, wobei sie die Leichen von mindestens acht Rebellen mitgenommen hätten. Etwa zehn Guerillas seien verwundet worden.

Islamistische Gruppe ermordet 32 Zivilisten

AP-Artikel in der *Jerusalem Post* vom Sonntag, 23. März 1997:
Algier – »Eine Gruppe militanter Islamisten, mit Säbeln und Äxten bewaffnet, schnitt 32 Zivilisten die Kehle durch und enthaupteten dann einige von ihnen«, berichteten gestern unabhängige Zeitungen. »Die Angreifer brauchten am Mittwoch nur eine halbe Stunde, um ein Dorf in der Nähe von Ksar El Boukhari, 150 Kilometer südlich von Algier, zu verwüsten«, meldeten die französischsprachigen Tageszeitungen *El Watan* und *Liberté*. Die Zeitungen berichteten weiter, dass die Opfer, darunter sechzehn Frauen, aus vier Familien stammten.
Die Frage nach der Verantwortung für diese Angriffe wurde nicht geklärt. In den regierungsnahen Medien wurde der Anschlag nicht erwähnt. Die Morde ereigneten sich weniger als eine Woche, nachdem 18 Zivilisten bei Bombenanschlägen in und um Algier ums Leben gekommen waren. Dies wurde durch Angaben von Krankenhäusern bekannt, die namentlich nicht genannt werden möchten. Es gab niemanden, der für diese Morde zur Verantwortung gezogen wurde oder sich dazu bekannt hätte. Doch die Methoden lenken den Verdacht auf militante Islamisten.

Islamisten töten 80 Personen in Algerien

Artikel der Nachrichtenagentur Reuter in der *Jerusalem Post* vom 7. April 1997, Seite 4:

»Moslemische Rebellen massakrierten am Wochenende in Algerien mehr als 80 Dorfbewohner. Einige brachten sie mit Kettensägen zu Tode, andere tauchten sie in brennendes Benzin«, berichteten Zeitungen gestern. »Im bisher schlimmsten Fall der bereits seit fünf Jahren anhaltenden Gewalttätigkeiten in Algerien ermordeten Rebellen 52 Bewohner des Dorfes Thalit in der Provinz Medea, 70 Kilometer südwestlich von Algier«, berichtete die Zeitung *El Watan*. »Etwa 40 mit Äxten, Dolchen und Schwertern bewaffnete Rebellen umringten das kleine Dorf und drangen in die Häuser ein, um alles niederzumetzeln, was sie vorfanden«, meldete die Zeitung weiter. *Liberté* berichtete, dass 52 Menschen im Dorf die Kehlen durchgeschnitten worden seien. Nur eine einzige Person sei entkommen.

Bei einem anderen Überfall waren mehr als 40 mit Kalaschnikows und Gewehren Bewaffnete in ein Dorf gestürmt. Angeführt vom Chef der brutalen »Bewaffneten islamischen Gruppe«, Antar Zouabri, hätten sie mit einer Kettensäge 15 Bewohner des Dorfes Amroussa in der Provinz Blida, 50 Kilometer südlich von Algier, zersägt. »Die Angreifer drangen in sieben Häuser ein und zerstückelten 15 Menschen, darunter sieben Frauen und drei Kinder, mit einer Kettensäge«, sagten Überlebende aus Amroussa. Wer zu fliehen versuchte, wurde mit Benzin übergossen und angezündet.

»Mein Nachbar versteckte sich unter einem Auto, wurde aber entdeckt. Sie steckten das Auto an – er hatte keine Möglichkeit mehr, zu entkommen. Er starb an Ort und Stelle«, zitiert die Zeitung einen Überlebenden. Ein anderer Überlebender sagte aus: »Sie töteten meinen Neffen vor den Augen seiner Mutter. Dann schoss einer von ihnen mehrmals auf meine Schwester. Bevor sie verschwanden, steckten sie das Haus in Brand.« *Liberté* berichtet, dass die Überlebenden ihre verbliebenen Habseligkeiten auf Lastwagen geladen und das Dorf verlassen hätten.

Bezüglich eines anderen Massakers berichteten die Zeitungen, dass dabei fünf Zivilisten die Kehle durchgeschnitten worden sei und sieben Personen entführt worden seien. Das passierte in Sidi Naamane in der Provinz Tizi-Ouzou, 90 Kilometer östlich von Algier. »Moslemische Rebellen schnitten vier Familienmitgliedern nahe der Küstenstadt Moretti, 40 Kilometer westlich von Algier, die Kehle durch«, berichtete *El Watan.*

Massaker an 93 Personen in Algerien

Meldung von Reuter in der *Jerusalem Post* vom 24. April 1997:
Völlig entsetzt berichteten gestern Überlebende in Algerien vom schlimmsten Massaker in fünf Jahren. Moslemische Rebellen hatten am Montag in einem nächtlichen Blutbad gnadenlos 93 Menschen erschossen oder zerhackt. Fast die Hälfte der Toten waren Frauen und kleine Mädchen. Bei vielen war die Kehle aufgeschlitzt, der Kopf abgehackt — andere waren in einer Orgie von Brutalität und Grausamkeit erschossen worden. Das geschah 25 Kilometer von der Hauptstadt Algier entfernt und endete erst bei Morgengrauen. »Als sie abzogen, stand ich auf. Im Hof war überall Blut, nur Blut, blutige Körper und Köpfe überall. Ich wurde ohnmächtig«, sagte die 14-jährige Radia, die sich totgestellt hatte, als ihre ganze Familie ermordet wurde.

Zeugen, die von algerischen Zeitungen zitiert wurden, sagten, dass 40 bis 50 Männer an dem Überfall auf das abgelegene Bauerndorf Haouch Bouglet-Khemisti im Bezirk Bougara beteiligt gewesen waren. »Eine Bombenexplosion weckte uns auf. Einige Minuten später begannen sie, uns in der Mitte des Dorfes zusammenzutreiben, wo sie den Menschen die Kehlen durchschnitten«, sagte die 33-jährige Houria. »Einer packte meinen Kopf und ein anderer meine Kleider, und dann schnitten sie sehr schnell in meinen Hals. Ich wurde ohnmächtig. Einer kam und trat nach mir, um zu sehen, ob ich wirklich tot war«, hieß es in ihrem Bericht in der Zeitung *Al-Khabar*. »Mein Mann wurde getötet, ihm wurde die Kehle durchgeschnitten.«

Die Regierung verurteilte das Massaker als beispiellose Brutalität und sagte, die Mörder würden verfolgt. »Das ist ein Akt von Grausamkeit, wie ihn die Menschheit noch nie gesehen hat«, sagte Ministerpräsident Ahmed Ouyahia im Fernsehen.

Terror in Algerien

Artikel in der *New York Times*, International Edition, von Bob Herbert, vom 30. September 1997:

In einem Interview mit der *New York Times* sprach Zazi Sadou mit Hilfe eines Dolmetschers über den Alptraum in ihrer Heimat — die furchtbaren Gräueltaten im Namen Gottes, die Gewalt gegen Lehrer und Schüler, Künstler und Intellektuelle und besonders auch über die beispiellose Gewalt an Frauen, wie sie vergewaltigt, verstümmelt und ermordet oder auch entführt und sexuell versklavt werden.

Frau Sadou ist Feministin und Journalistin in Algerien, in einem Land, das in den vergangenen Jahren vom Blut unschuldiger Opfer getränkt wurde, vergossen durch religiöse und politische Eiferer, wahnsinnige Verbrecher und Anhänger des Glaubens an die männliche Überlegenheit. Schätzungsweise 60 000 Menschen, viele davon Frauen und Kinder, wurden ermordet, seit dem die Militärregierung 1992 die Wahlen für ungültig erklärte, die wahrscheinlich von militanten islamischen Fundamentalisten gewonnen worden waren. Da ihnen der Griff nach der Macht mit Hilfe der Wahlurnen verwehrt wurde, bedienten sich die Fundamentalisten seitdem des Terrors. »Die Gewalttätigkeiten waren so barbarisch, so weitreichend, so extrem«, sagt Frau Sadou, »dass sie inzwischen das Ausmaß eines Völkermordes annehmen. Dies sind Verbrechen gegen die Menschlichkeit. Und wir müssen aus allen Richtungen eine Verurteilung derer hören, die dafür verantwortlich sind.«

Mindestens 98 Menschen, vielleicht sogar bis zu 300, wurden im August ermordet, als Mitglieder der Bewaffneten Islamischen Gruppe mit Gewehren, Messern, Schwertern und Äxten in das Dorf Rais, südlich von Algier, eindrangen. Laut Zeugenaussagen bestand die Mehrzahl der Opfer Frauen und Kindern. Viele der Leichen wurden verbrannt, manche enthauptet. In einigen Fällen wurden die Köpfe der Opfer auf den Türschwellen hinterlassen. Dieses Massaker war keine Einzelerscheinung. Am 22. September wurden mehr als 400 Menschen abgeschlachtet, wieder durch Mitglieder der Bewaffneten Islamischen Gruppe; dies geschah bei einem Angriff auf das Dorf Bin Talna, ebenfalls südlich von Algier, in einer Gegend, die als Dreieck des Todes bekannt geworden ist.

Wie Frau Sadou berichtet, gehört es zu derartigen Anschlägen, dass attraktive junge Frauen und Mädchen für sexuelle Zwecke entführt und später umgebracht werden. Als die Angreifer Rais wieder verließen, nahmen sie drei Dutzend Frauen und Mädchen mit. Eine unbekannte Zahl entführten sie aus Bin Talna. »Bei diesen Anschlägen teilen sich 100 bis 150 Terroristen die Aufgaben«, sagt Frau Sadou. »Eine Gruppe übernimmt das Töten, die Enthauptungen. Eine andere wählt die schönsten Frauen aus, die dann mitgenommen werden. Und eine dritte Gruppe wartet draußen, um jeden abzufangen, der aus dem Dorf fliehen will.«

Die extreme Unterdrückung von Frauen und Mädchen — einschließlich weitreichender öffentlicher Demütigung, Verstümmelung und Mord — ist seit vielen Jahren ein Grundstein islamistischen Terrors in Algerien. Schon vor den annullierten Wahlen kam es vor, dass Mitglieder der islamistischen Milizen und anderer militanter Gruppen Frauen, die sich weigerten, den traditionellen Schleier zu tragen, drangsalierten und manchmal sogar töteten. Frauen, die unter so genannten »unmoralischen« Umständen lebten, waren schwersten Strafen ausgesetzt. Und in mehreren Fällen wurden Mädchen, deren Kleider angeblich nicht lang genug waren, die Beine mit Säure verbrannt. »Frauen werden als teuflisch betrachtet«, sagt Frau Sadou. »Wir sind die ständigen Feinde.« […]

Die politische Partei der islamischen Extremisten ist die Islamische Heilsfront (FIS). Im Laufe der vergangenen fünf Jahre wurde sie durch ihren Kampf gegen die Regierung geschwächt und viele Beobachter halten sie mittlerweile für eine mäßigende Kraft. Doch Frau Sadou warnt, dass die FIS lange Zeit untrennbar mit den mörderischsten Elementen in Algerien (einschließlich der Bewaffneten Islamischen Gruppe) verbunden gewesen sei, dass sie ihre grundlegenden zerstörerischen Sichtweisen über Frauen und Mädchen nicht geändert und dass sie niemals demokratische Regierungsformen befürwortet habe. Die Situation in Algerien muss so gesehen werden, wie sie wirklich ist. Die Gräueltaten sind tatsächlich Verbrechen gegen die Menschlichkeit — mit anderen Worten: Verbrechen gegen die gesamte Welt. Es würde dem Rest der Welt gut anstehen, diese Situation mehr zu beachten.

Noch einmal: Mein Herz blutet für die Moslems in Algerien. Aber dies muss vom islamischen System erwartet werden. In der Hölle kann es keinen Himmel geben. Und ein Utopia oder ein Frieden im »Dar-es-Salaam« des Islam ist unmöglich. Das nächste Kapitel wendet sich Afghanistan zu, einer weiteren islamischen Utopie, in der es weder Juden noch Christen gibt.

KAPITEL 15

Afghanistan: Noch eine »islamische Hölle«

Artikel im Nahostteil der *Jerusalem Post* vom Mittwoch, 6. November 1996:

Associated Press — Vor einigen Wochen schlossen die neuen fundamentalistisch-moslemischen Machthaber in Kabul die Mädchenschulen und vertrieben die Frauen von ihren Arbeitsplätzen. Damals schrieb die Dichterin Khalileh Forooz ein Gedicht mit dem Titel »Ein Dolch traf meinen Geist«. Wie für Frau Forooz und ihre beiden Schwestern hat sich das Leben in dieser vom Krieg verwüsteten Hauptstadt für Tausende von Frauen drastisch verändert, seit die Taleban-Miliz im vergangenen Monat die Streitkräfte der Regierung vertrieben hat. Der Stadt wurde dann eine extreme Form des Islam aufgezwungen.

Einen Tag nach der »Machtübernahme« hörten Frau Forooz und ihre Angehörigen im Rundfunk zwei wichtige Ankündigungen, die ihr Leben nachhaltig beeinflussen sollten: Berufstätige Frauen sollten sich nicht mehr an ihrem Arbeitsplatz oder an den Universitäten melden und Eltern wurde befohlen, ihre schulpflichtigen Töchter zu Hause zu behalten. Die 28-jährige Frau Forooz verlor ihre Stelle als Produzentin eines Literaturprogramms im staatlichen Rundfunk. Eine Schwester von ihr verlor ihren Arbeitsplatz als Lehrerin und die andere musste vor dem Abschlussexamen ihr Universitätsstudium aufgeben.

»Während der Kriegsjahre verloren die Afghanen fast alles. Doch das Schlimmste ist dieser Krieg gegen unseren Geist«, sagt Frau Forooz. Sie und ihre Schwestern haben ihr Haus nicht mehr verlassen, seitdem die Taleban die Stadt gestürmt haben. Die Taleban haben angeordnet, dass sich die Männer Bärte wachsen lassen und Turbane tragen müssen wie der Prophet Mohammed im siebten Jahrhundert. Und sie wollen, dass man die Frauen in der Öffentlichkeit weder sieht noch hört. Bewaffnete Taleban-Milizen, die durch die Stadt ziehen, haben Frauen ausgepeitscht, weil sie ihre Häuser ohne Begleitung ihres Gatten oder sonstiger männlicher Angehöriger verlassen haben. Für das Verletzen des »Hedschab«, des islamischen Kleidergesetzes, das verlangt, dass Frauen in der Öffentlichkeit vom Kopf bis zu den Zehenspitzen bedeckt sein müssen, hat es schon die öffentliche Prügelstrafe gegeben.

Trotzdem behauptet die Taleban-Miliz, dass sie nichts gegen die Frauen habe. Sie sagt, dass sie lediglich die islamische Lehre durchsetzen wollten, wonach Frauen bescheiden und sittsam aufzutreten hätten. »Unsere Achtung vor den Frauen können Sie daran erkennen, dass wir versprochen haben, berufstätige Frauen weiterhin zu bezahlen, obwohl sie ihre Tätigkeit nicht mehr ausüben«, sagt der Taleban-Minister für Informationen und Nachrichten Amir Khan Muttaqi.

Nun ist es aber so, dass die meisten Ärzte, Lehrer und Vertreter ähnlicher Berufe in Kabul Frauen sind. Zum Teil liegt das daran, dass in fast 20 Kriegsjahren ein großer Teil der männlichen Bevölkerung neben dem Soldatenberuf keinerlei Ausbildung mehr erhielt. Infolgedessen blieben auch viele Jungenschulen in Kabul geschlossen, weil nicht genug männliche Lehrkräfte vorhanden waren, um sie in Betrieb zu halten. Die Krankenhäuser sind besonders hart betroffen. Als sie ihr weibliches Pflegepersonal verloren, war der größte Teil des Mitarbeiterstabes nicht mehr vorhanden. Doch die Zahl der Verwundeten nahm weiterhin zu, da die Kämpfe im Norden von Kabul nicht aufhörten. Die wenigen Frauen, denen erlaubt wurde, weiterhin in den Krankenhäusern zu arbeiten, wurden gezwungen, sich vollkommen zu verschleiern und durften auch nur noch Frauen behandeln. Auf den Frauenstationen der Krankenhäuser tragen selbst die schwerkranken Frauen das traditionelle islamische Kopftuch.

Einige Einrichtungen, wie die britische Hilfsorganisation Oxfam, haben ihre Tätigkeit wegen der den Frauen auferlegten Beschränkungen bereits eingestellt. Weibliche afghanische Angestellte des Internationalen Roten Kreuzes blieben in dieser Woche der Geschäftsstelle der Hilfsorganisation in Kabul fern, nachdem Taleban-Kämpfer gedroht hatten, sie aufzuhängen. Verschiedene internationale Hilfsorganisationen sind bereits aus Kabul abgezogen, da sie ohne ihre weiblichen Helfer nicht auskommen können. Die UNO und das Internationale Rote Kreuz haben die Taleban-Miliz aufgefordert, ihre Politik gegenüber Frauen zu ändern. Doch Muttaqi sagt, dass dies nicht möglich sei: »Der Islam ist nicht veränderbar.«

Die neuen Gesetze sind ein Verbrechen an gebildeten Frauen. Und selbst ihre Schwestern ohne berufliche Bildung schleichen sich nur noch an den Taleban-Wachen vorbei, wenn sie irgendwo Hausarbeit übernehmen. Sie sind einfach zu verzweifelt, um auf die zehn Dollar im Monat zu verzichten, die sie sich mit Putzen verdienen. Im städtischen Waisenhaus, wo die meisten Angestellten Frauen gewesen sind, müssen die älteren Kinder jetzt für die kleineren sorgen. Kriegerwitwen finden sich plötzlich in Situationen vor, wo sie überhaupt keine Möglichkeit mehr haben, ihren Lebensunterhalt zu verdienen. Die UNO schätzt, dass 30 000 Kriegerwitwen ihre Arbeit verloren haben. Die Taleban-Miliz sagt, dass die Witwen zu Hause bleiben und auf die Fürsorge anderer angewiesen sein sollten. Aber diese Fürsorge und Wohltätigkeit gibt es nicht, und manche der Witwen versinken zunehmend in Angst und Verzweiflung.

Afghanen verfolgen Angehörige französischer Hilfsorganisationen

AP-Artikel aus der *New York Times*, Internationale Ausgabe, vom Donnerstag, 27. Februar 1997:

Kabul, Afghanistan — Zwei Angehörige eines französischen Hilfsdienstes wurden verhaftet, weil sie mit afghanischen Frauen Kontakt gehabt haben sollen. Ihnen soll nun der Prozess gemacht werden, erklärte heute der afghanische Justizminister. Frederic Michel und Daniel Lorente wurden am Freitag verhaftet, nachdem die französische Hilfsgruppe »Aktion gegen den Hunger« einen Imbiss ausgegeben hatte. Sechzig afghanische Frauen hatten daran teilgenommen. »Sie haben kein Recht, mit moslemischen Frauen zusammenzusitzen und mit ihnen zu essen«, sagt Justizminister Dschalilullah Maulvi Zada. »Wir werden sie vor Gericht bringen.« Truppen wurden eingesetzt, die nach den Frauen suchen sollten. Verschiedene Leute in Kabul sagten heute, dass viele von ihnen nach Pakistan geflohen seien.

Es ist nicht klar, welche Strafe verhängt wird, falls man die Franzosen für schuldig befindet. Aber Führer der Taleban-Miliz, der militanten islamischen Bewegung, die den größten Teil des Landes beherrscht, sagen, dass Auspeitschen die angemessene Strafe für leichtere Vergehen sei. Zada sagte, die Angehörigen der Hilfsorganisation hätten die afghanischen Frauen fotografiert und bei dem Imbiss Musik spielen lassen. Beides seien nach der Interpretation des islamischen Gesetzes durch die Taleban-Miliz Verbrechen.

Afghanistans Religionspolizei als Schläger

AP-Artikel in der *Jerusalem Post* vom 30. April 1997:

Kabul — Die Religionspolizei der Taleban-Miliz hat gestern in der afghanischen Hauptstadt zehn Menschen öffentlich verprügelt, weil sie islamische Gebote nicht beachtet hätten.

Die Taleban-Leute ließen fünf Männer schlagen, weil sie ihre Bärte gestutzt hatten, was in dem von ihnen beherrschten Gebiet als Verbrechen gilt. Drei Frauen wurden mit elektrisch geladenen Drähten traktiert, weil sie es gewagt hatten, sich in großen Schals draußen zu zeigen statt in der alles umhüllenden »Burqa«, welche die Taleban-Miliz vorschreibt. Auch zwei Taxifahrer wurden öffentlich geschlagen, weil sie weibliche Fahrgäste ohne männliche Begleitung mitgenommen hatten. Nach den Gesetzen der Taleban muss eine Frau immer von einem männlichen Familienangehörigen oder Verwandten begleitet werden.

KAPITEL 16

Weltweite Konflikte mit Ismael

Weiter sprach der Engel des Herrn zu ihr: »Siehe, du bist schwanger geworden und wirst einen Sohn gebären, dessen Namen sollst du Ismael nennen, denn der Herr hat dein Elend erhört. Er wird ein wilder Mensch sein; seine Hand wider jedermann und jedermanns Hand wider ihn, und er wird wohnen all seinen Brüdern zum Trotz« (1. Mose 16,11-12).

In den vorangegangenen Kapiteln habe ich auf die Verfolgung von Christen durch Moslems hingewiesen. Aber zuallererst leiden immer die Moslems selbst unter dem radikalen Islam. In diesem Kapitel sollen Buddhisten, Hindus und andere nicht-monotheistische Religionen, die die Hälfte der Menschheit umfassen, mit ins Blickfeld genommen werden. Das Folgende ist nur ein Vorgeschmack dessen, was die Zukunft bringen mag, denn »die Hand Ismaels wird gegen jedermann sein und jedermanns Hand gegen Ismael, und er wird wohnen all seinen Brüdern zum Trotz«, wie es in der Bibel vorhergesagt ist. »Wohnen all seinen Brüdern zum Trotz« bedeutet ständigen Krieg mit allen anderen, das heißt, der Islam ist die globale Bedrohung.

China

Während chinesisch-moslemischer Krawalle werden 500 Menschen verhaftet.

AP-Bericht von John Leicester in der *Jerusalem Post* vom 11. Februar 1997, Seite 4:

»Chinesische Polizisten gaben Warnschüsse auf eine Massenansammlung junger Moslems ab, die bei aufrührerischen Unabhängigkeitskämpfen im fernen Westen Chinas Menschen zu Tode schlugen und Autos ansteckten«, konnte man gestern von einem Polizeioffizier hören. »Die Krawalle der letzten Woche in Jining, in der chinesichen Provinz Xinjiang, waren die schwersten seit der kommunistischen Machtübernahme im Jahre 1949«, stellte der Beamte der Stadtpolizei von Jining fest. Er berichtete, vier oder fünf Personen — Chinesen und Angehörige anderer dort ansässiger ethnischer Gruppen— seien getötet worden und weitere Menschen, darunter Polizisten, seien verletzt worden. »Manche wurden zu Tode geprügelt«, sagte der Offizier am Telefon in Peking. Er weigerte sich, seinen Namen zu nennen.

Ming Pao, eine Hongkonger Tageszeitung, berichtete, mehr als zehn Chinesen seien getötet und ihre Leichen verbrannt worden seien. Der Polizeioffizier sagte, dass Sicherheitskräfte 400 bis 500 Personen verhaftet hätten, von denen einige hinterher wieder freigelassen worden seien. Drei Autos wurden in Brand gesetzt und die Polizei habe Schüsse in die Luft abgefeuert, um die Menge zu beruhigen. »Der Aufstand wurde niedergeschlagen«, erklärte er.

Er sagte, die Aufrührer seien Uiguren gewesen, die zur moslemischen Mehrheit Xinjiangs gehörten. Sie forderten die Unabhängigkeit für dieses Gebiet. Aus Xinjiang werden solche Zusammenstöße immer wieder gemeldet und zwar dort, wo die turksprachigen Uiguren auf chinesische Volksgruppen stoßen. »Es hat eine Demonstration gegeben — sie war illegal«, sagte ein Beamter der Provinzverwaltung von Xinjiang mit Namen Liu. »Illegale Demonstrationen werden unterdrückt.« Liu, den man in Urumtschi, der Provinzhauptstadt von Xinjiang, erreichen konnte, erklärte, dass auch in Jining, nahe der kasachischen Grenze, wieder Ruhe eingekehrt sei. Jining liegt etwa 500 Kilometer von Urumtschi entfernt. Liu erklärte, dass er wegen des chinesischen Neujahrsfestes keine weiteren Details erfahren könne.

Ming Pao zitierte einen nicht namentlich genannten chinesischen Mann in Jining, der ausgesagt habe, dass etwa 1000 Moslems, meist zwischen 17 und 18 Jahren, ihre Opfer zusammenschlügen, töteten und dann verbrannten, bevor die Polizei den Gewalttätigkeiten ein Ende bereitete. Ismail Cengiz, der Generalsekretär einer für die Unabhängigkeit der Uiguren eintretenden Gruppe, die ihren Sitz in Istanbul in der Türkei hat, behauptete, dass 200 moslemische Aufständische und etwa 100 chinesische Soldaten getötet worden seien. Der Bericht konnte nicht bestätigt werden. Modan Mukhlisi, ein Sprecher der »Vereinigten Nationalen Revolutionären Front«, einer uigurischen separatistischen Gruppe in Kasachstan, berichtete, 30 Uiguren seien bei den Krawallen umgekommen. Weitere Einzelheiten seien ihm nicht bekannt.

Cengiz, ein Uigure, sagte, die Krawalle seien ausgebrochen, als chinesische Sicherheitskräfte eine Gruppe von Frauen verhaften wollten, die am 4. Februar, einem heiligen Abend der Moslems, in einem Haus in Jining laut Gebete gelesen hätten. Die Aufrührer seien dann zur Polizeistation marschiert, sagte Cengiz von der East Turkestan Immigrants Association. Die Uiguren hatten von 1944 bis 1949 ihre eigene Republik Ostturkestan. Xinjiang ist heute eines von fünf autonomen Gebieten Chinas. Es umfasst ein Sechstel des Landes und hat eine Einwohnerzahl von 16,6 Millionen. 30 Prozent davon sind ethnische Chinesen — laut chinesischen Statistiken.

China richtet moslemische Aufrührer hin

Meldung von Reuter aus der *Jerusalem Post* vom 27. April 1997, Seite 3:

Peking — China richtete drei Personen hin und verurteilte 27 andere zu Gefängnisstrafen. Alle waren an den blutigen Ausschreitungen beteiligt, die im Februar die moslemische

Region Xinjiang erschüttert hatten, dies verlautete gestern von den örtlichen Behörden. Das Bezirksgericht von Jili hatte die Männer am Donnerstag in einer öffentlichen Verhandlung verurteilt, weil sie an den Krawallen in der weit im Nordwesten liegenden Stadt Jining beteiligt gewesen waren. Dabei waren neun Personen getötet und 198 verletzt worden. Die Verurteilten wurden noch am selben Tag hingerichtet. Alle Verurteilten waren Angehörige der ethnischen Minderheit der Uiguren. Xinjiang, ein weites Gebiet, in dem viele turksprachige Völker wie die Uiguren ansässig sind, hat eine lange Geschichte ethnischer Unruhen hinter sich und ist erst kürzlich durch Gewalttätigkeiten moslemischer Separatisten erschüttert worden.

Die Männer waren wegen vorsätzlicher Körperverletzung, Brandstiftung und Aufruhrs bei den antichinesischen Krawallen bestraft worden, die am 5. und 6. Februar in Jining ausgebrochen waren. Ein Mann war zu lebenslänglicher Haft verurteilt worden und 26 weitere Personen zu Gefängnisstrafen von sieben bis 18 Jahren. Vertreter der Kommunistischen Partei sagten, eine »Hand voll Krimineller« habe Autos und Häuser angesteckt und Beamte der öffentlichen Sicherheitspolizei sowie unschuldige Zivilisten umgebracht. »Diese Handlungsweisen … stören und zerrütten unsere politische Stabilität und Einheit«, erklärte einer der Beamten.

Im letzten Monat sagten einige Beamte aus, sie hätten die gerichtliche Anhörung von sechs Männern im Blick auf ihre Teilnahme an den antichinesischen Krawallen im Februar beendet. Die Sache habe als Demonstration begonnen und sei in Gewalttätigkeiten umgeschlagen. Bewaffnete Uiguren erklärten, sie wollten in Xinjiang ihren eigenen Staat Ostturkestan errichten. Chinesische Behörden hoben ein Nest von mehr als zehn Personen aus, die angeblich eine Serie von Bombenanschlägen in Urumtschi, der Hauptstadt Xinjiangs, organisiert hatten. Bomben, die an drei Bussen angebracht waren, explodierten am 25. Februar innerhalb weniger Minuten nacheinander bei einem offensichtlich koordinierten Anschlag in Urumtschi, zufällig zeitgleich mit den Beerdigungsfeierlichkeiten für den obersten Führer Deng Xiaoping in Peking. Der Anschlag tötete neun Menschen. Vierundsiebzig Personen wurden verletzt.

Chinesische Polizei tötete zwei Moslems bei Schusswechsel

AP-Bericht in der *Jerusalem Post* vom 29. April 1997:

In einer von separatistischen Unruhen erschütterten Region tötete die chinesische Polizei zwei Personen und verwundete fünf weitere. Man habe auf eine Gruppe von Moslems geschossen, die Busse umringt hätten, mit denen verurteilte Aufrührer ins Gefängnis gebracht werden sollten, berichtete ein Beamter gestern. Der Schusswechsel in der Stadt Jining, im nordwestlichen Teil von Xinjiang, folgte einer öffentlichen Ankündigung, durch die wegen Beteiligung an antichinesischen Krawallen im Februar drei Menschen zum Tode und 27 weitere Personen zu Gefängnisstrafen verurteilt worden waren.

Eine Ansammlung von Uiguren, der moslemischen Mehrheit von Xinjiang, umringte und blockierte die Busse, in denen die verurteilten Aufrührer saßen. Dabei ignorierten sie die Warnungen und Aufforderungen der Polizei, sich zu zerstreuen. Das erklärte ein Beamter namens Zang im Hauptquartier der Kommunistischen Partei von Xinjiang. »Nach der Verurteilung umringten sie die Busse«, sagte Zang bei einem Telefongespräch aus Urumtschi, der Hauptstadt Xinjiangs. »Wir haben sie gewarnt … schließlich eröffneten wir das Feuer.« Er berichtete weiter, dass zwei Personen getötet und fünf verwundet worden seien. »Die Menge war möglicherweise emotional aufgeputscht, weil ihre Kinder und andere Angehörige verhaftet worden waren«, meinte Zang. Die drei Personen, die bei der Verhandlung in einem Sportstadion zum Tode verurteilt worden waren, wurden noch am gleichen Tag hingerichtet. Die Gefängnisstrafen der anderen siebenundzwanzig reichten von sieben Jahren bis zu lebenslänglich.

Die Zeitung *Hong Kong Standard* berichtete, etwa 500 Menschen hätten sich um die Busse gedrängt. Laut Zang hatten sich nur einige Dutzend »kriminelle Elemente« beteiligt. Er sagte, die Behörden untersuchten, ob der Aufruhr von moslemischen Separatisten der Provinz Xinjiang ausgegangen sei. Die Uiguren und andere ethnische Gruppen moslemischen Glaubens seien in den letzten Jahren zunehmend verärgert über chinesische Gesetze und chinesische Siedler. Die Krawalle in Jining am 5. und 6. Februar, als Massen von jungen Moslems Menschen zu Tode prügelten, gehörten zu den schlimmsten in Xinjiang seit der kommunistischen Machtübernahme im Jahre 1949. Nach offiziellen Zahlen wurden dabei mindestens zehn Menschen getötet und 140 weitere verletzt.

Uiguren, die in Kasachstan im Exil leben, sollen dort angeblich Geld und Waffen für die Separatisten in Xinjiang sammeln. Die Uiguren hatten in Xinjiang bereits fünf Jahre vor der kommunistischen Herrschaft ihre eigene Republik. Die kasachische Polizei verhaftete gestern 33 Uiguren, weil sie eine illegale Demonstration vor der chinesischen Botschaft in Alma-Ata veranstaltet hatten. Die Demonstration war gegen die Hinrichtungen der letzten Woche in Jining gerichtet.

Indien

Eine dramatische Bitte um Verständnis — von der hinduistischen Gemeinde an die jüdische Gemeinde gerichtet

Aus einer Broschüre, die von den hinduistischen Gemeinden Amerikas herausgegeben wurde:

Die hinduistische Gemeinde hat viel über die jüdische Geschichte erfahren. Wir haben uns über den Holocaust informiert, über die Inquisition, die Verfolgungen, die Vertreibungen und die dramatische Wiedergeburt Israels — obwohl die Voraussetzungen zur letzteren alles andere als gut waren. Jetzt bitten

208

wir die Juden, auch ein wenig von uns und dem Leiden zu hören und zu erfahren, das uns von seiten der Moslems widerfahren ist.

In Arabien existieren keine Heiden mehr, die ihren Anspruch auf die Ka'aba geltend machen könnten. Der Islam hat sie vernichtet. Außerdem hat er noch viele andere Kulturen zerstört — angefangen mit ihren jeweiligen Stätten der Anbetung. Die Manichäer, Nestorianer und Buddhisten von Iran und Zentralasien existieren nicht mehr, um ihre Tempel und Klöster zurückzufordern. Die wenigen unter ihnen, die Anhänger des Zarathustra waren und überlebten, sind zu unbedeutend und eingeschüchtert, um ihre Stimme noch zu erheben.

Aber wir haben überlebt, wenn auch nicht unversehrt, und wir fordern die Wiederherstellung unserer heiligen Stätten. Wir fordern, dass die moslemische Glaubensgemeinschaft in Indien die Ansprüche der hinduistischen Gesellschaft auf die drei Heiligen Schreine anerkennt: den Kaschi Vischvanath in Varanasi, den Krischna Janmabhoomi in Mathura und den Ram Janmabhoomi in Ayodhya.

Gegen diese durchaus begründete Forderung wurde eine neue Verleumdungskampagne eröffnet. Es wurde behauptet, dass wir »Rache« predigten. Rache würde bedeuten, dass wir hingingen und die moslemischen heiligen Stätten in Mekka, Medina und Jerusalem zerstörten. Wir haben keinesfalls die Absicht, das zu tun. Rache würde auch bedeuten, einen Krieg der Unterwerfung, der Verfolgung, des Tötens von Millionen, der Entführung von Millionen von Frauen und Kindern in die Sklaverei — kurz gesagt, ein Spiegelbild dessen heraufzubeschwören, was die moslemischen Eroberer und Machthaber in der hinduistischen Gesellschaft verübt haben. Wir fordern nicht einmal einen Ausgleich dafür oder eine Rückgabe. Es hat ja auch keiner die Macht, Millionen Opfer des Dschihad wieder zum Leben zu erwecken. Die Deutschen können die Opfer von Auschwitz auch nicht mehr lebendig machen. Sie haben aber wenigstens ihr Bedauern zum Ausdruck gebracht. Wir verlangen nicht die Rückgabe der vielen tausend Anbetungsstätten, aus denen uns die Moslems gewaltsam vertrieben haben. Wir wollen nur die drei heiligsten Plätze zurück haben — diese uralten, heiligen Orte. Und wir möchten sie durch eine offizielle Verfügung von der moslemischen geistlichen Führung zurückbekommen.

Für die Moslems wäre das eine großartige Gelegenheit, freiwillig etwas von dem schrecklichen Bild abzumildern, das die weitreichenden Massaker, Verfolgungen, Versklavungen, Tempelverwüstungen und gewaltsamen Bekehrungen früherer moslemischer Generationen hinterlassen haben. Das gilt ebenso für andere nichtmoslemische Gemeinschaften in Indien und anderswo. Die Moslems sollten erkennen, was für eine Botschaft sie verkünden indem sie fortwährend unsere heiligen Stätte besetzen — Maßnahmen, wie sie von Fanatikern und Massenmördern wie Babar und Aurangzeb ergriffen wurden.

Wir hoffen, dass die jüdische Gemeinde, die in Tränen ausbrach, als sich die heilige Mauer des salomonischen Tempels in moslemischen Händen befand, unsere gerechte Forderung nach Rückgabe unserer heiligen Stätten Kaschi Vischvanath, Krischna Janmabhoomi und Ram Janmabhoomi unterstützen wird.

Die ersten Regionalwahlen in Kaschmir nach neun Jahren Streit

AP-Bericht in der *Jerusalem Post* vom 8. September 1998:

Srinagar, Indien — Unter dem Druck der Drohungen moslemischer Rebellen und indischer Soldaten hat sich gestern die Hälfte der Wahlberechtigten einem von den Rebellen geforderten Boykott widersetzt und in der Regionalwahl im vom Krieg gezeichneten Kaschmir ihre Stimme abgegeben. Das erklärten Beamte, die die Wahl leiteten. Drei Jungen wurden bei Gewalttätigkeiten im Zusammenhang mit der Wahl getötet. Tausende Bewohner von Kaschmir zogen über Gebirgspfade und Hauptstraßen, um zum erstenmal nach neun Jahren in einer Kommunalwahl ihre Stimme abzugeben. An einigen Orten behaupteten die Menschen, dass indische Soldaten sie zur Wahl gezwungen hätten.

Fast 300 000 Soldaten und Polizeibeamte schwärmten in 26 von 87 Wahlbezirken aus, um Rebellenangriffe zu verhindern. Von Regierungsstellen verlautete, dass 29 Personen verhaftet worden seien, darunter drei führende Sezessionisten, die für einen Wahlboykott kämpften. Die Wahlen für die verbleibenden Sitze werden im Laufe dieses Monats korrigiert und vervollständigt.

Die Rebellen schlugen an zwei Stellen zu und töteten drei Jungen. Ein Vierzehnjähriger wurde im Kreuzfeuer getroffen, als Rebellen sich in Lolab, 125 Kilometer nördlich von Srinagar, mit Soldaten eine Schießerei lieferten. Bei Tudschar Schrief, einem Dorf etwa 55 Kilometer nordwestlich von Srinagar, schossen Rebellen eine Granate mit Raketenantrieb ab, die zwei spielende Jungen auf einem Schulhof traf; dies wurde von den Behörden berichtet.

»Pakistanische Truppen schossen in Kargill über die Grenze und zwangen die Behörden, zwei Wahllokale zu schließen«, berichtete der Hauptwahlbeauftragte in Dschammu-Kaschmir, Dschalil Ahmed Khan, gegenüber Reportern. Indien und Pakistan haben über Kaschmir seit 1948 zwei Kriege ausgefochten. Doch Pakistans Antwort auf die Forderung der indischen Behörden blieb zunächst aus.

Indonesien

Innerhalb von wenigen Stunden wurden zehn indonesische Kirchen zerstört, während ein wütender Mob aufschrie: »Indonesien ist islamisch, Indonesien ist islamisch!« (Aus dem Magazin *Voice Of The Martyrs* (VOM), 1996.)

Die folgenden Informationen erhielt das *VOM*-Büro aus verschiedenen Quellen:

Rund 280 Kirchen in Indonesien sind seit 1991 verbrannt, zerstört, mit Steinen beworfen oder anderweitig angegriffen und geschlossen worden. Der Angriff vom 9. Juni 1996 in Surabaya, der zweitgrößten Stadt dieses Landes, war jedoch der schlimmste. Zehn Kirchen wurden gleichzeitig vom moslemischen Mob angegriffen. Die Massenmedien waren nicht in der Lage, darüber zu berichten, weil die Regierung dies ablehnte. Man wünschte eine Politik der Stabilität. Eine solche Politik trägt zur fortgesetzten Verfolgung der Kirchen Indonesiens geradezu bei.

Die intensive Verfolgung indonesischer Kirchen markiert den Aufstieg fundamentalistischer Moslems. Durch ihre Ausbildung an westlichen Universitäten sind sie heute besser gerüstet für ihren Kampf. Sie besitzen sowohl intellektuelle als auch rhetorische Fähigkeiten. Zehn protestantische Kirchen wurden in Surabya in Ost-Java angegriffen und zerstört, als Christen sich gerade zum Sonntagsgottesdienst versammeln wollten. Nach einem Bericht, den ein *VOM*-Vertreter in diesem Gebiet erhielt, waren mehr als 5000 Moslems an den Krawallen beteiligt. Indonesien hat die zahlenmäßg stärkste moslemische Bevölkerung der Welt. Mehr als 80 Prozent seiner 204 Millionen Einwohner bekennen sich zum Islam. Die Angriffe sollen von Maduresen, einer großen moslemischen Gruppe, angeführt worden sein.

Chronologie der Ereignisse am 9. Juni 1996:

8.00 Uhr — Hunderte von schreienden Menschen dringen in das Gebäude der Bulak-Banteng-Kirche ein und zerstören es. Sie benutzen dazu Klurits (halbmondförmige Messer), Knüppel, Steine und Hämmer. Durch diese brutale Aktion werden zwei Häuser und ein kirchlicher Raum zerstört. Einige Personen werden verletzt, ein kirchlicher Führer wird geschlagen, getreten und mit Keulen verprügelt, während die Angreifer brüllen: »Indonesien ist islamisch! Ihr wisst es!« Das alles geschieht während eines Sonntagsgottesdienstes.

9.30 Uhr — Hunderte von Menschen zerstören die Kristen-Kemah-Injil-Kalvari-Kirche in Bulak Banteng. Der Evangelist

Wesson Solaiman wird dreimal auf den Hinterkopf geschlagen. Eine fünf Zentimeter lange Platzwunde muss genäht werden. Verschiedene Frauen werden während des Angriffs obszön belästigt.

10.10 Uhr — Annähernd 1000 Menschen zerstören das Jatisrono-Kirchengebäude. Dieser Vorgang dauert 30 Minuten.

10.30 Uhr — Der Mob verwüstet die Pantekosta-Tabernakel-Kirche in Wonosari.

10.50 Uhr — Die Bukit-Sion-Kirche wird von etwa 500 Personen angegriffen, die mit Teenagern als lebendigem Schutzschild in die Kirche eindringen, gefolgt von jungen Männern und Erwachsenen. Nach ihnen kommen Radfahrer und zwei LKWs, auf die vermutlich die Beute aufgeladen werden soll.

11.20 Uhr — Die Firman-Hayat-Kirche in Jalan Tenggumung wird nach dem Sonntagsgottesdienst von etwa 1500 Maduresen überfallen.

11.30 Uhr — Die Station GKJW in Jalan Sidotopo berichtet, rund 500 Menschen seien zu Fuß gekommen und hätten das Kirchengebäude mit Keulen zerstört. Sie hätten acht Kirchenmitglieder verprügelt, die in dem Gebäude verblieben seien. Die Opfer hätten ins Krankenhaus gebracht werden müssen.

11.45 Uhr — Das Gebäude der HKBP-Kirche in Jalan Sidotopo wird von einer Massenansammlung von etwa 1200 Personen zerstört. Ein Kirchenmitglied wird auf den Kopf geschlagen.

Die protestantische Batak-Kirche in Pogot schrieb:
Nachdem wir um 10.45 Uhr die Nachrichten über den Vandalismus in der Cahaya-Kasih-Kirche erhalten hatten, bat eines unserer Kirchenglieder per Handy die Polizei um Hilfe. Doch bevor die Polizei kam, war der Mob um 11.45 Uhr schon da und schlug alles kurz und klein. Es waren rund 1200 Rowdys. Die erste Gruppe bestand aus 300 Angreifern, von denen die meisten noch Kinder waren. Zehn Minuten später kam die zweite Gruppe an, die aus etwa 400 Teenagern bestand. Der Rest waren dann Erwachsene.

Zuerst warfen sie von außen Gegenstände gegen die Fenster und aufs Dach, bis die Scherben flogen. Die zweite Gruppe erzwang sich dann den Eingang durch das Tor, und die Rowdys drängten mit Knüppeln und Brecheisen in den Händen herein. Sie zerschlugen sämtliche noch vorhandenen Fensterscheiben und alle Türen. Sie zerstörten alles in der Kirche, einschließlich der Bibeln und Gesangbücher. Ein Gemeindeglied versuchte, ihnen Einhalt zu gebieten mit den Worten: »Es ist genug, genug, genug — es ist ja schon alles kaputt.« Als Folge erhielt er einen Schlag auf den Kopf und eine ganze Meute fiel über ihn her.

Antichristliche Randale in Indonesien

AP-Bericht in der *Jerusalem Post* vom Freitag, den 31. Januar 1997:

Jakarta — Tausende von Moslems plünderten gestern Kirchen, Banken, Geschäfte und Autos, nachdem ein chinesischer christlicher Händler angeblich den Islam beleidigt haben soll. Nach Polizei- und Zeugenaussagen soll er sich über den lauten Ruf des Muezzin zu den Abendgebeten beklagt haben. Die Polizei berichtete nichts von Verwundeten oder Toten und sagte, die Gewaltaktionen seien unter Kontrolle, nachdem drei LKWs mit Truppen mit automatischen Waffen in die Stadt Rengasdengklok, 50 Kilometer östlich von Jakarta, eingefahren seien.

Der Polizeiwachtmeister Jumhalim sagte, der unbekannte chinesische Händler habe um Polizeischutz ersucht, nachdem der Mob sein Haus und sein Geschäft angezündet habe. Niemand sei verhaftet worden, erklärte Jumhalin, der wie viele Indonesier nur einen Namen führt. Zeugenaussagen zufolge kamen Tausende von wütenden Moslems nach dem Morgengebet mit Steinen und Stöcken bewaffnet aus den Moscheen und Häusern und waren zum Plündern losgezogen. Vier Kirchen, Dutzende von Geschäften, zwei Banken und ein chinesischer Tempel wurden überfallen und ausgeraubt. Der Mob bewarf auch 18 Autos mit Steinen und machte sie zu Wracks, wobei einige auch noch angezündet wurden. Rauchschwaden stiegen aus einer Kirche auf, die man angesteckt hatte, erzählte Joko, der in der Nähe wohnte. Die Soldaten errichteten Straßensperren auf den Hauptverkehrswegen und warnten die Bürger, das betroffene Gebiet zu betreten.

Joko sagte aus, der Aufruhr sei offensichtlich durch ein Gerücht ausgelöst worden. Ein chinesischer Geschäftsmann, ein Christ, soll sich über die lauten Abendgebete in einer Moschee beklagt haben. Es stand aber nicht fest, ob der Händler diese Bemerkung wirklich gemacht hatte. Dieser Aufruhr mit ethnisch-religiösem Hintergrund ist der letzte in einer Serie von Zusammenstößen zwischen den beiden Religionsgemeinschaften während der vergangenen Monate. Chinesischstämmige Einwohner, meist christliche Händler, sind im Allgemeinen wohlhabender als die Mehrheit der indonesischen Moslems. Fast 90 Prozent der 200 Millionen Indonesier sind Moslems. Das indonesische Fernsehen berichtet, dass eine Ausgangssperre in diesem Gebiet verhängt worden sei, um weitere Gewalttätigkeiten zu verhindern.

Etwa 40 maskierte Männer plünderten das Büro einer römisch-katholischen Gemeinde in einer abgelegenen Provinz Indonesiens auf der Insel Borneo. Sie steckten einen LKW und zwei Motorräder in Brand. Anfang des Monats zogen 5000 Einheimische, Dajaks genannt — meist Christen — randalierend durch die gleiche Provinz, wobei sie das Eigentum moslemischer Siedler aus andern Teilen des Landes beschädigten. Im Dezember wurden bei moslemisch-christlichen Zusammenstößen in der westjavanischen Stadt Tasikmalaya vier Personen getötet und über hundert Gebäude in Brand gesteckt. Im Oktober kamen fünf Menschen ums Leben, als Tausende von Moslems in der ostjavanischen Stadt Situbondo Dutzende von Kirchen überfielen.

Victor Mordecai: Die meisten Menschen wissen nicht oder erinnern sich nicht mehr daran, dass es in den sechziger Jahren eine Periode gab, die man in Indonesien als die »Zeit der öffentlichen Unruhen« bezeichnete. Die Flüsse waren rot vom Blut der chinesischstämmigen Bevölkerung, die man unter dem Sukarno-Regime als Kommunisten brandmarkte. Annähernd 500 000 Menschen chinesischer Abstammung wurden von ihren moslemischen Nachbarn umgebracht. Die schlichte Wahrheit ist, dass sie weder Christen noch Buddhisten waren – wichtig war nur, dass sie keine Moslems waren. Deshalb waren sie zur Vernichtung bestimmt.

Es muss daran erinnert werden, dass Chinesen, die außerhalb der Volksrepublik China leben, keine Kommunisten sind. Sie sind gewöhnlich christliche oder buddhistische Geschäftsleute, finanziell besser gestellt als die übrige – manchmal moslemische – Bevölkerung. Aus diesem Grunde sind sie die Zielscheibe von Neid und Eifersucht. Das Empörendste ist in diesem Falle, dass die Weltöffentlichkeit Indonesien wegen solcher Morde, ob es sich nun um Chinesen oder einheimische Christen handelt, niemals verurteilen wird, weil Indonesien ein ölproduzierendes Land ist.

Ähnliches gilt für Ost-Timor. Im 16. Jahrhundert wurde die Insel portugiesische Kolonie. Deshalb sprechen die Bewohner der Insel Portugiesisch und sind katholisch. 1976 – nach fünf Jahrhunderten Kolonialherrschaft – wurde den Einwohnern, deren Zahl sich auf eine Million beläuft, von Portugal und der UNO die Unabhängigkeit garantiert. Unmittelbar darauf fiel die indonesische Armee in Ost-Timor ein und erklärte zu einem Teil des indonesischen Archipels. Deshalb sei es nun für Indonesien und den Islam eingenommen worden. Über 200 000 Christen wurden getötet, als sie ihre Häuser gegen die eindringende moslemische Armee verteidigten – es war ein Völkermord. Und die Weltöffentlichkeit schwieg dazu. Der Grund für das Stillschweigen der Weltöffentlichkeit könnten die großen Ölreserven des Landes gewesen sein. Deshalb wurde toleriert, dass Indonesien das Gebiet an sich riss und die Rechte der einheimischen christlichen Bevölkerung mit Füßen trat.

Die ehemalige Sowjetunion

Tadschikischer Oberkommandierender lässt alle Geiseln frei

AP-Bericht in der *Jerusalem Post* vom 18. Februar 1997:

Duschanbe — »Ein tadschikischer Oberbefehlshaber ließ gestern nach einem Gespräch mit dem Präsidenten des Staates alle sechs noch verbliebenen Geiseln frei, darunter fünf UNO-Mitarbeiter«, teilte ein UNO-Sprecher mit. »Die Bürger Nigerias, Russlands, der Schweiz, Tadschikistans und der Ukraine wurden um 6.15 Uhr Moskauer Zeit freigelassen«, berichtete der Sprecher Milos Strugar der Nachrichtenagentur ITAR-TASS.

Die Geiseln wurden freigelassen, nachdem es der tadschikische Präsident Emomali Rachmonow gestern gewagt hatte, in die Berge östlich der Hauptstadt zu kommen und persönlich mit dem Oberbefehlshaber zu verhandeln. Er überredete ihn, die zwei Wochen andauernde Pattsituation ohne Blutvergießen zu beenden. Bakhram Sadirow, der direkte Gespräche mit dem Präsidenten gefordert hatte, schickte zwei Stellvertreter und eine der Geiseln zum Treffen mit Rachmonow in ein Dorf in der Nähe seines Hauptquartiers, 80 Kilometer östlich der Hauptstadt Duschanbe. Unklar ist, ob Sadirow selbst zu den Gesprächen kam. »Rachmonow nahm die Geiseln mit nach Duschanbe«, berichtete TASS.

Der Sprecher des Anführers telefonierte gestern Morgen mit russischen Nachrichtenagenturen und versprach, die Geiseln kämen in jedem Falle frei, unabhängig vom Ausgang der Gespräche. Ein Sprecher des tadschikischen Sicherheitsministeriums in Duschanbe teilte mit, die meisten der Kämpfer Sadirows hätten sich gestern tiefer in die Berge zurückgezogen, für den Fall, dass sie während oder nach der Freilassung der Geiseln angegriffen würden. Die Aussage wurde unter der Voraussetzung der Anonymität gemacht.

Sadirow hatte bei Beginn der Krise am 4. Februar 16 Geiseln in seine Gewalt gebracht. Zehn davon hatte er aber wieder freigelassen. Sechs hielt er weiter fest: zwei UNO-Militärbeobachter, drei UNO-Flüchtlingshelfer und den tadschikischen Minister für staatliche Sicherheit. Die Pattsituation hatte sich tagelang nur zögernd auf eine Lösung zubewegt. Sadirow hatte gefordert, dass die Regierung 40 seiner Kämpfer aus Lagern in Afghanistan herausholen und übergeben sollte. Am Samstag wurden 33 von ihnen ausgeliefert. Doch einer der Anführer Sadirows, Said-Murad Kiyamudnow, erklärte der Nachrichtenagentur Interfax, der Oberbefehlshaber habe sich betrogen gefühlt, weil die Regierung nicht alle 40 ausgeliefert und den 33 die Waffen abgenommen hatte. Am Sonntag hatten die Regierungstruppen ihren Ring um das Lager von Sadirow enger geschlossen und sie drohten, Gewalt anzuwenden. Unter Vermittlung russischer Behörden stimmte Sadirow zu, fünf der verbliebenen elf Geiseln freizulassen — drei UNO-Mitarbeiter und zwei russische Journalisten — im Gegenzug für Gespräche mit dem Präsidenten.

Russland hat 25 000 Soldaten in Tadschikistan, einer früheren Sowjetrepublik, stationiert, um seinen harten Kurs gegen die überwiegend moslemische Opposition Nachdruck zu verleihen. Die Truppen bewachen auch die Landesgrenze zu Afghanistan, die von Russland als Schwachstelle angesehen wird, weil von dort Drogen, Waffen und der fundamentalistische Islam einsickern. Dies war die zweite Geiselnahme Sadirows. Im Dezember hatte er 23 Personen entführt, darunter neun UNO-Mitarbeiter. Alle wurden unverletzt freigelassen.

Der Islam setzt sich für Recht und Ordnung ein

Artikel von Alessandra Stanley in der *New York Times/Jerusalem Post*, Ausgabe vom Sonntag, dem 26. Januar 1997:
Im heißen tschetschenischen Präsidentschaftswahlkampf ist der Hintergrund auf jedem Wahlplakat im Grün des Islam gehalten. Alle Kandidaten beschwören in ihren Ansprachen

eindringlich Allah und den Islam. Aber was wollen sie wirklich? Ein Kandidat, der stellvertretende Ministerpräsident Movladi Udugov, gibt den deutlichsten Hinweis: Sein Slogan heißt »Islamische Ordnung«, und man findet diesen Begriff auf fast jeder von Kugeln durchlöcherten Wand und an vielen Gebäuderuinen in Grozny.

Die Tschetschenen, die glaubensmäßig und praktisch von Natur aus Moslems sind, teilen jedoch nicht den strengen Fundamentalismus Irans oder Afghanistans. Unter kommunistischer Herrschaft war der Islam offiziell verbannt, obwohl er insgeheim praktiziert wurde. Es war eine Form der Auflehnung gegen den sowjetischen Kolonialismus. Doch für viele Wähler, die sich über Plünderungen und Gesetzlosigkeit beklagen, hat die Vorstellung vom Islam als einem Weg zur Ordnung im Blick auf die morgige Wahl eine besondere Anziehungskraft. Das nach Unabhängigkeit strebende Tschetschenien hat immerhin Jahre eines brutalen Krieges mit nachfolgenden monatelangen Plünderungen erlebt. »Unter islamischen Gesetzen werden die jungen Leute sich fürchten«, sagt die sechsunddreißigjährige Malika Sugaipova. »Ob sie nun wirklich beten oder nur mehr Angst haben – es wird in jedem Fall besser werden.« Sie lebt in einer Gegend, wo die meisten Wohnungen Spuren von Kugeln oder Sprengsätzen aufweisen und kein fließendes Wasser besitzen. Sie und ihre Nachbarn leben in ständiger Angst vor marodierenden Verbrechern und Räubern, die nachts durch das Gebiet ziehen. Große Anziehungskraft besitzt vor allem der Ruf des islamischen Gesetzes, sehr streng zu sein. Es gibt eine Sammlung von Lehren und gesetzlichen Praktiken, die allgemein als Scharia bekannt sind. In ihrer Anwendung im einzelnen weist die Scharia von einem islamischen Land zum anderen erhebliche Unterschiede auf. Das spielt aber keine Rolle. Hier scheint ihre Beschwörung in Form eines Slogans genug zu sein.

Im September hat die amtierende Regierung unter Präsident Selimkhan Jandarbijev, einem der führenden Kandidaten, einen Verbrechenskodex aufgestellt, der angeblich weitgehend an der Scharia orientiert ist, die aber ihrerseits der russischen Verfassung direkt widerspricht. Unter anderem verbietet das tschetschenische Gesetzbuch Alkohol und Ehebruch. Personen, denen Ehebruch nachgewiesen wird, sollen mit 100 Peitschenhieben bestraft werden. Ehebrecherische Beziehungen zu einer Jungfrau sind Grund für Tod durch Steinigung. In den ersten Wochen führten die tschetschenischen Behörden eine Reihe von Schauprozessen durch, indem sie Betrunkene oder andere Gesetzesbrecher öffentlich auspeitschen ließen. Die Scharia soll eigentlich nur auf Moslems Anwendung finden, aber Carlotta Gail von der *Moskau Times* sah, wie tschetschenische Truppen russische Zivilisten, die man im letzten Herbst beim Alkoholkonsum erwischt hatte, verprügelten. Solche Aktivitäten ließen aber fast völlig nach, nachdem im Westen negative Kritiken laut geworden waren.

Doch seitdem die tschetschenischen Rebellen im August letzten Jahres die russischen Truppen endgültig besiegt haben, befindet sich der Islam überall im Zentrum einer neu entstehenden tschetschenischen Identität. Dies ist nicht nur eine Angelegenheit der Scharia und der Ordnung. Herr Udugov zum Beispiel prahlt in seinem offiziellen Wahlprospekt, dass er zwei Frauen habe und dass sein bevorzugtes Hobby »islamische Politik« sei. Als der inzwischen verstorbene Dschokhar Dudajew gerade in Tschetschenien die Macht ergriffen hatte und im Jahre 1991 die Unabhängigkeit des Landes erklärte, benutzte er klug den Islam, um den Nationalstolz der Tschetschenen wieder aufleben zu lassen. Als er gefragt wurde, ob er praktizierender Moslem sei, soll Dudajew gesagt haben: »Natürlich, ich bete dreimal am Tag.« (Der Koran verlangt allerdings von den Gläubigen, dass sie fünfmal täglich beten!)

Doch dann nahm die Islamisierung dieser Ecke des Kaukasus — etwa 400 Kilometer vom Iran entfernt — eine ernste Wendung. Einundzwanzig Monate eines brutalen Krieges mit Russland, der Zehntausende das Leben kostete, ließ die Gesellschaft radikaler werden: die Tschetschenen entdeckten plötzlich wieder einen strengeren Islam — als Trost im Leiden und als einigenden Kriegsruf. Menschen, die niemals in ihrem Leben den heiligen Monat Ramadan eingehalten haben, fasten jetzt. »Es ist das erstemal, dass ich jemals gefastet habe«, sagt die 40-jährige Tabarek Dejetayeva mit einem verlegenen Lächeln. Ihr Haus war bei den Kämpfen mehrmals von Granaten getroffen worden. »Der Krieg hat mir meine Vergänglichkeit vor Augen geführt«, sagt sie.

Die Tschetschenen sagen, dass ein rein islamischer Staat bei ihnen nicht möglich sei, weil sie ihre eigenen festen Traditionen und ihre eigene nationale Identität haben. Als Hauptargument zitieren sie »Adat«, ein Wort für Gewohnheitsrecht, das sich auf die Gehorsam fordernden Regeln der Blutrache bezieht, woran sich rivalisierende Clans jahrhundertelang gehalten haben. Die wenigen westlichen Bürger, die nach dem Mord an den sechs Rot-Kreuz-Mitarbeitern im letzten Monat noch in Tschetschenien verblieben sind, erklären, dass sie sich auf das tschetschenische Prinzip verlassen: Jedes Unrecht, das einem Gast geschieht, der sich unter tschetschenischem Schutz befindet, muss entsprechend bestraft werden. »Wir haben gepanzerte Wagen«, sagt Tim Guldimann, der in Grosny das Büro der Organisation für Sicherheit und Zusammenarbeit in Europa leitet, das die Wahlen überwachen soll. »Doch die tschetschenische Tradition der Blutrache erscheint mir zuverlässiger.«

Alle Kandidaten wollen die Unabhängigkeit. Alle sagen, dass Tschetschenien ein islamischer Staat werden muss. Doch die Kampagnen haben ein Licht darauf geworfen, wie radikal die tschetschenische Version der islamischen Regeln sein könnte. Die beiden führenden Kandidaten, Shamil Basayev und Aslan Maskhadov, haben deutlich gemacht, dass sie den Islam als einen wesentlichen Teil der tschetschenischen Identität betrachten, aber nicht als »der Weisheit letzten Schluss«. Im Dorf Starije Atagi stand in der letzten Woche Basayev, der Rebellenführer, der den mörderischen Geiselüberfall auf Budyonnowsk im Jahre 1995 anführte, auf den Stufen einer Moschee und sprach zu den dort Versammelten: »Tschetschenien ist noch nicht reif für die Scharia. Wir müssen zuerst

221

unsere Kinder entsprechend erziehen und unsere Gesellschaft darauf vorbereiten.« Sein Hauptgegner Maskhadow, der ebenfalls als Kriegsheld gilt, sagte in der letzten Woche: »Ich werde einen tschetschenisch-islamischen Staat schaffen.« Dabei lag seine Betonung eindeutig auf »tschetschenisch«.

Für die abnehmende Zahl russischstämmiger Einwohner, die noch in Tschetschenien verblieben sind, hat jedes engagierte Gespräch über den Islam etwas Erschreckendes. Seit Kriegsende haben die Überfälle auf Russen zugenommen. »Was heißt denn islamische Ordnung?«, fragt die 45-jährige Galina Pilipenko, eine russische Nachbarin von Frau Sugaipowa, mit Bitterkeit in der Stimme. »Alles, was es bedeutet, ist doch, dass wir das Land verlassen sollen.«

Moslemisch-atheistischer Zusammenstoß in Südrussland fordert ein Todesopfer

AP-Report in der *Jerusalem Post* vom 14. Mai 1997, Seite 5:

Moskau — Mindestens ein Mann wurde getötet, als moslemische Dorfbewohner in Südrussland mit Mitgliedern einer fundamentalistischen islamischen Sekte zusammenstießen, dies berichtete gestern eine Nachrichtenagentur. Mehr als 600 Personen forderten, dass die Mitglieder der Wahabiten-Sekte das Dorf Chabanmahi im südlichen Dagestan verlassen sollten. Ihnen wird Intoleranz vorgeworfen, wie die Nachrichtenagentur Interfax berichtete.

Die Wahabiten schlossen sich selbst am Montag in einer Moschee ein. Als sich vor der Moschee eine Menschenmenge versammelte, waren von beiden Seiten Schüsse zu hören. Ein Mann wurde getötet, doch Einzelheiten wurden nicht bekannt. Auch das russische Fernsehen berichtete aus Dagestan, dass bei der Schießerei zwei Personen getötet und zwei weitere Personen verletzt worden seien.

Über Nacht blieb die Situation unverändert. Die Wahabiten verharrten in der Moschee, und beide Seiten riefen aus anderen Städten der Region Verstärkung herbei. Interfax meldete, dass gestern 18 Wahabiten von andern Dorfbewohnern als Geiseln genommen worden seien. Schließlich riegelte die Polizei das Dorf ab, um eine Ausweitung des Konflikts zu verhindern.

Die Nachrichtenagentur ITAR-TASS meldete, Akhmed Tagajev, der stellvertretende Mufti von Dagestan, habe sich dahingehend geäußert, dass fundamentalistische Moslems und vom Zentrum des Glaubens abgefallene christliche Sekten verboten werden sollten. »Die Behörden Dagestans und Russlands haben Warnungen vor der Bedrohung eines sich schnell ausweitenden Einflusses des fundamentalistischen Islam überhört«, sagte Tagajev. »Wir brauchen ein Gesetz, das die Ausbreitung des islamischen Fundamentalismus und verschiedener, vom ursprünglichen Glauben abgefallener christlich-orthodoxer Splittergruppen verbietet.« Dagestan, eine überwiegend moslemische Republik in der Nähe des Kaspischen Meeres, beheimatet mindestens dreißig verschiedene ethnische Gruppen.

Victor Mordecai: Als ich im Juni 1994 in Moskau war, wurde ich von Radio Moskau zu zwei Interviews eingeladen, die ich im Programm Radio Alef geben sollte, das sich speziell an die jüdische Öffentlichkeit in Russland richtet. Mein Gastgeber Oleg Gribkow war schockiert, als ich sagte: »Der Feind Russlands ist nicht mehr der Westen. Das christliche Russland gehört jetzt ebenfalls zum Westen. Der Feind Russlands ist – und war schon immer – der Osten mit seinem fanatischen Islam.« Er antwortete mir, wie es jeder gute Kommunist getan hätte: »Wir glauben an die Verbrüderung aller Nationen.« Ich sagte zu ihm: »Die Kirche kam im Jahre 995 n. Chr. nach Russland, teilweise, um den islamischen Invasionen aus dem Osten zu begegnen. In tausend Jahren hat sich nichts geändert. Der Aufstieg des fanatischen Islam ist die Bedrohung für Russland.« Darauf fragte er: »Würden Sie darüber auch in unseren Kirchen sprechen?«

KAPITEL 17

Islamischer Völkermord in Afrika

Eine der unglaublichsten Tatsachen im Hinblick auf die Medien und die Welteinheitsregierung ist das vollkommene, weltweite Ignorieren eines Holocausts, wenn dieser vom Islam verübt wird. Ich habe verschiedene Aspekte der biblischen Aussage »Ismaels (= des Islam) Hand ist gegen alle seine Brüder und die Hand aller seiner Brüder gegen ihn« immer wieder angeführt. Natürlich ist es meine stärkste Motivation, meine Heimat, meine Familie, mein Land Israel und mein jüdisches Volk zu verteidigen. Aber durch meine Reisen habe ich gelernt, dass die Christen ebenso mein Volk sind. Und die Moslems legen im Koran darauf ja auch ihren Finger. Juden und Christen sind ein Volk, das Volk des Buches. Wir Juden sind die Wurzel, die Christen sind als Zweig aufgepfropft worden. Doch im Blick auf den Gott Abrahams, Isaaks und Jakobs sind wir eins.

Aber ich muss das Blickfeld noch erweitern. Ohne mich auf ideologische oder theologische Unterschiede zu anderen religiösen Gruppen wie Hindus oder Buddhisten einzulassen, glaube ich, dass wir alle Geschöpfe Gottes sind, und Gott trauert, wann immer seine Geschöpfe gefoltert, getötet oder versklavt werden. Gleichzeitig steht die Zukunft der Menschheit und der Zivilisation auf dieser Erde auf dem Spiel, wo immer diejenigen, die an Allah, den Kriegsgott, glauben, Massenvernichtungsmittel anhäufen. Diese Waffen können kritiklos gegen Juden, Christen, Hindus, Buddhisten oder sonst jemanden eingesetzt werden — einschließlich gegen gemäßigte Moslems, gegen die der fanatische Islam Vorbehalte hat.

Da ich nach dem Zweiten Weltkrieg, nach dem Holocaust, aufgewachsen bin, bin ich äußerst sensibel gegenüber Völkermorden — ob sie nun an Armeniern (durch Türken Anfang des Jahrhunderts), an Juden, an Chinesen in Indonesien, an Christen in Ost-Timor oder an irgendwelchen anderen Menschen begangen werden. Doch der schlimmste, himmelschreiendste Holocaust unserer Tage findet im Sudan statt. Es gibt unterschiedliche Schätzungen, wie viele Menschen dort tatsächlich umgebracht wurden. Bekannt ist, dass der islamischen Regierung des Sudan für ihren Bürgerkrieg gegen die Christen und Animisten des Südens vom Iran und Irak Giftgas zur Verfügung gestellt wurde. Unter sudanesischem Boden liegen die größten noch nicht erschlossenen Erdöllager der Welt.

Um des Geldes und des Öls willen wurden Millionen von Schwarzen ermordet, versklavt oder ins Exil getrieben — von den moslemischen Sudanesen des Nordens. Und die Welt scheint nichts davon zu merken — Rundfunk, Fernsehen und Nachrichtendienste hüllen sich in Schweigen. Die islamische »Endlösung« des Problems im Südsudan ist die Ausrottung aller Nicht-Moslems, die dort auf sechs bis acht Millionen geschätzt werden. Wenn dieser Holocaust vollendet sein wird — was Gott verhüten möge —, wollen die Moslems des Nordens die reichen Ölvorkommen ausbeuten. Gott wird uns alle einmal zur Rechenschaft ziehen für das, was wir getan haben, oder auch hätten tun können und nicht getan haben, um unsere notleidenden schwarzen Brüder und Schwestern vor diesem Holocaust zu retten.

Am 26. März 1996 sprach ich in Springdale, Arkansas, auf einem Gebetstreffen für Israel unter dem Thema »Blast das Schofar in Zion«. Es handelte sich um eine Konferenz christlicher Fürbitter und Missionare aus den USA und der gesamten übrigen Welt. Nachdem ich über die aktenkundigen Gräueltaten gegen sudanesische Christen, verübt durch die fundamentalistisch-moslemische Regierung des Sudan, berichtet hatte, besonders über die nachweisbare Anwendung von Giftgas und anderen vom Iran zur Verfügung gestellten chemischen und biologischen Waffen, trat Pastor Steven Wolcott an mich heran. Er dankte mir, dass endlich einmal jemand über den Gebrauch von Giftgas durch Moslems gegen Christen gesprochen habe.

Steven Wolcott arbeitet als Missionar in Flüchtlingslagern im Norden Zaires. Dort befinden sich schätzungsweise 500 000 südsudanesische Flüchtlinge, die den Schrecken der islamischen Angriffe aus dem Norden entflohen sind. Er berichtete, dass im Norden Zaires viele Menschen erkrankt seien, weil der Nordwind das Gas rund 50 Kilometer weit über die Grenze Südsudans ins Land treibe. Pastor Wolcott hatte den Kanonendonner der Artillerie über die nördliche Grenze hinweg gehört. Sämtliche Flüchtlingslager – Zivilisten aus Zaire ebenso wie Flüchtlinge aus dem Süden des Sudan – seien von dieser merkwürdigen Form von Ruhr, die zu den Begleiterscheinungen des Golfkrieges gehörte, betroffen. (Die US-Regierung in Washington brauchte dreißig Jahre, um die Existenz des Giftes Orange zuzugeben. Ich frage mich, wie lange es noch dauert, bis sie das Golfkriegssyndrom bestätigt.)

Es folgt eine Sammlung von Presseartikeln, die hoffentlich etwas Licht auf die Not der Bevölkerung des Sudan werfen.

Sudanesische Systemkritiker wollen islamische Regierung stürzen

AP-Bericht von Salah Nasrawi in der *Jerusalem Post* vom Mittwoch, 16. Oktober 1996:

Sudanesische Oppositionsgruppen haben beschlossen, eine neue militärische Truppe aufzustellen, um das islamisch orientierte Regime in Khartum zu stürzen. Das erklärte ein führender Oppositioneller am Montag. Farouq Abu Issa sagte, die »Sudanesische Nationaldemokratische Allianz« habe beschlossen, diese Miliz bei einer Zusammenkunft der Führer ihrer einzelnen Splittergruppen ins Leben zu rufen. Das solle am Wochenende in der eriträischen Hauptstadt Asmara geschehen.

Die Allianz hatte sich letztes Jahr aus verschiedenen oppositionellen Gruppen und der rebellierende südsudanesischen Volksbefreiungsarmee gebildet. Sie wollte versuchen, die von der Islamischen Nationalen Front Hassan Turabis gestützte sudanesische Regierung zu stürzen. »Alle unsere Gewehre sind nun auf ein Ziel gerichtet, um das unterdrückerische Regime der islamischen Front loszuwerden«, erklärte Abu Issa der Associated Press.

Die SPLA (Südsudanesische Volksbefreiungsarmee) bekämpft die sudanesische Regierung seit 1983, um für die Christen und Animisten im Süden des Landes mehr Autonomie vom moslemisch orientierten Regime in Khartum zu erreichen. Mehr als 1,3 Millionen Menschen sind in diesen Kämpfen und den nachfolgenden Hungersnöten umgekommen.

Abu Issa sagt, dass inzwischen eine Strategie für Angriffe der neuen Kampftruppe ausgearbeitet worden sei. Sie solle eine nationale Erhebung auslösen, um schließlich die Regierung unter Präsident Generalleutnant Omar el-Baschir stürzen zu können. Zu dieser Strategie gehört, dass die SPLA Angriffe gegen die sudanesische Armee im Süden durchführen will, während die neuen Streitkräfte ihre Aktionen auf Garnisonen und Stellungen der Armee entlang der Ostgrenze zu Eriträa konzentrieren werden.

Abu Issa, der im Exil in Kairo lebt und an dem Treffen in Asmara teilnahm, erklärt, die neue Miliz setze sich aus Offizieren und Soldaten zusammen, die aus den Streitkräften der Regierung desertiert seien und sich der Opposition angeschlossen hätten. Im vergangenen Monat meldete die sudanesische Regierung, sie habe eine Anzahl von Offizieren und Zivilisten im Zusammenhang mit einer Verschwörung verhaften lassen. Dabei hätten Anlagen in Port Sudan am Roten Meer gesprengt werden sollen. Um diese Zeit gab die Allianz bekannt, dass ihre Guerillakämpfer in diesem Gebiet nahe der eriträischen Grenze einen Armeestützpunkt angegriffen hätten.

Der Sudan mobilisiert nach Rebellenangriffen seine Armee

AP-Bericht aus der *Jerusalem Post* vom 14. Januar 1997, Seite 4:

Khartum — Der sudanesische Präsident Omar el-Baschir rief gestern Armee und Zivil-Miliz zur Mobilmachung auf, nachdem Rebellentruppen Städte an der sudanesisch-eriträischen Grenze angegriffen hatten. Eine Verlautbarung, die am frühen Morgen vom Präsidentenpalast herausgegeben wurde, besagte, die Armee habe »die Heimat verteidigen und die Feinde des Islam und der Menschheit abschrecken müssen«. Die Veröffentlichung benutzte den Begriff »Dschihad«. Der staatliche sudanesische Rundfunk sowie das Fernsehen brachten gestern nur patriotische Musik. In der Hauptstadt kam es zu verschiedenen Demonstrationen, die den Aufruf el-Baschirs unterstützten. An jeder Kundgebung nahmen mehrere hundert Personen teil.

Die Mobilmachung wurde angeordnet, nachdem Rebellen der Südsudanesischen Volksbefreiungsarmee John Garangs am Sonntag die sudanesischen Städte Kurmuk und Zasan in der Nähe der eriträischen Grenze angegriffen hatten. Offensichtlich hatte dabei die sudanesische Armee die Kontrolle über die Situation verloren. Die beiden Städte liegen etwa 600 Kilometer südöstlich der sudanesischen Hauptstadt Khartum.

Eine Meldung, die gestern früh vom Generalkommando der sudanesischen Armee verlautete, warf den Eriträern vor, mit der sudanesischen Opposition zusammenzuarbeiten. Eine Meldung der ägyptischen Nachrichtenagentur für den Nahen Osten besagte, dass am Sonntag bei den Kämpfen um die Städte auch Artillerie eingesetzt worden sei; dabei sei von eriträischem Gebiet aus geschossen worden. Das Feuer habe sechs Stunden gedauert, sei dann abgeklungen und später für weitere vier Stunden wieder aufgenommen worden. Einen unmittelbaren Bericht über die Vorfälle aus diesem entfernten Gebiet gab es nicht. Die sudanesischen Rebellen hätten offensichtlich einen großen Streifen des Gebietes um die Grenzstädte im Land des Blauen Nils besetzt, erklärte MENA.

Der Sudan verfügt über eine stehende Armee von rund 89 000 Mann und über 15 000 Mann starke paramilitärische Einheiten, bekannt als Volksverteidigungsfront. Die Reserve der Miliz beläuft sich auf etwa 60 000 Mann. Die SPLA kämpft seit 1983 für eine Autonomie der südsudanesischen Christen und Animisten gegenüber dem islamischen Norden. Mehr als 1,3 Millionen Menschen sind bei Kämpfen und darauf folgenden Hungersnöten ums Leben gekommen.

El-Baschir, der im Jahre 1989 durch einen Militärputsch an die Macht kam, hat gelobt, dass er dem Aufstand ein Ende machen werde. Er hat sich an Garangs Anhänger gewandt, indem er Friedensangebote an einige der Führer ergehen ließ und versprach, eine neue Verfassung in Kraft zu setzen, die dem Süden die Befreiung vom islamischen Gesetz gewähren würde. Der Sudan beschuldigt zunehmend seine Nachbarländer, sich zugunsten der Rebellen einzumischen. Die Beziehungen zwischen dem Sudan und Äthiopien haben sich verschlechtert, seitdem Äthiopien und Ägypten den Sudan beschuldigt haben, an einem Anschlag auf den ägyptischen Präsidenten Hosni Mubarak in der äthiopischen Hauptstadt Addis Abeba im Juni 1995 beteiligt gewesen zu sein. Der Sudan wies diese Verdächtigungen zurück.

Trauer und Beschämung:
Brutaler nordafrikanischer Sklavenhandel ignoriert und geleugnet

Artikel von Samuel Cotton in der *City Sun*, 22.-28. März 1995:

Am 4. März 1995 trafen sich Schwarzafrikaner aus den gesamten Vereinigten Staaten von Amerika an der Columbia-Universität. Mauretanier und Senegalesen aus Washington sowie Ugander und Sudanesen, die z. T. aus Ohio kamen, verbrachten zwei Tage miteinander, um über das Problem der Sklaverei zu sprechen — dieses »wilde Tier, das immer noch tief ins afrikanische Fleisch hineinbeißt«. Sie berieten über die rät-

230

selhafte Tatsache, dass sie in der Frage der Sklaverei praktisch keinerlei Unterstützung von afroamerikanischen geistlichen oder politischen Führungspersönlichkeiten erhalten.

Viele der betroffenen Afrikaner sind Christen, die von den expandierenden fundamentalistisch-islamischen Regierungen Mauretaniens und des Sudans verfolgt und mit dem Tode bedroht werden. Ihr Problem ist, dass sie sich einem Prozess der Islamisierung, der von ihnen die Verleugnung ihres christlichen Glaubens verlangt, nicht unterwerfen wollen. Doch diesen Afrikanern wird ein Gespräch mit afroamerikanischen christlichen Geistlichen verweigert, die es in einigen Fällen sogar vorziehen, mit den arabischen Sklavenhändlern zu dinieren.

Der schwarze Moslemführer Louis Farrakhan hat gute Beziehungen zum Sudan und macht ständig Besuche dort, wo in gleicher Weise schwarze Moslems und Christen als Sklaven verkauft werden. Diese sind bitter enttäuscht von schwarzen Führungspersönlichkeiten mit afrikanischen Namen, die in Häusern voller afrikanischer Statuen leben und in vollem afrikanischem Outfit durch die Straßen gehen, aber nicht bereit sind, ihre Stimme gegen die Sklaverei zu erheben. Ein Afrikaner sagte, dass die »Afroamerikaner an vorderster Front des internationalen Kampfes gegen die Apartheid« stünden. »Doch als Afrikaner, der sich auf dem Gebiet der Menschenrechte in Afrika engagiert, bin ich oft sehr niedergeschlagen. Es macht mich traurig, zu sehen, wie die Mehrheit der schwarzen Amerikaner entmutigt und davon abgehalten wird, über die Verletzung der Menschenrechte im Afrika südlich der Sahara zu sprechen.« So äußerte sich der Somalier Rakiya Omaar in der *Washington Post*. »Jedes Jahr besuchen Hunderte von Afroamerikanern die berühmte Insel Goree im Senegal, von der aus viele ihrer Vorfahren die schmerzliche Reise in die Sklaverei antraten. Doch nur etwas weiter nördlich von Goree gibt es Dörfer und Flüchtlingslager, die Tausenden von Schwarzen in großer Not Zuflucht gewähren. Sie sind fortgelaufen, um der Sklaverei zu entgehen — einige von ihnen erst vor etwa drei Monaten.«

Warum sprechen Afroamerikaner nicht über die Versklavung von Menschen in den Gebieten südlich der Sahara? Warum lehnt es das Büro Jesse Jacksons ab, eine Stellungnahme darüber abzugeben? Die afrikanische Anti-Sklaverei-Bewegung hat in den letzten Monaten wiederholt Dokumentationen und Material per Fax an Jackson gesandt. Doch anschließende Anrufe bei seiner Sekretärin Lisa Gibson erbrachten keine Antwort. Der Autor übermittelte auf die Bitte von Jeff Griffith, der zu Jesse Jacksons Mitarbeiterstab gehörte, die Dokumentation per Fax am 9. März 1995 an die »Regenbogenkoalition«. Das Fax kam an und Griffith sagte, dass »Jesse Jackson sehr beschäftigt« sei mit der Unterstützung von Minderheiten und wie alle anderen »sehr in Anspruch genommen« werde. Außerdem könne er »immer nur über ein Thema sprechen. Im Augenblick steht die Sklaverei nicht auf seinem Plan«. Dem Schreiber wurde jedoch gesagt, dass man sich am nächsten Tag um ein Statement bemühen werde.

Leider verstarb Griffith vorzeitig und das ganze Material ging angeblich verloren. Seine Vorgesetzte Stephanie Gadlin bat darum, dass der Autor ihr das Material noch einmal per Fax zusenden und später um eine Stellungnahme bitten möge. Frau Gadlin war der Ansicht, dass die Frage des Sklavenhandels durchaus für Jackson relevant sei, da auf seinem Terminkalender eine Reise in den Nahen Osten stehe. Die Stellungnahme wurde nie abgegeben.

Vor zwei Jahren, am 15. Juli 1993, schrieb der weiße Kongressabgeordnete Frank Wolf folgenden Brief an Benjamin Chavis, der zu dieser Zeit Geschäftsführer der NAACP war. »Vor kurzem erhielt ich vom Außenministerium die Kopie eines sehr beunruhigenden Telegramms. Es enthielt zuverlässige Informationen darüber, dass im Sudan Menschenrechtsverletzungen wie Entführungen, Sklavenhandel mit Deportationen von Frauen und Kindern aus dem Süd- und Zentralsudan dramatisch angewachsen seien, trotz allen Abstreitens und aller Phrasen sudanesischer Regierungsstellen. Ich hoffe, dass Sie gegen diese fortgesetzten Grausamkeiten, die dem sudanesischen Volk ein solches Maß an Not und Leiden gebracht haben, Stellung beziehen werden. Die Bemühungen der NAACP könnten über Leben und Tod von Millionen Menschen entscheiden.«

Chavis antwortete nicht und der Republikaner White schrieb am 19. August 1993 noch einmal an ihn. »Seitdem ich mich das letzte Mal an Sie gewandt habe, sind im Südsudan weitere Tausende Menschen umgekommen. Bitte, lassen Sie mich wissen, ob die NAACP gewillt ist, Schritte zu unternehmen. Bitte lassen Sie mich wissen, ob Sie sich persönlich der Sache annehmen wollen. Dies ist keine leichte Aufgabe, aber die vereinten Bemühungen vieler Amerikaner ... könnten den Erfolg haben, dass das Leben von Zehntausenden unschuldiger Menschen gerettet würde.« Auch auf diesen Brief kam keine Antwort ebensowenig wie auf eine ähnliche Bitte vom 19. August 1993 an Randall Robinson, den ersten Direktor von TransAfrica.

Ganz offenkundig sind weiße politische Führer und Aktivisten die Einzigen, die versuchen, den Sklavenhandel zu stoppen. Schwarze Führungspersönlichkeiten zeigen nicht das geringste ernsthafte Interesse daran, dem Kauf und Verkauf von Schwarzafrikanern ein Ende zu bereiten. Dieser Sklavenhandel ist in Kongresskreisen allgemein bekannt und es ist beschämend festzustellen, dass schwarze Führungspersönlichkeiten nicht einmal den Versuch gemacht haben, die afroamerikanische Öffentlichkeit über diese Frage aufzuklären. Damit bleibt eine Frage, die doch Grundlage aller Erfahrungen der Schwarzen in Amerika ist, offen.

Spielen die schwarzen Amerikaner nur »Afrikaner«, ohne echte Liebe zu Land und Leuten in Afrika zu empfinden? Könnte es sein, dass sich die Afroamerikaner in ein Phantasiebild von Afrika verliebt haben und kein echtes Verständnis für afrikanische Realitäten besitzen? Diese Fragen verlangen eine kritische Auseinandersetzung, damit die Afroamerikaner lernen, über ihren Tellerrand hinweg zuschauen und sich der Frage stellen, ob es noch eine echte Beziehung zwischen ihnen und den Afrikanern gibt. Die Anwesenheit der mauretanischen und sudanesischen Flüchtlinge in den USA könnte ein Sprung-brett für die Aufklärung über die afrikanischen Realitäten sein.

Afrikaner und Araber

Wenn Afroamerikaner sich für den gegenwärtigen Sklaven-handel interessieren und Unterstützung anbieten sollen, müs-sen sie zuerst ein philosophisches Problem lösen, nämlich Form und Inhalt gegeneinander abwägen: Das äußere Auftreten als Afrikaner, in Kleidung, Sprache und Redewendungen, müssen sie der Frage gegenüberstellen, ob sie Gefühle der Solidarität mit den Afrikanern und der afrikanischen Weltsicht aufbringen können.

Afrikaner und Afroamerikaner erkennen einen gemeinsa-men Ursprungsort an. Beide haben als menschliche Ware für den arabischen Sklavenmarkt gedient. Doch die schwarzen Amerikaner scheinen den Arabern vergeben zu haben, dass sie beim Sklavenhandel mitgemacht haben, während sie nach wie vor »die Füße der weißen Amerikaner und der Juden ins Feuer halten« wegen deren Beteiligung an der Sklaverei.

Schwarze geistliche und politische Führungspersönlich-keiten reisen in fundamentalistisch-islamische Länder, wo sie Verbindungen und Freundschaften pflegen. Und aus bestimm-ten Quellen verlautet, arabisches Geld finanziere eine Reihe von Lieblingsprojekten einiger schwarzer Politiker und religiö-ser Führer.

Wenn jetzt Mauretanier und Sudanesen Afroamerikaner um Hilfe bitten, wird es dann Menschen in den schwarzen Gemeinden geben, die zur Unterstützung bereit sind? Oder müssen die schwarzen Amerikaner erst einen gewaltigen Para-digmenwechsel vollziehen, bevor sie zu einer solchen Hilfe bereit sind? Die Antwort liegt in einer Überprüfung der Frage, wie die Araber die afrikanische Welt sehen und in den Proble-men, die sich daraus für die Afroamerikaner ergeben.

Eine afrikanische Perspektive

»Der Afrikaner möchte niemals etwas mit dem Araber zu tun haben, weil er ein Sklavenhändler ist und wir ihm diese Geschäfte niemals vergeben haben«, sagte Benedict Lagu, der zurückhaltende und freundliche Sohn des früheren Vizepräsidenten der Republik Sudan (1982-1985). »Der Araber wird immer versuchen, die Menschen zu versklaven, weil es zu seiner Kultur gehört. Der Araber ist immer auf Expansion aus und wird niemals nur mit dem Norden des Sudan zufrieden sein. In Wirklichkeit wird er nicht eher zufrieden sein, als bis sich die ganze Welt dem Islam beugt. Das ist die Einstellung der gesamten arabischen Welt. Sie kämpfen alle gegen den Südsudan, sie geben alle Gelder in den Nordsudan, Iran, Irak, Syrien, Libyen und Ägypten – die ganze arabische Welt ist sich darin einig. Sie unterstützt die sudanesische Regierung, damit diese den Süden niederzwingen kann. Sie will den ganzen Süden versklaven und seine Ressourcen ausbeuten. Über den südlichen Sudan hinaus können sie weiter nach Afrika vordringen. Dieses Land ist das Tor zu ganz Afrika.«

Simon Deng, der Sekretär des Informationszentrums der südsudanesischen Gemeinde in Amerika, erklärt dazu: »Für den Araber ist der Afrikaner dazu geboren, Sklave zu sein. Es spielt keine Rolle, dass einige von ihnen die gleiche Hautfarbe haben wie sie – um Hautfarbe geht es hier nicht – sie sehen sich selbst eben als Araber an. Das ist die Einstellung und der Glaube dieser Menschen, und das schließt zwei verschiedene Faktoren ein – Rasse und Religion. Sie denken, alle Südsudanesen seien als Sklaven geboren. Wenn sie dich anschauen sagen sie ›abid‹ – was so viel wie Sklave bedeutet. Weil du kein Moslem und schwarz bist, kannst du nur ein Sklave sein. Arabische Völker werden nicht als zu Afrika gehörig angesehen. Auch Ägypten nicht, weil es das Mutterland der Araber ist.«

Die von Deng dargestellte Perspektive, die Feindschaft zwischen Arabern und Schwarzafrikanern und das Glaubenssystem, wonach Schwarzafrikaner minderwertig sind und dazu

235

geboren wurden, Arabern zu dienen, scheint von historischen Erzählungen gestützt zu werden. Aus der Geschichte wissen wir, dass Araber, Engländer, Portugiesen, Holländer, Spanier, Afrikaner, Katholiken und Juden irgendwann am Sklavenhandel beteiligt waren. Auch Amerikaner haben dabei eine Rolle gespielt. »Alle fünf der zivilisierten, so genannten ›indianischen Staaten‹ der USA waren Eigentümer von schwarzen Sklaven und Sklavenhändler«, sagt Claude Anderson, Verfasser von »Black Labour, White Wealth«. »Schlimmer noch, alle diese ›indianischen Staaten‹ unterstützten den Süden und kämpften auf seiner Seite im Bürgerkrieg, weil sie befürchteten, ihre schwarzen Sklaven zu verlieren.«

Das sind historische Fakten, die zur afrikanischen Vergangenheit gehören und nicht mehr geändert werden können. Doch die Beziehung des arabischen Sklavenhändlers zu dem schwarzafrikanischen Sklaven überdauert alle Zeiten. Arabische Moslems gehörten zu »den ersten und ältesten religiösen Sklavenhaltern Schwarzafrikas«, sagt Anderson. »Sie begannen gewöhnlich mit kriegerischen Einfällen in Ost- und Westafrika um 700 n. Chr. Um 1000 n. Chr. verbanden die Moslems bereits ihren Handel mit der Ausbreitung des islamischen Glaubens in Dörfern und Städten der Schwarzafrikaner. Die Moslems des Mittelalters betrachteten die Schwarzafrikaner als primitive Völker, die nur zur Versklavung geeignet waren.«

»Die Moslems des Nahen Ostens haben in den vergangenen 1000 Jahren pro Jahrhundert mindestens eine Million Schwarzafrikaner versklavt und auf nordafrikanischen Sklavenmärkten verkauft«, stellt David Brian Davis in »Slavery and Human Progress« fest. Diese Praxis bedeutet nicht weniger als zehn Millionen Schwarze, die durch eine einzige Gruppe von Menschen versklavt und ausgebeutet wurden. Ironischerweise konvertierten die meisten schwarzafrikanischen Länder im 14. Jahrhundert zum islamischen Glauben. Die anhaltende Versklavung der Schwarzen durch Araber muss deshalb eine andere Ursache haben als den religiösen Hintergrund der Schwarzen.

Was sind die Faktoren? Im Falle der heutigen Mauretanier und Sudanesen hat die Versklavung nichts mit der Förderung des Islam zu tun. Das wird aus der Tatsache klar, dass nach islamischem Gesetz Sklaven, die in einem heiligen Krieg gewonnen wurden, nach ihrer Bekehrung freigelassen werden müssen. Das ist aber in Mauretanien und im Sudan nicht geschehen. Die Schwarzen blieben auch nach ihrer »Bekehrung« Sklaven. Die Versklavung der schwarzen Afrikaner ist daher Ausdruck eines alten rassistischen Glaubenssystems, welches besagt, dass Schwarzafrikaner dazu geboren würden, Sklaven der Araber zu sein.

»Da die Hautfarbe der entscheidende Faktor bei der Sklaverei war (und ist), war es wichtig, zu definieren, wer zur schwarzen Rasse gehörte und wer nicht. Mauren wurden nicht als Schwarze betrachtet. Im Nordwesten Afrikas wurden die Nachkommen von Schwarzen, weißen Berbern und Arabern als Mauren bezeichnet ... Wenige identifizierten sich mit den westafrikanischen Schwarzen, die südlich der Sahara lebten«, sagt Anderson. »Doch die wenigen Mauren, die wirklich Schwarze waren, stießen mit Hilfe einiger zum Islam Bekehrter das Tor zu den natürlichen und menschlichen Ressourcen weit auf ...«

»Mit schwarzen Mauren und islamischen Konvertiten begannen die Araber Afrika zu durchdringen. Häufig übten sie religiösen Druck aus, und ständig schürten sie heilige Kriege, durch die die großen westafrikanischen Reiche geschwächt wurden«, fasst Claude Anderson zusammen. »Die Araber bezeichneten die Schwarzafrikaner als Heiden. Dann setzten sie diese unter Druck, ihre eigene westafrikanische Kultur und die Ausübung der von ihren Vorfahren überkommenen Bräuche zu verleugnen und stattdessen die arabische Kultur auf der Basis der islamischen Religion anzunehmen. Diese kulturelle und religiöse ›Bekehrung‹ untergrub das afrikanische Erbe und das umfassende Empfinden einer Gemeinschaft der Schwarzen. Zudem gab die religiöse Hinwendung der Einheimischen zum islamischen Glauben den Arabern nahezu unbeschränkten Zugang zu den westafrikanischen Gesellschaften und ihrem Reichtum.« Diese Einstellung der Araber zu Afrika und den schwarzen Afrikanern hat sich bis heute nicht geändert, und gegen dieses Paradigma kämpfen Mauren und Sudanesen.

Araber und Afroamerikaner

Die Aussage von Benedict Lagus, dass Afrikaner niemals etwas mit Arabern zu tun haben wollten, erfordert noch eine weitere Erklärung. Es gibt durchaus Afrikaner, die Beziehungen zu den Arabern wollen. Es sind schwarze Führungspersönlichkeiten, afrikanische Stammeshäuptlinge. »Westafrikanische Stammesfürsten haben eine lange Geschichte der Auslieferung von Sklaven an arabische Händler. Schließlich dehnten sie ihre Geschäfte auch auf europäische Händler aus«, erklärt Anderson. »Die arabischen und europäischen Händler kamen zu der Überzeugung: Wenn Stammeshäuptlinge Sklaven beschafften, würde der Handel einträglicher werden, und sie hatten keinen Grund, Vergeltungsmaßnahmen von irgendwelchen schwarzen Völkern zu befürchten. Eine Welle des Sklavenhandels im großen Stil setzte ein, und laut einem Artikel in der *Washington Post* waren Araber noch 1993 an diesem Geschäft beteiligt.«

Arabische Expansionisten arbeiten mit diesem jahrhundertealten Weltbild — dass Schwarze primitive Trottel sind, die ihre Landsleute für ein paar billige Schmuckstücke verkaufen, während sie selbst echtes Gold verdienen — und manipulieren Führer afroamerikanischer Gemeinden durch große materielle Vorteile. In einem Fall spielte sich Folgendes ab: Ein sudanesischer Gelehrter, Dr. Augustine A. Lado, ist akademischer Assistent im Fachbereich »Management und Arbeitsverhältnisse« an der staatlichen Universität von Cleveland. Lado ist außerdem Präsident der »Pax Sudani«, einer Organisation von Sudanesen und Menschenrechtsaktivisten, die sich gegen Sklaverei und andere schlimme Gräueltaten engagieren, welche im heutigen Sudan gegen Afrikaner begangen werden. In Afrika riskierte Lado mehrfach sein Leben, wenn er sich gegen die Vormachtstellung der Araber und die Islamisierung der Bevölkerung wandte. In Amerika begann er, Hilfe bei christlichen Kirchen in Cleveland zu suchen.

»Ich nahm Kontakt mit der Baptistengemeinde Good Shepherd in Cleveland auf und bat darum, an einem Mittwochabend in der Gemeinde sprechen zu dürfen, um sie darüber zu informieren, was Christen im Sudan erleben. Doch als wir dort ankamen, war man gar nicht auf uns eingestellt. Die Gemeindeleiter waren nicht da, und man zeigte uns die kalte Schulter — bis wir schließlich wieder gingen«, erklärte Lado.

»Kurz danach hörte ich, dass ein Reverend Sterling Glover, Pastor der baptistischen Emmanuel-Gemeinde und Vorsitzender der Cleveland Cuyahoga Port Authority, eine sudanesische Delegation eingeladen hatte. Sie wurde angeführt von Dr. Ali Al-Hadsch und Mirghani Mohamed Salih von der sudanesischen Botschaft in Washington. Dr. Ali Al-Hadsch war der islamische Geistliche in der Dienststelle der US-Bundesregierung und Mirghani Mohamed Salih der stellvertretende Chef der Mission.«

Das Treffen sollte der Errichtung einer Geschäftsverbindung zwischen einem Unternehmen in Cleveland und der afroamerikanischen Geschäftswelt dienen. Lado berichtete, als »Pax Sudani« gedroht habe, das Frühstück zu blockieren, seien drei Mitglieder der Organisation zum Sprechen zugelassen worden. Doch bei der Ankunft sei ihnen dann der Zutritt verweigert worden. Wieder kam es nicht zu einem Kontakt zwischen afrikanischen Christen und afroamerikanischen christlichen Geistlichen. Doch die Beziehung zwischen Dr. Ali Al-Hadsch und Reverend Glover war durchaus solide und intakt.

Der *Plain Dealer*, die größte Zeitung Clevelands, kommentierte am Donnerstag, dem 15. Dezember 1994, die Beziehung zwischen den schwarzen christlichen Geistlichen und dem Sudan. »Die große Cleveland-Internationale-Handels-Allianz gibt heute im Ritz-Carlton-Hotel ein Essen. Wer zu diesem Treffen gehen will, sollte ein paar wohlbekannte Fakten in Betracht ziehen, was das Land betrifft, dem sie da ihre Aufwartung machen«, erklärte die Redaktion. »Das heute im Sudan herrschende Regime kam 1989 an die Macht, nachdem es die gewählte demokratische Regierung gestürzt hatte. Es hat dann versucht, das strenge islamische Gesetz allen Sudanesen aufzuerlegen, unabhängig davon, welcher Religion sie angehören … Die sudanesische Regierung verfolgt nicht nur Christen und Animisten, sondern auch Moslems, die die strengen Gebote nicht befolgen … Menschenrechtsorganisationen haben berichtet, dass sich die Regierung an Massakern, Entführungen und am Transport und Verkauf ihrer Gefangenen – einschließlich von Kindern – in die Sklaverei beteiligt.« Reverend Glover antwortete auf den Artikel, dass er »alle Anklagen gegen den Sudan vor seiner ersten Reise dorthin gekannt« habe. Er behauptet, keine der Grausamkeiten, die dem Regime vorgeworfen würden, habe jemals bewiesen werden können. Ein Waffenstillstand habe den Krieg beendet und Wahlen hätten stattgefunden. »Ich weiß, dass meine Bemühungen rechtmäßig und in Ordnung sind.« Soweit der Bericht des *Plain Dealer*.

Die Antworten von Reverend Glover kommen mit den gleichen faulen Entschuldigungen, die viele afroamerikanische Führer gebrauchen, wenn sie die schwarzafrikanischen Sklaven übersehen und mit den arabischen Sklavenhändlern Geschäfte machen wollen. Ein Journalist, der diese Vorfälle beobachtete, stellte fest: »Es sieht so aus, als ob Glover seine Behauptungen nicht aufrecht erhalten kann. Ebenso schnell, wie die kriegführenden Parteien einen Waffenstillstand beschlossen haben, wurde dieser auch wieder gebrochen. Wenn Wahlen abgehalten wurden, ist es kaum glaubhaft, dass ein Regime, das sich so sehr bemüht hatte, seine Gegner zu unterdrücken, jetzt plötzlich freie und faire Wahlen akzeptiert hat.«

Glover ist dreimal im Sudan gewesen, zwei der Reisen bezahlte die sudanesische Regierung, die dritte wurde mit Steuergeldern der Stadt Cleveland finanziert. Dr. Lado hatte Zugang zu den Unterlagen, die die Kosten für die dritte Reise aufschlüsseln. Glover wohnte während seines Aufenthaltes im Hilton-Hotel (mit Klimaanlage) und wurde von der sudanesischen Regierung davon überzeugt, dass es keinen Sklaven-handel im Land gibt.

Das Ergebnis dieses Besuches, bei dem sich Glover in der Rolle eines Staatsmanns gefiel, war tragischer Natur. Glover kehrte in die USA zurück und brachte die »sudanesischen Men-schenrechtsaktivisten« in Cleveland in Misskredit, indem er die Aussage machte, dass es im Sudan weder Sklavenhandel noch andere Grausamkeiten gebe. Daraus folgte eine noch größere Entfremdung der Afrikaner von der schwarzen christlichen Gemeinde. Und wieder hatten die sudanesischen islamischen Fundamentalisten eine Antisklaverei-Bewegung in Cleveland zerschlagen und freie Bahn für ihr Tun erhalten. Vergewal-tigungen, Plünderungen und das Versklaven der schwarzen Afrikaner konnten ohne Proteste des schwarzen Amerika fort-gesetzt werden.

Diese Taktik ist im Nahen Osten allgemein bekannt, wo Minderheiten unter dem Druck islamischer Fundamentalisten zu leiden haben. »Die Führung des Komitees für einen freien Nahen Osten, ein Zusammenschluss von nicht-arabischen, nicht-moslemischen Staatsangehörigen im Nahen Osten und in Nordafrika, beobachtet die Situation in Mauretanien und im Sudan genau«, erklärte Nadschib Khuri, ein libanesischer Christ. Besonders im Sudan gibt es gezielte Bemühungen, Fak-ten im Zusammenhang mit der Realität des Sklavenhandels zu unterdrücken. »Es ist das peinlichste dunkle Geheimnis der ara-bischen Welt, und seine Aufdeckung im Westen, besonders in der afroamerikanischen Gemeinde, hätte einen verheerenden Einfluss auf die von Öldollars finanzierte Strategie der Araber. Ein Großteil dieser Strategie besteht darin, durch Täuschung und Manipulation afroamerikanische Unterstützung für die Arabisierung und Islamisierung Afrikas und des ganzen Nahen Ostens zu erreichen.«

Demographische Gegebenheiten und der moderne Sklavenhandel

Zweiter Artikel einer Serie von Samuel Cotton in der *City Sun* vom 29. März bis 4. April 1995:

[...] Gaspar Biro, ein von der UNO beauftragter Menschenrechtsbeobachter, berichtet: »Entführungen von Kindern und Frauen ... werden routinemäßig durchgeführt ... Frauen und Kinder werden in Speziallagern festgehalten, wo Leute aus dem Norden oder aus dem Ausland kommen und sie für Geld oder Waren – zum Beispiel Kamele – kaufen. Junge Mädchen und Frauen werden als Haushaltshilfen gekauft oder manchmal auch als Ehefrauen. Von den Jungen heißt es, dass sie als Diener Verwendung finden.« Wie kam es, dass Biro entdeckte, was dem Reverend Sterling Glover, Pastor der baptistischen Emmanuel-Gemeinde und Vorsitzender der Cleveland Cuyahoga County Port Authority, entging? Der Grund: Er ist ein geschulter und erfahrener Beobachter der Vereinten Nationen und besuchte den Sudan nicht wegen einer Verabredung zum Essen. Biro hatte das unterdrückerische System des rumänischen Diktators Nikolae Ceausescu erlebt und wusste, wie Regierungen ihr Tun zu verschleiern suchen. »Ich habe immer mit einem Fuß im Gefängnis gestanden. Ich weiß sehr gut, wie totalitäre Regierungen vorgehen, um Tatsachen zu verbergen«, sagt Biro. »Ich denke, dass die Sudanesen diesen Umstand vielleicht übersehen haben, als sie mich ins Land hineinließen.« (*Washington Post* vom 26.03.1994.)

Mauretanien – wo Sklaverei zum Leben gehört

In Mauretanien wird der moderne Sklavenhandel vorsichtig und differenziert gehandhabt. Selbst wenn jemand ernsthaft nach Sklavenmärkten sucht, bleibt es eine schwierige Aufgabe, sie zu finden. Interviews mit Afroamerikanern haben ergeben, dass sie beim Gedanken an Sklavenhandel noch die Vorstellung von Viehmärkten haben, wie man sie im 18. Jahrhundert vielleicht in South Carolina gefunden hat — die jeden Tag um eine bestimmte Stunde geöffnet und wieder zu bestimmter Zeit geschlossen wurden. Die Sklavenmärkte in Mauretanien sind gewöhnlich äußerst mobil und passen sich der Situation an. Diskussionen, die sich auf Kauf und Verkauf beziehen, werden nur verschlüsselt geführt.

Die Sklaverei hat in Mauretanien jahrhundertelang zum Leben gehört. »Es gibt Zehntausende schwarzer Sklaven, die den Reichtum ihrer Herren bilden, gänzlich deren Willen unterworfen sind und viele Stunden ohne Entlohnung arbeiten. Sie haben keinerlei Möglichkeit zur Ausbildung und keine Freiheit zu heiraten oder sich mit anderen Schwarzen zu treffen und zusammenzuschließen«, sagt Africa Watch. »Sie entkommen der Sklaverei niemals, indem sie ihr ›Recht‹ in Anspruch nehmen, sondern nur durch Flucht.«

Für Skeptiker sind Zahlen von Bedeutung. Der Sklavenhandel geht bis ins 14. Jahrhundert zurück und dauerte offiziell »bis zum 5. Juli 1980, als die Regierung von Präsident Mohamed Khouna Ould Haidallah ein Dekret erließ, das zum dritten Mal in der mauretanischen Geschichte die Sklaverei verbot« — so Africa Watch. »Das Verbot war im wesentlichen ein Akt der Rücksichtnahme auf das öffentliche Ansehen und wurde durch außenpolitische Erwägungen ausgelöst. Niemals war es als ein kalkulierter politischer Akt gedacht, der das Ziel gehabt hätte, die uralte Praxis der Sklaverei auszurotten.« Die Notwendigkeit zu erklären, dass sie die Sklaverei zu drei verschiedenen Zeitpunkten verboten wurde, sollte afroamerikanischen Führern, die diese Information immer noch nicht ernst nehmen, eigentlich klar machen, dass die Sklaverei bis vor kurzem noch existierte und auch heute noch da ist.

Die Gruppe »El Hor«, die gegründet wurde, um die Interessen von Sklaven und ehemaligen Sklaven zu vertreten, brachte die Angelegenheit vor eine der führenden Persönlichkeiten Mauretaniens. »Es war der umstrittene Verkauf der Sklavin Mbarka in Atar, durch den diese schwelende Krise im Februar 1980 vor die Behörden kam«, berichtet *Africa Watch*. »An sich war nichts Ungewöhnliches an solchen Verkäufen. Was diesen Fall von anderen unterschied, war die Tatsache, dass hier ein gebildeter ehemaliger Sklave, Leutnant Barak Ould Barek, die zum Verkauf angebotene Sklavin heiraten wollte. Da sie offensichtlich besonders schön war, dachte ihr Herr, sie für viel Geld auf dem offenen Markt zu verkaufen.«

»Auf dem Marktplatz kämpften zwei ›beydanes‹ (in dem arabischen Dialekt Hassaniya bedeutet das ›Weiße‹) um sie und der Fall erregte nationale Aufmerksamkeit … Das führte zu organisierten Demonstrationen in Nouakchott, Rosso, Nouadhibou und anderen Städten … Die Regierung antwortete darauf mit Unterdrückung und Folter. ›El Hor‹ existiert heute noch, hat aber keinen wesentlichen politischen Einfluss mehr … Aktive Mitglieder wagen nicht, sich in der Öffentlichkeit zu treffen oder ihre Angelegenheiten öffentlich zu diskutieren aus Furcht vor gewalttätigen Vergeltungsmaßnahmen. Wenn die Sklaverei wirklich überholt wäre, wäre kaum zu verstehen, warum eine Organisation, die zum Ziel hat, die Lebensbedingungen ehemaliger Sklaven zu verbessern, gezwungen ist, im Untergrund zu arbeiten.«

Diese historischen Vorfälle führten zu einem Wandel in der Art und Weise, wie der Sklavenhandel ausgeübt wird. »Sklaven werden immer noch gekauft und verkauft, aber mit dem Unterschied, dass dies unter Ausschluss der Öffentlichkeit geschieht, die man früher als so unangenehm erlebt hat«, sagte ein schwarzer Sozialarbeiter, der im Gesundheitswesen tätig war und 1989 ins Exil geschickt wurde, gegenüber Africa Watch. »Heute treffen bestimmte Stämme diskrete Abmachungen untereinander. Ein Sklave wird dann für irgendetwas anderes eingetauscht.«

Moustapha ist 28 Jahre alt und ein kürzlich entflohener Sklave. Er wurde am 1. Juni 1990 im Tal des Senegalflusses von Africa Watch interviewt. »Nur die sprachliche Formulierung hat sich geändert«, sagte er. »Die Leute zögern heute etwas mehr, das Wort ›Sklave‹ zu benutzen, außer im Zorn oder als Beleidigung. Je nach der Region gibt es verschiedene Arten, die Sache zu beschönigen, besonders in den Städten. Manchmal kann man die Bezeichnung ›mein Schüler‹ hören. Jeder Mauretanier weiß, wann das Wort für einen Sklaven gebraucht wird, und wann es sich wirklich auf den Angehörigen irgendeiner Schule bezieht. Dann gibt es da die so genannten ›Geschenke‹. Ich möchte den Fall einer jungen Frau mit einem Kind schildern. Das Kind war gerade acht Monate alt und wurde einem Vettern des Herrn als ›Geschenk‹ übergeben – auf Lebenszeit. Man kam überein, dass das Kind seinem neuen Eigentümer erst dann zugestellt werden sollte, wenn die Mutter es nicht mehr stillen würde. Andere sprechen von ihren ›Hausangestellten‹ – das heißt Menschen, die ihnen 24 Stunden am Tag ohne Entlohnung zur Verfügung stehen und keinerlei Rechte haben. Die Familie ihrer ›Herren‹ behandelt sie, wie sie von jeher ihre Sklaven behandelt hat. Und sie sehen sich auch selbst als Sklaven an, weil ihnen niemand je etwas anderes gesagt hat.«

Daher rühren die Schwierigkeiten, den Sklavenhandel in Mauretanien aufzuspüren. Daher kann man Nordafrikaner zu den zweifelnden Afroamerikanern sagen hören: »Komm mit mir und ich werde dir zeigen, wie es gemacht wird. Ich werde dich dahin mitnehmen, wo es geschieht. Sag der Regierung, sie möge mir freie Hand lassen, dich dort hinzuführen, wohin ich dich bringen will.« So äußerte sich Sabit Alley, der Bezirksleiter für die südsudanesische Gemeinde in Amerika: »Ich werde es dir beweisen, falls die sudanesische Regierung uns durch den Sudan fahren lässt, ohne uns zu behindern.«

Was den Sudan zerstört:
Hunger und Schwert

Den Sklavenhandel im Sudan, dem größten Land Afrikas, aufzuspüren, bringt einiges an Problemen mit sich. Untersuchungen müssen in kriegerischen Zonen durchgeführt werden, inmitten heftiger Kämpfe zwischen dem arabischen (überwiegend islamischen) Norden und dem schwarzen (überwiegend christlichen) Süden. In dieser Atmosphäre des Todes und des Krieges, weit entfernt von den klimatisierten Räumen des Hilton-Hotels, muss ein geschulter Beobachter hinter dem Sklavenhandel her sein. Im Rauch und Staub der Schlachtfelder kann man sehen, dass über fünf Millionen Südsudanesen, meist Christen, aus ihren Wohnstätten vertrieben wurden. Weitere zwei Millionen sind tot — durch Hunger und Schwert umgekommen.

Anders als einige afroamerikanische Führungspersönlichkeiten, die ihre Zeit mit Verbrüderungsgesten und bei Diners an den Tischen der sudanesischen Regierung verbringen, begab sich ein weißer Kongressabgeordneter, der US-Republikaner Frank R. Wolf aus dem 10. Distrikt Virginias, in die Hölle des Südsudan, um die Notlage der schwarzen Afrikaner zu untersuchen. Als Ergebnis dieser Reise schrieb Wolf dem früheren Geschäftsführer der NAACP Benjamin Chavais am 15. Juli 1993 einen Brief: »Im Februar dieses Jahres besuchte ich den Südsudan — es war meine dritte Reise in den Sudan seit 1988. Was ich bei diesem letzten Unternehmen vorfand — den Hunger, die Krankheiten, das willkürliche Bombardement durch Regierungstruppen, die äußerste Hoffnungslosigkeit — war schlimmer als alles, was ich in Äthiopien, in Somalia oder sonstwo in der Welt je gesehen habe. Allein etwa 500 000 Menschen sind im letzten Jahrzehnt umgekommen. Gerade jetzt sind vier Millionen Menschen im Sudan vom Tode bedroht.«

»Da sie außerhalb der Reichweite der internationalen Gemeinschaft operiert, hat die Regierung freie Hand, gegen alle nichtislamischen Einwohner des Südens das zu unternehmen, was man weithin als Völkermord bezeichnet«, berichtet der *Bay State Banner*. »Die Versklavung der Bewohner des Südens ist ein wesentlicher Bestandteil der unterdrückerischen Maßnahmen des Nordens«, erklärt der Sudanexperte Robert Collins. »Es ist wie im Wilden Westen«, sagt er und beschreibt den Vorgang, der sich bei der Gefangennahme von Sklaven abspielt. »Man fährt mit seinen Freunden irgendwohin, veranstaltet in einem Dorf eine wilde Schießerei und macht Gefangene. Frauen und Kinder werden zu Sklaven bestimmt. Männer, denen es nicht gelingt zu fliehen, werden im Allgemeinen erschossen.«

Darius Hakim, ein katholischer Priester und Angehöriger des Stammes der Latuho, der an der Grenze zwischen Uganda und dem Sudan lebt, gibt die Aussage eines Sudanesen wieder, der sein Leben riskierte, um auf seine Notlage aufmerksam zu machen: »Gefangennahme von und Handel mit Kindern ist immer noch gang und gäbe, besonders in den südlichen Provinzen Kordofan und Darfur. Verursacht wird dies durch die Massenvertreibung der Menschen, die im Verlauf von bewaffneten Zusammenstößen und im Zusammenhang mit der ›ethnischen Säuberung‹ aus ihren Wohngebieten herausgerissen werden. Begünstigt wird das Geschehen außerdem durch die Beschaffenheit des Landes mit seinen weiten Savannen und Buschgebieten, wo man tagelang unterwegs sein kann, ohne einem einzigen Menschen zu begegnen.«

Dies ist das Land der Rizeigat, Massiria und Baggara — arabischer Stammesgruppen. Sie sind mit Begeisterung und religiösem Eifer dem Aufruf zum Dschihad gefolgt, zum heiligen Krieg, der ihnen volle Freiheit gibt, mit den Ungläubigen nach Belieben zu verfahren. Doch meist trieb sie ihr Wunsch nach dem Besitz von Waffen, nach Raub und Plünderung und der Befriedigung ihrer niedrigsten Instinkte. Frauen, Mädchen und Kinder sind ohne Schutz, zum Vergnügen und zur Bereicherung da … Die Zeit der langen, in Ketten nach Norden marschierenden Sklavenzüge ist vorbei. Jetzt kann man LKWs voller Kinder in gleicher, gewohnter Richtung verschwinden sehen.

Überfälle auf schwarze Dörfer im Süden, die mit Planier-
raupen dem Erdboden gleichgemacht werden, sind das Leit-
motiv des Sklavenhandels. Tausende von Männern, Frauen und
Kindern werden einfach irgendwo in die Landschaft getrieben
und willkürlich getötet, vergewaltigt und versklavt. Die Natur
dieser Aktivitäten bedingt, dass der Sklavenmarkt manchmal
konkret in Erscheinung tritt und manchmal nicht. Die Trans-
aktionen finden in der Stille zwischen Verwandten statt, wenn
die arabische Miliz mit ihrer Kriegsbeute an Sklaven zurück-
kehrt.

Das ist der rauhe und blutige Pfad, den afroamerikanische
Führer beschreiten müssen, wenn sie ernsthaft daran interessiert sind, dem schwer zu fassenden Sklavenhandel auf die Spur
zu kommen und wenn sie mit reinem Gewissen heimkehren
wollen. Das ist der Weg, auf den die afroamerikanische
Gemeinde ihre Führer schicken muss, bevor sie ihre Berichte
akzeptiert und den Afrikanern den Rücken zukehrt.

Sklaverei: eine kritische Frage an die Führung der Schwarzamerikaner

Dritter Artikel aus einer Serie von Samuel Cotton vom 5. bis
11. April 1995 in der *City Sun*:

Die Frage nach dem mobilen Sklavenhandel, der systema-
tischen Vergewaltigung und dem Mord an afrikanischen Menschen wird im Dialog der schwarzen Gemeinde zunehmend
gehört. Ein solcher Dialog zeigt allerdings nur ein Potenzial
oder eine Widerstandsbewegung in der Sklavenfrage an, bedeutet jedoch keine Vorhersage. Wie die afroamerikanische
Gemeinde in dieser Frage Stellung bezieht (oder es nicht tut),
wie sie sich engagiert (oder nicht engagiert), wird uns für diese
Nation und für die Welt als ein Volk erscheinen lassen. Es wird
sich erweisen, ob die schrillen schwarzen Stimmen des sozialen
Protestes, die man häufig in den nationalen Vorträgen und
Gesprächen zu hören bekommt, das Ergebnis einer mora-

lischen Vision auf breiter Basis oder nur jammerndem Eigeninteresse entsprungen sind — ob unser Zähneknirschen über die soziale Ungerechtigkeit bloß ein leeres Geräusch ist, das ein Volk verursacht, dessen praktische Moral eindeutig nicht in gleicher Weise für alle gilt, oder viel mehr.

Diejenigen, die in der schwarzen Gemeinde behaupten, sich mit Afrika zu identifizieren, sind nicht in der Lage, sich zu erheben und den historischen Augenblick zu erfassen, ohne den Zugang zu genauen Informationen zu haben und diese entsprechend zu verarbeiten. Es wäre gut, wenn die schwarzen Gemeinden Führerpersönlichkeiten hätten, die sich mit der Frage der Sklaverei befassen würden. Doch leider haben sie das nicht. Afroamerikanische Führer verstecken sich unter ihrem Bett, bis das »Feuergefecht« um die Sklaverei an ihnen vorübergezogen ist.

Diese schändliche, feige und egoistische Haltung zeigt sich auch in Afrika. »Warum haben afrikanische regionale oder auch kontinentale Organisationen die Sklaverei nicht entlarvt und angegriffen?«, ist die scharfe Erwiderung von William Pleasant vom *Daily Challenge* in der Ausgabe vom 30. März 1995. Pleasant bringt die Sache auf den Punkt, wenn er sagt: »Es wäre sinnvoll gewesen, wenn die Organisation für Afrikanische Einheit (OAU) die Klage gegen solche barbarische Praktiken in ihrem eigenen Hinterhof erhoben hätte. Aber die OAU schweigt.«

Pleasant beobachtet scharfsinnig, dass »in den achtziger Jahren schwarze Politiker, Aktivisten und Berühmtheiten einander auf die Füße traten, wenn es darum ging, als Verhaftete in der US-Botschaft Südafrikas photographiert zu werden. Es wurde geradezu eine Mode. Die Apartheid musste in Südafrika verschwinden und tat es auch. Nicht das kleinste Dankeschön für die einheimische schwarze Gemeinde dieses Landes blieb übrig.«

Wenn die afroamerikanischen Führungskräfte sich nicht mit der Frage befassen wollen, bis sie populär ist, wird die Information der einheimischen schwarzen Gemeinde der schwarzen

Presse zufallen. Das Problem ist dabei nur, dass diese ebenfalls suspekt ist.

»Zur Zeit reist eine Gruppe schwarzamerikanischer Journalisten als Gäste der Regierung — das heißt, der moslemisch-arabischen Clique, die verantwortlich ist für den Mord an Hunderttausenden ihrer eigenen Landsleute, besonders von Nicht-Moslems und Schwarzen — durch den Sudan. Die Nation des islamischen Ministers Akbar Muhammad ist für derartige Pressedienstreisen verantwortlich und sollte auch Samuel Cottons Anklagen widerlegen«, sagt Pleasant (*Daily Challenge*, 30.3.), der eine Reihe dieser »Vorzeigereisen« in afrikanischen Ländern selbst miterlebt hat. »Zweifellos werden diese schwarzamerikanischen Weisen nach Hause fahren und glühende Berichte über den Sudan schreiben und in den Medien verbreiten. Das tun alle Journalisten, die wieder vom Sudan eingeladen werden wollen.«

Pleasant wird von einem anderen schwarzen Journalisten, Keith Richberg, unterstützt: »Bist du zuerst ein Schwarzer oder bist du zuerst Journalist? Diese Frage bringt in knapper Form das Dilemma zum Ausdruck, mit dem sich fast jeder schwarze Journalist konfrontiert sieht, der für die ›politisch korrekte‹ (weiße) Presse arbeitet. Soll man genau und kritisch über das, was man sieht und hört, berichten und schreiben? Oder ist anzunehmen, dass man irgendein schwarzes Interesse vertritt, wenn man schwarzamerikanische Führungspersönlichkeiten davor bewahrt, genauer unter die Lupe genommen zu werden, weil sie schwarze Völker und Probleme der Schwarzen unterschiedlich behandeln.« (*Washington Post Magazine*, 26.3.)

Es gibt ganz realen Druck und reale Gefahren für schwarze Journalisten, die die Wahrheit sagen. Das gilt vor allem für jeden schwarzen Autor, der es vermeidet, intellektuellen Inzest mit schwarzen Lesern zu begehen. Keith stellt sehr ernste Fragen, und »viele dieser Fragen treffen den Kern der Debatte, die vor einem Jahrzehnt von meinem Post-Kollegen Milton Coleman angefacht wurde, als er darüber berichtete, dass Jesse Jackson sich abfällig über Juden geäußert hatte.«

Coleman wurde beschuldigt, Material benutzt zu haben, das bereits zurückgezogen worden sei. Schlimmer noch: ihm wurde vorgeworfen, dass er seine Rasse verraten habe. Weil er ein unbestechlicher Journalist war, zog er sich den Zorn eines großen Teils der schwarzen Gemeinschaft zu und bekam von den Anhängern Louis Farrakhans sogar versteckte Drohungen zu hören.

Mit »Dienstreisen« läuft alles besser

Ist es Verrat an den Afroamerikanern, wenn man ihnen die Wahrheit sagt? »Im vergangenen März begegnete ich in der sudanesischen Hauptstadt Khartum einer großen Gruppe von schwarzen Amerikanern, die sich ebenfalls im Hilton-Hotel aufhielten«, erzählt Keith. »Sie waren unterwegs, um Tatsachen nachzuspüren und wurden von der sudanesischen Regierung äußerst zuvorkommend behandelt. Einige der Männer hatten sich ganz ihren Gastgebern angepasst und trugen teilweise sogar deren Kleidung, lange weiße sudanesische Roben und Turbane. Manche der Frauen hatten sich mit den Schals der Moslemfrauen verhüllt. Der US-Botschafter in Khartum lud die Gruppe in sein Haus und am nächsten Tag berichtete die von der Regierung kontrollierte Tageszeitung in einem Leitartikel darüber, wie die Gruppe den Botschafter heftig wegen der US-Politik gegenüber dem Sudan kritisiert hatte. Offensichtlich hatten einige ihrer Mitglieder dem Botschafter Vorwürfe gemacht, dass es unfair sei, die Regierung in Khartum als Geldgeber von Terroristen und als eine der gewalttätigsten und unterdrückerischsten der ganzen Welt zu bezeichnen. Schließlich, so erklärten sie, sei man ihnen selbst nur mit ausgesuchter Höflichkeit begegnet, und die staubigen Straßen der Hauptstadt seien ihnen sicherer erschienen als die meisten der von Verbrechern heimgesuchten amerikanischen Städte. Ich habe fast gezittert vor Wut. Konnten sie denn nicht erkennen, dass sie nur benutzt wurden, manipuliert von einem der verbreche-

rischsten Systeme der Welt? Human Rights Watch/Africa, eine
Organisation, die kaum als Wasserträger für die US-Politik bezeichnet werden kann, hatte erst kürzlich die Menschenrechts-
lage in Khartum als miserabel bezeichnet und mitgeteilt, dass
›alle Formen politischer Opposition sowohl durch Gesetze als
auch durch systematische Terrormaßnahmen unterdrückt‹
würden. Und nun überhäuften diese schwarzen Amerikaner als
willige Werkzeuge der Propagandamaschinerie eine berüch-
tigte Clique von regierenden Schurken mit Lob.«

Pressedienstreisen in den Sudan sind Mittel, die benutzt
werden, um die zur Diskussion stehenden Fragen zu vernebeln
und maßgeschneiderte Informationen zu beschaffen. Damit
werden Gewissen beruhigt, die nach einer Entschuldigung
suchen, um sich in diesen schwierigen Kampf nicht einmischen
zu müssen.

Perspektiven aus den aktuellen Nachrichten

Um die afroamerikanische Gemeinde zum Widerstand zu
bewegen, müssen alle Informationen von Irrtümern befreit
werden, so dass die farbigen Amerikaner, unabhängig davon,
ob sie Moslems oder Christen, Republikaner oder Demokraten
sind, kluge und vom Gewissen her begründete Entscheidungen
in der Frage der Sklaverei treffen können. Die Sklaverei ist eine
unwiderlegbare Tatsache, bestätigt durch zahlreiche Quellen.
Eine jahrelange Untersuchung durch das Magazin *Newsweek*
ergab, dass die Sklaverei bei schwarzafrikanischen Moslems
immer existiert hat und auch weiterhin in der islamischen
Republik Mauretanien praktiziert wird. Augenzeugenberichte,
Zeugnisse von Sklaven, Bilder und Dokumente sind dazu reich-
lich vorhanden. Die Sklaverei ist eine Tatsache, sowohl im
Sudan als auch in Mauretanien, die rassistische Hintergründe
hat. Frank Kiehne, Berater für auswärtige Angelegenheiten des
Kongressabgeordneten Donald Payne, bemerkte dazu: »Wir
sind davon überzeugt, dass die Sklaverei in Mauretanien immer

noch besteht. Wir wissen, dass es im Sudan Sklaverei gibt, aber es ist sehr schwierig, die entsprechenden Leute darauf festzunageln, weil sie sich hauptsächlich im Süden praktiziert wird und es nur schwer möglich ist, dort ein- und auszureisen.«

Sudanesen und Mauretanier sind weder gegen die Araber als Menschen, noch gegen den Islam als Religion. Die Mauretanier kämpfen nur dagegen, wegen ihrer schwarzen Hautfarbe versklavt zu werden von Arabern, die Allah genauso anbeten wie sie selbst es tun. Mohamed Nasir Athie, ein schwarzafrikanischer Moslem, schildert beispielhaft die Qual dieses Kampfes. Andere schwarzafrikanische Moslems verloren ihren Glauben und beteten nicht mehr zu Allah wegen des Leides, das sie erfuhren, weil Beduinen (weiße Moslems) ihre Leute versklavten, vergewaltigten und töteten. Doch Mohamed Nasir Athie betet weiterhin zu Allah und bleibt ihm treu. Er betrachtet die Sklavenhändler Mauretaniens und des Sudan nicht als wahre Anhänger des Islam und weigert sich deshalb, sich durch ihr Handeln seinen Glauben zerstören zu lassen.

Die Südsudanesen stellen sich gegen die Sklaverei, die Arabisierung und die Islamisierung. Es ist ein Kampf gegen die Unterdrückung, nicht gegen eine religiöse Weltanschauung. Die Arabisierung ist eine Politik, durch die versucht wird, Menschen systematisch und mit Gewalt umzukrempeln. Sie müssen die arabische Sprache lernen und diese Kultur annehmen und dürfen ihre ursprüngliche Sprache und ihre eigenen Traditionen nicht mehr benutzen oder ausüben. Islamisierung ist die erzwungene Bekehrung von Nicht-Moslems. Diese doppelte Politik von islamischen Extremisten wird mit tödlichem Nachdruck ausgeübt — und das auch außerhalb dieser nordafrikanischen Länder.

Der Nahe Osten besteht nicht nur aus Arabern und Juden. Es gibt dort viele Minderheiten, die ebenfalls sehr unter dieser doppelten Bestrebung der Arabisierung und der Islamisierung leiden. Diese Minderheiten wissen um die Versklavung der Schwarzafrikaner und unterstützen ihren Kampf.

»Die Kopten in Ägypten, die Assyrer im Irak, die libanesischen Christen und nicht zuletzt Sudanesen repräsentieren

>Nicht-Araber< und >Nicht-Moslems<, vor allem die christlichen Gemeinden im Nahen Osten … und sie haben jahrhundertelang Unterdrückung durch die Araber erlebt«, sagt Nadschib Khuri. »Diese bedrängten Volksgruppen haben darum gekämpft, ihre ethnische und religiöse Identität gegen unglaubliche Widerstände zu behaupten. Jahrzehntelang haben die christlichen Völker dieser Region auf die Vereinten Nationen, den Westen und die europäischen Kirchen geschaut, weil sie Hilfe gegen die Flut der Arabisierung und Islamisierung erwarteten. Dabei erfuhren sie aber nur Täuschung und Verrat. Der Grund dafür waren vor allem die riesigen Geldsummen der arabischen Ölstaaten, womit die internationale Gemeinschaft bestochen und zu einer heuchlerischen Haltung des Schweigens veranlasst wurde, wenn es um die Unterdrückung der nichtarabischen Völker im gesamten Nahen Osten ging. Milliarden von Dollars wurden ausgegeben, nicht nur, um diese Menschen zu unterdrücken, sondern auch, um ihre Identität zu zerstören, um ihre Existenz in der Welt zu leugnen.«

Folglich pflegen Mauretanier und Sudanesen einen Austausch mit anderen Minderheiten im Nahen Osten. Afrikaner finden in diesem Umfeld gegenseitig Schutz und Unterstützung gegen die zweifache Politik der Arabisierung und Islamisierung und Jahrhunderte der Sklaverei.

Fortschritte trotz des Widerstandes

Trotz aller Rückschläge haben die schwarzen Afrikaner Fortschritte gemacht, und es scheint, als ob eine moderne Bewegung von unten zur Abschaffung der Sklaverei in Afrika im Entstehen begriffen ist. Die Republikanerin Eleanor Holmes Norton, eine Kongressabgeordnete in Washington D. C. und die erste schwarze Politikerin, die gegen die fortgesetzte Versklavung der Schwarzen in Nordafrika auftritt, verbündete sich mit den Republikanern Barney Frank und Frank Torricelli. Gemeinsam traten sie für die Resolution 49 ein, die von den Vereinigten

Staaten fordert, etwas gegen die Versklavung von Menschen zu unternehmen. Die »House Resolution 49« erklärt die totale Abschaffung der Sklaverei zu einem »wichtigen Ziel für die US-Regierung bei allen ihren Aktivitäten«. Sie verlangt vom Außenminister, in den jährlichen Bericht über die Menschenrechte »einen wahrheitsgemäßen und vollständigen Bericht über die Versklavung von Menschen einzufügen, wo auch immer sie existiert«. Sie fordert, dass die Vereinigten Staaten in Zusammenarbeit mit den regionalen Organisationen und den Vereinten Nationen »einen multinationalen Plan aufstellen, um der Versklavung von Menschen, wo auch immer sie auf der Welt existiert, ein Ende zu bereiten«. In einem Kommentar zu der »House Resolution 49« sagte Eleanor Holmes Norton der AASG: »Unsere eigene Geschichte verpflichtet uns, die USA führend den Weg zur weltweiten Ausrottung der Sklaverei zu beschreiten. Bereits aufgrund der Informationen über die Sklaverei im jährlichen Menschenrechtsbericht des Außenministeriums befinden sich die USA in einer starken Position, um zusammen mit andern Nationen die Sklaverei noch vor dem Jahr 2000 ausrotten zu können.« Obwohl diese Aussage ermutigend klingt, sind die Erklärungen Nortons doch zu allgemein und verurteilen weder Mauretanien noch den Sudan. Für die Zukunft bleibt zu hoffen, dass bei Bekanntwerden dieser Äußerungen Norton in der Sklavenfrage einen festen Standpunkt beziehen wird.

Ein weiterer mutiger Afroamerikaner ist der Fernsehjournalist Tony Brown. Im Dezember letzten Jahres brachte Tony Browns Journal, der weithin beachtete, schwarzorientierte Nachrichtenüberblick von PBS, eine Darstellung des Sklavenhandels in Nordafrika. Unter dem Titel »Sklavenhandel heute« führten der AASG-Geschäftsführer Mohamed Athie und der Experte Dr. Charles Jacobs durch die Sendung. Ahtie und Jacobs zeigten Farbfotos von Schwarzen, die in Mauretanien ihren Herren dienten und erläuterten die inneren Zusammenhänge des Sklavengeschäfts. Als man Tony Brown um einen Kommentar bat, sagte er der AASG: »Das ist die unglaublichste

Geschichte, die unbedingt an die Öffentlichkeit gelangen muss. Dass Schwarze noch im Jahre 1995 in Leibeigenschaft ihren Herren dienen, verschlägt einem die Sprache. Ich bin froh, dass meine Show dazu beiträgt, die Fakten bekannt zu machen. Es gab eine beachtliche Reaktion auf dieses Programm, und ich bringe hiermit meine Anerkennung für Mohamed Athie und Charles Jacobs für diese Arbeit zum Ausdruck.«

Mit Unterstützung des Studentenforums der National Association of Black Social Workers (NABSW = nationale Vereinigung der schwarzen Sozialarbeiter) an der Universität von Columbia war die AASG in der Lage, am 4. und 5. März ein erfolgreiches Treffen mit Sudanesen und Mauretaniern zu veranstalten. Führende Leute der südsudanesischen Gemeinde in Amerika »Pax Sudani« und des Ausschusses für Menschenrechte in Mauretanien entschlossen sich zum erstenmal zusammenzuarbeiten, um die Frage der Leibeigenschaft in die amerikanische Öffentlichkeit zu bringen. In einer gemeinsamen Stellungnahme erklärten Mohamed Athie, der AAGS-Geschäftsführer und frühere Diplomat bei der mauretanischen Botschaft in Washington, und Simon Deng, der für Informationen zuständige Experte der südsudanesischen Gemeinde in Amerika: »Wir kommen aus zwei verschiedenen Völkern und haben ein Bündnis geschlossen. Allein ist es keinem von uns gelungen, die öffentliche Meinung Amerikas auf die Verbrechen, die an unseren Völkern begangen werden, aufmerksam zu machen. Aber gemeinsam und auf das Ziel konzentriert, die Geißel der Sklaverei in unseren Ländern abzuschaffen — diesen Missbrauch von Menschen, von dem man längst dachte, dass er nicht mehr existiert — werden wir sicherlich breite öffentliche Unterstützung finden und hoffentlich auch das Handeln der US-Regierung herausfordern.«

KAPITEL 18

Louis Farrakhan und die
»Nation des Islam«

Artikel von David Tell, für die Herausgeber von *Weekly Standard* vom 23. Oktober 1995:

Alle guten Menschen verachten ihn. Doch der ehrenwerte Geistliche Louis Farrakhan, unvergleichlicher Meister der demagogischen Künste, hat sie schon längst besiegt. Sie wissen es bloß nicht.

Am vergangenen Sonntag vor einer Woche fragte Sam Donaldson von ABC den Geistlichen, warum Präsident Clinton gezögert habe, dem nationalen Plan eines von der »Nation des Islam« geförderten »Marsches der Millionen« zuzustimmen. »Dabei ist das Ziel dieses Marsches doch, ›die Schwarzen zu organisieren‹ zur Selbstverwirklichung, Förderung des Gemeinschaftlebens, Arbeitsbeschaffung und Verbrechensbekämpfung«, hatte Farrakhan mit einem verzerrten Lächeln und der sanften Stimme verletzter Unschuld geantwortet. Welcher intelligente Mensch würde sich solchen Ideen verschließen? Er hat Recht. Es ist schwer, gerade heute einen solchen intelligenten Menschen zu finden ...

Die verlegene Phrasendrescherei, die die amerikanische Einstellung zu rassistischen Problemen beherrscht, hat bereits deren halbherzige, halbverstandene Anpassung an Farrakhans letzte und bis dahin größte Provokation bewirkt. Die Betrogenen und die Fanatiker, die sich selbst in seine aufgeputschte nationale Uniform hineinzwängen, sind nur ein Bruchteil der

Masse auf dem Markt. Für fast alle anderen von uns – links und rechts, schwarz und weiß – ist das einstimmige Urteil über diese Demonstration: Die Botschaft ist gut, der Botschafter schlecht. Alles, worüber wir unterschiedlicher Meinung sein können, ist die Frage, ob und wie weit der Letztere die Erstere zerstört. Farrakhan ist in jedem Fall der führende Antisemit seiner Nation. Spielt das eine Rolle?

Natürlich spielt das eine Rolle. Gegner des Marsches ziehen ihren Nutzen aus der merkwürdig sprachlosen Debatte. Ohne Farrakhan würde es keine Million Menschen geben, und es gäbe keinen Farrakhan ohne den Antisemitismus. Bei seinem ersten Auftritt am Lincoln-Denkmal, während des Marsches im August 1983 auf Washington II, trennte sich Farrakhan von seinem lange vorbereiteten, schmutzigen Manuskript, um völlig ohne Übergang plötzlich Martin Luther King jr. in den Himmel zu heben. Und »diese künstlichen Barrieren, die uns als Volk zertrennen« und in entgegengesetzte Glaubensbekenntnisse und Rassen spalten, setzte er herab. Natürlich kam er bei seinen Zuhörern sehr gut an. Doch die Medien hatten ihn vollständig ignoriert.

Erst im folgenden Jahr wurde Farrakhan berühmt – und zwar als nicht mehr übersehbarer, stellvertretender Sprecher in der Präsidentschaftskampagne von Jesse Jackson. Damals nannte er das Judentum eine »Gassen-Religion« und stieß Morddrohungen gegen den Reporter der *Washington Post* Milton Coleman aus, der es gewagt hatte, Rev. Jacksons abfällige Bemerkung über das Judentum zu veröffentlichen. Ebenso bedrohte er David Dinkins, den Stadtsektretär von New York City, der es gewagt hatte, ihn zu kritisieren. Wenn all das nicht geschehen wäre, hätten wir von Farrakhan nie etwas gehört.

Die jüdische Anti-Defamation League (ADL) bringt ihre Sorge über »das bekannteste, von einem Antisemiten heraufbeschworene Ereignis in der jüngsten amerikanischen Geschichte« zum Ausdruck. Sie vertraut darauf, dass die »große Mehrheit« der Teilnehmer am Marsch die Intoleranz Farrakhans nicht »billigt«. Dieser letzte Ausspruch ist wirklich großzügig. Wie viele Marschierer werden in dieser Woche dort sein, die nicht wissen, dass Farrakhan ein Judenhasser ist? Indem sie seinem Aufruf folgen, seinen Appell hören, sich ihm anschließen, vollziehen sie einen stillschweigenden Billigungsakt für den Antisemitismus.

Doch was wäre, wenn — nur theoretisch gedacht — Farrakhan kein Antisemit wäre? Der ADL-Sprecher sagt, dass sie die im Sinne der Schwarzen ausgerichteten Ziele des Marsches der Millionen »verstehen und unterstützen«. Der American Jewish Congress meldete, dass er diese Ziele »leidenschaftlich« unterstütze. Das Weiße Haus änderte seine ursprüngliche Position drei Tage vor dem Marsch zu der Aussage: »Wir wollen sehen, ob wir noch zu einer positiven Einstellung gelangen können.« Man sollte Unterschiede zwischen Ton und Auswirkung in Betracht ziehen — hört man überall. Unverkennbar schließt der Prozess ein, dass Farrakhan für die Juden grundsätzlich harmlos ist.

Doch der Antisemitismus Farrakhans verwundet und macht zornig. Aber das ist durchaus nicht das Schlimmste an ihm. Er äußert keine ernsthaften Drohungen gegen die Juden oder gegen weiße Amerikaner im Allgemeinen. Aber er spricht eine direkte und schwer wiegende Drohung aus, die von der Frage des Antisemitismus weit entfernt ist und sich gegen die schwarzen Amerikaner richtet. Spielt das keine Rolle? Oder hat es keiner gemerkt?

Zunächst ist dieser Mann ein klassischer Scharlatan. Jahrzehntelang hat er sein Evangelium von schwarzer wirtschaftlicher Selbstbestimmung gepredigt. Er drängte seine Anhänger, ihre Geschäftsbeziehungen aus der größeren Gesellschaft zu lösen und nur unter den eigenen Leuten zu kaufen und zu verkaufen. Die darin inbegriffene stupide Theorie kann man vergessen und sollte sich dafür Farrakhans eigene Praktiken betrachten. Mit einem zinsfreien Darlehen von fünf Millionen Dollar von Muammar Gadhafi im Jahr 1985 startete Farrakhan ein Unternehmen unter dem Namen POWER Inc., das er bis zum Jahr 1990 in eine Firma mit Milliardenumsätzen verwandeln wollte. Die dazugehörigen Einzelhandelsunternehmen sollten Arbeitsplätze und Anlagekapital zugunsten von Millionen von Schwarzen schaffen — wenn sie, und da liegt der Hund begraben, jeder 20 Dollar im Monat zusammenkratzen würden, um die Produkte, die Seifen und Shampoos von POWER zu kaufen.

Eine umfassende Untersuchungsreihe Anfang dieses Jahres durch William Gaines und David Jackson vom *Chicago Tribune* beweist, was vorauszusehen war, dass POWER ein Betrug ist. Und dass Farrakhan, der behauptet, dass er »nichts besitzt«, ein Dieb ist. Staaten mit islamisch geführten Firmen sind überlastet mit Schulden, unbezahlten Rechnungen und Hunderttausenden an Steuerschulden. Ihre Vermögen werden persönlich und direkt kontrolliert — in eindeutiger Verletzung der Bundesgesetze — durch Vertreter der »Nation des Islam«, von denen die meisten Mitglieder der unmittelbaren Familie Farrakhans sind. POWER bezahlt die fälligen Rechnungen.

Die arglosen schwarzen Menschen, von denen die meisten arm sind, bezahlen den Rest. Spender der »No. 2 Poor Treasury« der »Nation des Islam« bekommen ein T-Shirt. Farrakhan erhält das Geld. Auf seinen Namen lautet das Bankkonto, worüber er rund 300 000 Quadratmeter Boden für einen ländlichen Ruhesitz und einen Landrover kaufte. Er besitzt außerdem zwei prachtvolle Häuser in Chicago, einen Mercedes, einen Lexus, unzählige importierte Schuhe und Anzüge und wer weiß was sonst noch.

Das ist nicht mehr »harmlos«. Und ebenso wenig ist das wahre, höchste Ziel Farrakhans bei dieser Demonstration harmlos. Er verlangt von den Schwarzen, dass sie »büßen« sollen für ihr Verbrechen gegen sich selbst und ihre Familie. Sie sollen ihre Abhängigkeit von einem korrupten Groß-Amerika aufgeben. Und dann drängt er sie zu angeblich unanfechtbaren, sogar konservativen Vorladungen, wo die möglichen Kritiker des Marsches mundtot gemacht wurden. Doch er verlangt von diesen schwarzen Männern, dass sie kollektiv als »Schwarze« büßen sollen, nicht als einzelne Individuen, für Sünden, die er einzig den Verschwörungen der Weißen zuschreibt. Es ist auch nicht die untergeordnete materielle Verflechtung, die zwischen den Schwarzen und den Weißen besteht, die Farrakhan auflösen möchte. Das lässt sein Manifest anlässlich des Marsches klar erkennen, wenn er dort die Kürzung ausstehender US-Zahlungen einklagt. Es ist ihre psychologische Verbindung zu Amerika, die er zerstören will. Er möchte, dass sich die Schwarzen hasserfüllt zurückziehen. Und er möchte, dass sie sich selbst entmenschlichen.

Louis Farrakhan, der Mann, der hinter dieser Botschaft steht, ist abstoßend. Aber selbst wenn er in seinem ganzen Leben das Wort »Jude« nie in den Mund genommen hätte, seine Botschaft — und dieser Demonstrationsmarsch — würden Schlimmes erwarten lassen.

Im letzten Jahr sprach Colin Powell an der Howard-Universität vor einer Studentenversammlung. Er sagte, dass »die Afroamerikaner schon zu viel erreicht und noch einen allzu weiten Weg vor sich« hätten, »als dass sie sich den Umweg durch den Sumpf des Hasses leisten könnten«. Es liegt »eine Gefahr im Aufruf zum Hass«, warnte er seine Zuhörer, »wie klug die Botschaft auch immer verpackt oder wie angenehm sie anzuhören sein mag.« Doch in diesem Jahr, in diesem Monat ließ Powell im Gegensatz dazu durch seinen Sprecher sagen, dass er sich zwar den Marsch der Millionen nicht ansehen könne (aus Termingründen natürlich), »seine Zielsetzung aber unterstütze«.

Seine »Zielsetzung« ist es, offensichtlich einen »Sumpf des Hasses« als angemessenen Standort für zwölf Prozent unserer Staatsbürger zu erkennen und zu legitimieren. Amerikaner — und besonders schwarze Amerikaner — verdienen etwas Besseres als die jämmerliche Reaktion, die Farrakhans Marsch bis jetzt ausgelöst hat.

Beim Marsch ist Farrakhan König

Artikel von Matt Labash im *Weekly Standard* vom 23. Oktober 1995:

Zwischen Metallstühlen, Lautsprechern und Verstärkern im Keller eines Studentenheimes in einem zwielichtigen Viertel im Nordosten Washingtons erklärt eine Ansammlung von Jugendgruppen aus dem Bereich um Washington — genannt Youth Organizers Committee — ihre Solidarität mit Farrakhans »Marsch der Millionen«, der seine Aufforderung an die Schwarzen zum Inhalt hat, sich jetzt zu erheben und Treue gegenüber Familie und Gesellschaft zu geloben.

Die Organisatoren, aus Gruppen mit ganz neuen, merkwürdig zusammengesetzten Namen wie »Cease Fire, Don't Smoke the Brothers« sind kahlköpfig und arabisch aufgemacht. Selbst die Baptisten achten sehr ernsthaft darauf, vor dem Medienrummel nicht als vom Islam ausgeschlossen zu erscheinen und grüßen vorbeikommende: »As-Salaam-Alaikums« mit »da sind wir wieder, Alaikum-Salaam«. Sie nehmen ihre Plätze auf der Bühne ein in der Haltung von sprungbereiten Panthern und versichern sich, dass ihre Gesichter die angemessene, radikale Drohung ausstrahlen. Bruder Ronald Moten von der eben erwähnten Gruppe »Cease Fire« kommt schließlich zur Sache: »Schwarzer Mann, der du dich gegen den ›Marsch der Millionen‹ stellst, einerlei ob Christ, Moslem oder sonst etwas — wir werden auf dich zukommen«, sagt er. »Wir gehören nicht mehr zur Ära von ›Onkel Toms Hütte‹, und wir sind diejenigen leid, die nicht hinter ihren Brüdern auf der Straße stehen. Auch die Brüder im Gefängnis sind schon zu lange vernachlässigt worden.« Moten hat einige Erfahrungen mit der Szene der zuletzt genannten »Brüder«, da er die letzten vier Jahre wegen Drogenhandels mit ihnen zusammen verbracht hat.

Der Nächste, der aufsteht, ist Malik Zulu Shabazz, der Begründer von »Unity Nation«. Shabazz reist heute allein ohne den Stab »afrikanischer Krieger«, die er so oft präsentiert, wenn er sich bemüht, die Angst vor Allah in die Herzen seiner

Zuschauer einzupflanzen. Shabazz berichtet von einer Erfahrung, die Farrakhan gemacht haben will. Er sei dabei an Bord eines Raumschiffes angestrahlt worden und ihm sei von dem ehrenwerten Elijah Muhammad, dem Gründer der »Nation des Islam« gesagt worden, dass Ronald Reagan einen Völkermord an der schwarzen Gemeinde plane: »Klar und überzeugend bewiesen erkennen wir heute: Die Gemeinde wird mit Drogen behandelt, Männer werden eingesperrt, es mangelt an Ausbildungsmöglichkeiten und die Innenstädte werden zu Slums — das Ganze ist ein bewusster Krieg gegen die schwarze Jugend. Aber bevor die ›Vereinigte Schlangenregierung‹ ihre tödliche Verschwörung gegen die schwarze Familie und speziell gegen die schwarzen Männer ausführen kann ... ist der schwarze Mann bereit, sich zu erheben und seinen Platz einzunehmen.«

Malik führt sich sehr gut ein als einer von Farrakhans jungen Botschaftern. Es ist genau diese Mischung von übertrieben korrektem Reden, dem Wahnsinn einer Theorie der »verbrannten Erde« und dem Hang zu kaukasischen Völkermordanekdoten, die Farrakhan zum überragenden Führer der schwarzen Gemeinde von heute gemacht hat. Der »Marsch der Millionen« ist sein Machtpoker. Es ist der Weg, auf dem er der traditionellen schwarzen Führungsschicht und der teuflischen weißen Welt beweisen will, dass er der Mann ist, den man nicht übersehen darf. Wenn man bedenkt, dass der Marsch überhaupt keine klare Botschaft hat und keine wirkliche Tagesordnung, dann kann man mit Fug und Recht sagen, dass seine einzige wirkliche Botschaft »Louis Farrakhan« heißt.

Der deutlich zur Sprache gebrachte Plan ist folgender: Eine Million schwarzer Männer (Frauen sind nicht eingeladen außer Maya Angelou, Rosa Parks und den Witwen der ermordeten Bürgerrechtsführer, einschließlich einer Frau, mit deren Tod Farrakhan gerüchteweise lange Zeit in Verbindung gebracht wurde) sollen zur »Mall« in Washington kommen. Zahlen sind schwer zu erhalten, besonders vom Staat. Aber die Sache mit der einen Million setzt die Messlatte etwas hoch an, wenn man bedenkt, dass dann ein Fünfzehntel aller schwarzen amerikanischen Männer kommen müssten. Zusammen mit dem abgesetzten NAACP-Führer Ben Chavis, seinem Co-Direktor, hat Farrakhan dies als »einen heiligen Tag der Sühne« bezeichnet, wobei er ohne Ironie den Namen des heiligsten Tages des jüdischen Glaubens benutzte — jenes Glaubens, den er »Gossenglauben« genannt hatte. Ein Flugblatt im März drängte die afroamerikanischen Männer dazu, »unsere politische Stärke und unsere wirtschaftliche Macht zu erkennen und unsere Gesellschaft zu mobilisieren«, um gemeinsam am Marsch teilzunehmen.

Farrakhans Ziel offenbart einen gähnenden moralischen Abgrund innerhalb der Welt der schwarzen Führungsschicht. Wo einst Medgar Evers in Jackson, Missouri, auf wirtschaftlichen Boykott drängte — mit dem klaren Ziel rassischer Integration —, da fordert Farrakhan alle Schwarzen auf, die nicht am Marsch teilnehmen, von der Arbeit und aus der Schule wegzubleiben und darauf zu achten, dass sie ihr Geld nicht zu »Mister Charlie« bringen: »Da so viele von euch am liebsten Weiße wären, dann seid eben Weiße, das ist in Ordnung. Amerika muss merken, wie man sich fühlt, wenn seine früheren Sklaven nicht da sind.«

Widersprüchliche Botschaften im Überfluss. Farrakhan sagte neulich: »Wir haben allzu lange von der Regierung erwartet, dass sie unsere Probleme löst«, während Genosse Chavis darauf besteht: »Wir entlassen die Regierung nicht aus der Verantwortung.« Selbst der Name für die Demonstration scheint, wie die *Washington Post* bemerkt, zur Schizophrenie zu tendieren: »Marsch der Millionen« oder »Tag der Buße und Versöhnung«, oder »Tag der Abwesenheit«, oder »Tag der positiven Aktion« lauten die Vorschläge.

Aber es ist nicht so, als ob die Popularität Farrakhans sich parallel zu dieser verworrenen Botschaft entfaltet. Er bezieht seine Wirkung weniger aus moralischer Autorität und klarem Denken als aus dem Schüren ungezügelter Wut. Wie die Studie der Universität von Chicago über »National Black Politics«

im Jahr 1993-1994 offenbarte, hielten 69 Prozent der befragten Schwarzen Farrakhan nicht für einen gefährlichen Extremisten, sondern glaubten, dass er positive Gesichtspunkte vertritt. Und das war unmittelbar nach dem Aufruhr der Öffentlichkeit wegen der Ansprache im Kean College im Jahr 1993, die von seinem Gesinnungsgenossen Khallid Muhammad gehalten worden war. Er hatte Schlagzeilen gemacht mit seiner drastischen Charakterisierung der Juden: »Warum versteht ihr meine Sprache nicht, ihr Juden? Weil ihr meine Worte gar nicht hören könnt. Ihr seid von eurem Vater, dem Teufel.« Muhammad erhielt später eine stehende Ovation an der Howard-Universität, der schwarzen Schule in Washington, wo vor kurzem Jurastudenten hysterische Freudenausbrüche bekamen, als sie von O. J. Simpsons Freilassung hörten.

Diese Studenten von Howard sind nicht gerade Wohnsitzlose oder Fixer, eine Tatsache, die ein Streiflicht auf Farrakhans bemerkenswerte Popularität unter bessergestellten Schwarzen wirft. Und wo es um afroamerikanische Politiker geht, hat Farrakhan erfolgreich die Mau-Mau-Leute selbst terrorisiert. Die »Black Caucus«-Kongressabgeordneten (CBC) schlossen im Herbst 1993 unter der Führung Kweisi Mfumes ein »Bündnis« mit Farrakhan, in dem sie Beziehungen erneuerten, die ihn weiterhin legitimierten, trotz seiner häufigen Anwandlung von Wahnsinn.

Schwarzen Kongressabgeordneten sind einige seiner radikalen Bestrebungen keinesfalls unbekannt, wie zum Beispiel die Wiedergutmachungszahlungen. Damit ist die Vorstellung gemeint, dass das weiße Amerika den Nachkommen der Sklaven Wiedergutmachungszahlungen leisten müsste für die Arbeitsverpflichtung ihrer Vorfahren. Caucus-Mitglieder haben jahrelang Reparationsrechnungen vorgelegt, selbst in einem ihnen feindlichen republikanischen Klima. Der Republikaner Earl Hilliard aus Alabama ließ im vergangenen Juli verlauten: »Ich halte die Wiedergutmachungsleistungen für gerechtfertigt, damit wir uns wirklich mit ihnen auf eine Stufe stellen.«

Doch warum diese blinde Zustimmung für Farrakhan? Schließlich besteht der CBC aus Leuten, die Zehntausende von Stimmen an der Wahlurne bekommen haben und daher die Führung auf eine faire Weise beanspruchen. Wenn man ein schwarzer Politiker ist, mag man keine Ideen wie: »Wir werden sie teeren und federn! Wir werden sie an den höchsten Ast eines Baumes hängen! Wir werden ihnen die Köpfe abhacken und sie über die Straße rollen!« Das gilt vor allem, wenn Leute das sagen, die es auch so meinen, Leute, die Anhänger haben – die einen festen Stand haben unter den Wählern ihres Distrikts.

Der Republikaner Peter King aus New York hat zwei Jahre lang wegen 15 Millionen Dollar, die die »Nation des Islam« aus bundesstaatlichen Verträgen abgezweigt hatte, gegen Farrakhan gekämpft. »Das Problem ist, dass zu viele der schwarzen Führer zögern, sich mit Farrakhan anzulegen«, sagt King und berichtet von einer Zweiparteienpressekonferenz, die Farrakhan angriff und in der King bewusst versuchte, die regionalen Geistlichen zu beteiligen. »Wir müssen einige hundert schwarzer Kirchengemeinden haben, aber Freunde von mir haben ganz offen erklärt, die Pastoren hätten einfach Angst zu kommen, weil Farrakhan bei ihren eigenen Gemeinden sehr starke Unterstützung genießt.«

Das bestätigt das schmutzige kleine Geheimnis schwarzer Politik – dass die unterschwelligen antisemitischen Hasstiraden das Ansehen eines Mannes in der Öffentlichkeit nicht schädigen. Die Wahrheit ist, dass Farrakhan das Washington Convention Center sehr viel schneller füllen kann als zum Beispiel der Republikaner Albert Wynn aus Maryland, dessen Name allein die meisten Afroamerikaner im Land veranlassen würde zu fragen »Wer ist das?« Und die Anti-Defamation League, die jüdische Gruppe, die zu seinen lautstärksten Gegnern gehört, hat nicht viel Gewicht beim Maxine Waters's South Central L.A.-Distrikt. Die Zahlen, die man vom Center for Responsive Politics erhält, zeigen, dass im Zeitraum 1993-1994 die pro-israelischen PACs nur 58 350 Dollar für den ganzen schwarzen Caucus spendeten, während Farrakhans Vortragshonorare in einem Innenstadttheater bis zu 20 000 Dollar betragen können. Historisch betrachtet ist jüdisches Geld wie Manna auf die schwarzen Politiker gefallen, aber das hat jetzt aufgehört. Auf diese Weise bewegt sich Farrakhan ungestört durch die von panischer Angst erfüllten Gesetzgeber, die bereits eine Menge verloren haben, als er an die Macht kam, und die befürchten müssen, noch mehr zu verlieren.

Allerdings gab es so etwas wie eine Spaltung in der allem Anschein nach so einigen geistlichen Front, die Farrakhan die notwendige religiöse Rückendeckung hätte geben können. Er musste eine weit in die Öffentlichkeit reichende schroffe Abweisung von der Progressive National Baptist Convention (mit zwei Millionen Mitgliedern) einstecken und ebenso von der 8,2 Millionen Mitglieder zählenden National Baptist Convention unter Leitung von Henry Lyons. Jesse Jackson sagte öffentlich, dass Lyons den Marsch unterstütze. Daraufhin antwortete Lyons, ein ehemaliger Manager von Jackson, diese Behauptung sei »eine absolute Lüge«. Reverend Bennett Smith von der Progressive National Baptist Convention distanzierte sich ebenfalls von der Sache und sagte: »Wir haben Probleme damit, unter einem andern Banner zu marschieren als unter der Fahne Jesu Christi. Dieser Marsch dagegen ist durch den Islam zustande gekommen und wird von ihm gefördert.«

Obwohl das Modewort »ökumenisch« laut wird, sobald Jesse Jackson ein Mikrofon erreichen kann, ist doch aus Farrakhans ursprünglichen Glaubenssätzen erkennbar, dass auch er nicht so leicht der Fahne eines anderen nachlaufen würde ... In einem Artikel seiner konfessionellen Zeitung *Final Call*, in der Ausgabe vom 29. März, steht: »An diesem Tag und zu dieser Zeit wird der Widerstand gegen die Einrichtung des Islam total und vollständig zerstört werden.«

Der Marsch scheint sogar das Ziel zu haben, das zu fördern, was die »Nation des Islam« als »moslemisches Programm« bezeichnet. Als Farrakhan im letzten Dezember intensiv damit begann, den »Marsch der Millionen« vorzubereiten, berichtete *Final Call*, dass Arif Muhammad, ein regionaler Geistlicher der

»Nation des Islam« und Koordinator des Marsches gesagt habe: »Die Pläne für den Marsch sind in der Entwicklung begriffen. Sie werden aber besonders Punkte betonen, die im ›moslemischen Programm‹ enthalten sind und die von sozialer und wirtschaftlicher Gerechtigkeit bis zu Gebietsfragen und Wiedergutmachungszahlungen reichen.« In einem anderen Artikel in der gleichen Ausgabe heißt es: »Louis Farrakhan hat betont, dass der Marsch mehr als jede andere Aktion den schwarzen Mann an die Front und das ›moslemische Programm‹, einen weitreichenden Plan zur Erlangung der Unabhängigkeit und Selbstbestimmung, bis vor Amerikas Führungsspitze bringen wird.«

Ein genauerer Blick auf das Programm würde ausreichen, um eine Kopie an Smith oder sonst jemanden weiterzugeben, der auch nur ein kleines bisschen Vernunft besitzt. Die wesentlichen Punkte sind in jeder Ausgabe von *Final Call* dargestellt. Unter einer Schlagzeile »Was die Moslems wünschen« kann man lesen: »Wir wollen, dass unsere Leute, deren Eltern oder Großeltern Abkömmlinge von Sklaven sind, in Amerika die Erlaubnis erhalten, einen eigenen Staat oder ein eigenes Land zu begründen — entweder auf diesem Kontinent oder auf einem anderen. Wir glauben, dass unsere früheren Herren, die Sklavenhalter, verpflichtet sind, dieses separate Gebiet zu schützen und uns darin für die nächsten 20-25 Jahre zu unterhalten.« Und weiter: »Wir wollen Freiheit für alle Gläubigen des Islam, die irgendwo in staatlichen Gefängnissen sitzen. Wir wollen Freiheit für alle schwarzen Männer und Frauen, die zum Tode verurteilt sind. Wir wollen, dass die Regierung der Vereinigten Staaten unsere Leute von allen Steuern befreit, solange wir nicht gleiches Recht unter den Gesetzen des Landes genießen.«

Damit keiner denke, Farrakhans Zielsetzungen stünden im Gegensatz zu früheren Aussagen: Es gibt nur einen ganz kleinen Unterschied zwischen heute und den Hits der letzten Jahre. Erinnern wir uns an 1985: »Es ist ein Akt der Barmherzigkeit gegenüber den Weißen, dass wir ihrer Welt ein Ende setzen!« Oder an 1988: »Die Juden können mich nicht besiegen, deshalb werde ich sie zermalmen und in kleine Stücke zerquetschen.« Heute sind seine Kraftausdrücke etwas gedämpfter – so blutrünstig wie früher klingen sie nicht mehr, aber trotzdem so gehässig wie eh und je. Da ist die Rede von geheimen Arbeitsplänen, die er mit allen möglichen abscheulichen Machenschaften jüdischer Finanziers, die ihm gerade in den Sinn kommen, in Verbindung bringt.

Selbst vor einem so bedeutenden Forum wie »This Week With David Brinkley«, als Sam Donaldson ihn fragte, was er mit seinem Kommentar gemeint habe: »Kleine Juden starben im Zweiten Weltkrieg, während große Juden Geld verdienten. Aus kleinen Juden wurde Seife gemacht, während sich große Juden darin die Hände wuschen«, wusste Farrakhan keine andere Ausrede als: »Das war alles nur allegorisch gemeint.«

Und ob irgendjemand aufwachen wird, wenn Farrakhan seine Truppen inspiziert? Ob die Menschen erkennen werden, dass sie den »Tom Metzger«, den »George Lincoln Rockwell«, den »Adolf Hitler« der Maryam-Moschee rechtfertigen? Der Republikaner Peter King meint, das sei zweifelhaft: »Ich bin der schwarzen Führungsschicht gegenüber kritisch, weil es nämlich sehr leicht geschieht, dass Leute, die in Armut und unter schlimmen Umständen leben, die Beute von Demagogen werden. Zu diesen gehört Farrakhan ganz offensichtlich. Und an diesem Punkt wäre es für verantwortliche Führungskräfte an der Zeit, sich einzumischen und zu sagen: ›Das ist nicht der richtige Weg – dieser Kerl ist gefährlich, er liegt falsch, der Kerl ist böse.‹ Aber sie scheinen sich zu fürchten, so etwas zu tun.«

Gaddafi und Farrakhan versuchen US-Wahlen zu beeinflussen

Kairo, 25. Januar 1996 – Verschiedene Nachrichtendienste:
Tripoli/Libyen – Der libysche Diktator Muammar El-Gaddafi versprach diese Woche eine Milliarde US-Dollar, um die Minderheiten Amerikas bei der diesjährigen Präsidentschafts-

wahl zu beeinflussen. Dieses Versprechen wurde während eines Besuchs des Führers der »Nation des Islam«, Louis Farrakhan, in Libyen gegeben. Das meldete JANA, die Nachrichtenagentur der libyschen Regierung.

JANA berichtete weiter, die beiden Führer seien miteinander übereingekommen, »die unterdrückten Minderheiten zu mobilisieren« — besonders die Schwarzen, Moslems und Ureinwohner Amerikas —, »damit sie eine einflussreiche Rolle im politischen Leben Amerikas spielen können.« »Unsere Konfrontation mit Amerika gleicht bisher dem Angriff auf eine Festung von außen«, zitierte JANA Gaddafi. »Heute haben wir ein Schlupfloch gefunden, um in die Festung einzudringen und sie von innen her anzugreifen.«

Nach JANA soll Farrakhan geantwortet haben: »Ich habe mich mit meinem Bruder, dem Oberst Muammar Gaddafi getroffen, um eine Einigung von Arabern, Moslems sowie schwarzen und unterdrückten Minderheiten in Amerika herbeizuführen und um dadurch eine entscheidende Rolle nicht nur bei den amerikanischen Wahlen, sondern auch in der amerikanischen Außenpolitik zu übernehmen.«

Unter anderem besuchte Farrakhan in Libyen die Ruinen von Gaddafis Haus in Tripoli, das bei einem US-Luftangriff 1986 zerstört worden war. Der Angriff stand im Zusammenhang mit einem Sprengstoffattentat auf einen deutschen Nachtclub, der von US-Marinesoldaten frequentiert wurde, woran Libyen beteiligt war. Farrakhan schrieb ins Gästebuch: »Ich flehe zu Gott, unsere Feinde hundertmal zu strafen, ihnen das widerfahren zu lassen, was sie uns angetan haben und was auch dir geschehen ist« — soweit JANA.

KAPITEL 19

Zeugnis eines Märtyrers

Am 17. März 1996 wurde ich in einer christlichen Rundfunk-
sendung in Kansas City interviewt. Dabei wurde erwähnt, dass
ich am Abend jenes Tages in einer Kirche in Lee's Summit, Missouri, sprechen würde. Kurz darauf erkundigte sich ein Herr
telefonisch, wo die Veranstaltung stattfinden sollte, da er daran
teilnehmen wolle. Nach dem Gottesdienst kam der Anrufer auf
mich zu und lud mich für den nächsten Tag zum Mittagessen
ein. Dabei stellte er sich als Charles Sands II. vor und berichtete
dass er einige Jahre in Tucson, Arizona, gelebt habe. Er erzählte
mir die unglaubliche Geschichte eines geachteten Mannes.
Dieser gläubige Moslem war von seinen Glaubensgenossen
ermordet worden, weil er glaubte, dass der Koran satanische
Verse enthalte. Da ich sowieso die Absicht gehabt hatte, durch
Phoenix zu reisen, entschloss ich mich, dieser Sache auf den
Grund zu gehen.

Zunächst rief ich den *Arizona Daily Star* an. Die Zeitungs-
redaktion bestätigte mir, dass sie eine Akte über den Fall Rashad
Khalifa besitze. Man fotokopierte mir 26 Seiten, deren Inhalt
sich über achtzehn Jahre erstreckte. Nach Angaben des *Arizona
Daily Star* vom Samstag, dem 8. Juli 1978, war Khalifa 1936 in
Tanta, Ägypten, geboren worden. 1958 kam er nach Tucson,
um an der Universität von Arizona zu studieren. Er erlangte die
Doktorwürde in Biochemie an der Universität von Kalifornien,
wo er zwei Jahre lehrte, bevor er sechs Jahre in der industriellen
Forschung arbeitete. 1976 diente er Präsident Muammar

El Gaddafi von Libyen als wissenschaftlicher Berater. 1978 arbeitete er als technischer Experte für industrielle Entwicklung bei der UNO. Khalifa war mit Stephanie verheiratet, die aus Tucson stammte. Sie hatten zwei Kinder — einen Sohn Sammy und eine Tochter mit Namen Zeinab. Khalifa lehrte Arabisch an der Moschee in der 6th Street 739 E in Tucson.

In einer Veröffentlichung von 1978 schrieb er, Informatiker hätten 1976 eine Entdeckung gemacht, durch die der göttliche Ursprung des Koran bewiesen werden könne. Außerdem erklärte er, dass der Koran ein bahnbrechendes Dokument sei, da er Frauen gleiche Rechte garantiere wie Männern. In Erbschaftsangelegenheiten gewähre der Text Frauen einen bestimmten Anteil materieller Güter. Er erlaube Frauen auch, sich von ihrem Mann zu scheiden und garantiere die Zahlungen von Alimenten an geschiedene Frauen.

Dann erschien am Samstag, den 5. Februar 1983, ein Artikel von der Reporterin Judith P. Smith im *Arizona Daily Star*:

Am Anfang der Sure 29 von den 114 Suren des Korans, der heiligen Schrift der Moslems, erscheinen Buchstaben, die eine Abkürzung zu sein scheinen, deren Sinn aber 1400 Jahre lang unbekannt blieb. Jetzt glaubt Rashad Khalifa, Imam und Geistlicher der Moschee von Tucson, das Rätsel entschlüsselt zu haben. Die Buchstaben sind laut Khalifa Teil einer mathematischen Formel, die beweist, dass der Koran göttlichen Ursprungs ist und auf wunderbare Weise vollkommen bewahrt geblieben ist.

Der Schlüssel zu der Formel sei der Zahlenwert 19, der die Bedeutung »Gott ist einer« trage. Khalifa erklärt, dass vor der Einführung von Zahlen das Alphabet benutzt wurde, um Zahlenwerte auszudrücken. Indem er dieses System anwendet, ordnet Khalifa die Werte 1 bis 10 den ersten zehn Buchstaben des arabischen Alphabets zu. Dann addiert er die Zahlen, die durch die Buchstaben repräsentiert werden, in dem arabischen Wort für eins. Die vier Buchstaben mit ihrem Zahlenwert sechs, eins, acht und vier ergeben neunzehn, was die Botschaft des Korans symbolisiert, so sagt Khalifa. »Das Thema des Korans ist, dass wir einen Gott anbeten sollen, den einen Gott allein, und niemals einen anderen oder etwas anderes göttlich verehren. Die ganze Botschaft des Korans kreist um den einen Gott, und es stellt sich heraus, dass die Neunzehn der Eins entspricht.«

Khalifa erhärtete seine Theorie über die Zahl neunzehn durch eine Computeranalyse des gesamten Korans — Wort für Wort, über einen Zeitraum von zehn Jahren. Ständig stellte er Zahlenschablonen in den Worten und Buchstaben fest. Er entdeckte zum Beispiel, dass die einleitende Aussage des Koran, die lautet:»Im Namen des barmherzigen und gnädigen Allah …«, in der arabischen Sprache neunzehn Buchstaben umfasst. Außerdem stellte er fest, dass das erste Wort in dieser einleitenden Aussage im Koran neunzehn mal vorkommt. Das zweite Wort im arabischen Urtext des Koran, »Allah«, erscheint 2698-mal, einem Vielfachen der Zahl Neunzehn (19 x 142). Das dritte Wort, »Rahman«, kommt 57-mal vor (19 x 3), und das vierte Wort, »Rahim«, wird 114-mal (19 x 6) erwähnt. Khalifas Analyse von Suren, die eigenartig verfasst sind (manche beginnen nur mit dem Buchstaben »Qaf«, während andere bis zu fünf Buchstaben aufweisen, bevor der eigentliche Text beginnt) förderte noch mehr Zahlenspielereien mit der Zahl neunzehn zutage. In den Suren 42 und 50 zum Beispiel, die beide mit dem Buchstaben »Qafs« beginnen, gibt es 57 (19 x 3) Qafs. Diese beiden Suren, die jeweils 57 Qafs aufweisen, haben zusammen 114 Qafs — was der Anzahl der Suren im Koran entspricht. (Khalifa benutzt die traditionelle moslemische Schreibweise »Qur'an« für die heilige Schrift, den Koran, was wiederum von Bedeutung ist, weil der Anfangsbuchstabe »Qaf« einer der Schlüssel für dieses Zahlenspiel ist.) Weiterhin wird die Sure 68 mit dem Buchstaben »Nun« eingeleitet. Insgesamt gibt es dort 133 (19 x 7) »Nuns«.

Khalifa hat über diese und viele andere Beispiele ein Buch unter dem Titel »Qur'an: Visual Presentation of the Miracle« (= Der Koran, sichtbare Darstellung des Wunders) verfasst. Außerdem schrieb er noch ein Buch für Skeptiker, in dem er den Standort aller Schlüsselbuchstaben in der arabischen Version des Koran angibt, sodass Zweifler selbst das Ergebnis ausrechnen können. (Das Buch ist zu beziehen über Islamic Productions, 739 E. Sixth St., Tucson 85719.) Khalifas Computerprojekt entwickelte sich aus seiner Übersetzungsarbeit am Koran. Nach seinen Angaben ist dies die erste Übersetzung aus dem Arabischen von einem Übersetzer, dessen Muttersprache Arabisch ist.

Khalifa leitet als Chemiker die Abteilung für Rückstände von Pestiziden am staatlichen chemischen Forschungsinstitut. Seine Übersetzungsarbeit begann er vor mehr als zehn Jahren, als er noch in St. Louis lebte. »Ich beschloss, nicht von einem Vers zum nächsten zu gehen, bevor ich ihn nicht restlos verstanden hätte«, erklärt er. »Ich arbeitete an der ersten Sure eine Woche lang, und an der zweiten, die mit den Buchstaben ALM beginnt, vier Jahre lang. Ich habe alle einschlägige Literatur dazu gelesen und festgestellt, dass keiner wusste, was diese Buchstaben bedeuten. Dann begann ich mit den kürzeren Versen der Sure, um zu sehen, ob es eine konsequente Schablone beim Gebrauch der Buchstaben ALM gibt. Danach programmierte ich meinen Computer so, dass er die Buchstaben zählt. Ich war gespannt auf das Ergebnis, wie jeder Moslem es gewesen wäre«, berichtet er. Doch was er dabei entdeckte, traf ihn wie einen Schlag. »Die mathematische Beziehung all dieser Buchstaben bewies, dass der Koran nicht von Menschen erfunden worden sein kann. Dies ist der erste physikalische Gottesbeweis, und es mag noch einige Generationen dauern, bis das erkannt wird. Dies markiert eine neue Ära in der Religion. Jetzt braucht man nicht mehr nur zu glauben.«

Die Vollständigkeit des mathematischen Schlüssels beweist laut Khalifa auch, dass der Koran wirklich das von Gott eingegebene Wort ist. »Gott verspricht in Sure 15, dass er jeden Buchstaben bewahren will: ›Ganz gewiss senden wir diese Botschaft auf die Erde, und ganz gewiss wollen wir sie bewahren.‹ Das ganze System fällt in sich zusammen, wenn man einen Buchstaben verändert.« Khalifa überprüfte auch die Möglichkeit, ob ein anderes Buch wie der Koran mit seinem exakten Zahlenschlüssel hätte geschrieben werden können. Er kommt zu dem Schluss: »Der Koran genügt im Blick auf seine literarische Qualität dem höchsten Standard. Die Chance ist 1:63 Quadrilliarden (eine Quadrilliarde = 10^{27}), dass ein vergleichbares Buch geschrieben werden könnte.«

Khalifa gibt allerdings zu, dass es viel Skpesis gegenüber seiner Arbeit gibt, und er glaubt, dass Satan alle neuen Erkenntnisse über den Schlüssel im Koran blockieren wolle, weil damit ein »wissenschaftlicher Beweis« für die Existenz Gottes gegeben werde. Im Bereich des moslemischen Glaubens gibt es keine »Zentralstelle für moslemische Weltanschauungsfragen«, die seine Arbeit hätte veröffentlichen können. So war Khalifa auf die mündliche Weitergabe seiner Erkenntnisse angewiesen.

»Der Koran ist in einigen Teilen der Bibel ähnlich«, sagt Khalifa. Er und andere Moslems glauben, dass der Koran von Gott als endgültige Ausgabe der Bibel durch Mohammed in den Jahren 610-632 gesandt wurde. »Wir glauben, dass die Quelle der Bibel und die des Korans die gleiche ist. Der Koran kam vom Himmel in einer Phase der menschlichen Entwicklung, in der die Botschaft ihre endgültige Form erhielt.« Der Koran »rückt alles ins rechte Licht – wer wir sind, wohin wir gehen und warum wir hier sind«, erklärt Khalifa. Wie die Bibel enthält er Lebensregeln, eine Beschreibung der Endzeit dieser Welt, Informationen über Himmel und Hölle und Geschichten über Menschen wie Mose und Abraham. »Er beantwortet unsere brennendsten Fragen.«

Der dritte und letzte Artikel vor dem Mord an Rashad Khalifa erschien am Dienstag, den 21. Februar 1989, im *Arizona Daily Star* im Zusammenhang mit der Salman Rushdie-Affäre:

275

Zwei Moslems in unserer Stadt behaupten, der Befehl, Rushdie zu töten, sei Unrecht

Der Islam ist eine »friedliche Religion« und Ajatollah Ruhollah Khomeini hat seine grundlegendsten Glaubenslehren verletzt, als den Befehl gab, den Autor eines kontroversen Buches umzubringen. So äußerten sich gestern zwei islamische Führungspersönlichkeiten aus Tucsons.

Einer dieser prominenten Moslems meinte allerdings, dass Salman Rushdies Roman »Die satanischen Verse« von der US-Regierung auf den Index gesetzt werden sollte. Doch Imam Rashad Khalifa [...] erklärte: »Khomeini und Leute wie er machen sich mehr schuldig als Rushdie. Der Koran garantiert die freie Meinungsäußerung. An keiner Stelle befürwortet der Koran das Töten eines Menschen um seines Glaubens willen. Was da von Khomeini und anderen zu hören ist, vertritt nur eine lautstarke Minderheit. Gemäßigte Moslems sind absolut gegen das Töten von Menschen.«

Fundamentalistische Moslems aus aller Welt haben gegen die »Satanischen Verse« protestiert, seit dem sie letztes Jahr in England veröffentlicht wurden. Sie behaupten, das Werk lästere ihre Religion, weil es die Frauen des Propheten Mohammed als Prostituierte hinstelle und weil darin angedeutet werde, dass Mohammed den Koran selbst geschrieben und ihn nicht von Gott empfangen habe. Letzte Woche verkündete Khomeini [...], dass Rushdie, ein 41-jähriger, in Indien geborener, britischer Schriftsteller und seine Herausgeber »hiermit zum Tode verurteilt sind«. »Ich rufe alle engagierten Moslems auf, sie zu töten, wo immer sie ihnen auch begegnen mögen, damit keiner mehr wagt, die Heiligkeit des Islam zu verletzen«, lautete Khomeinis Stellungnahme in einer Teheraner Rundfunkmeldung. Die iranische Führung hat eine Prämie von 5,2 Millionen US-Dollar auf Rushdies Kopf ausgesetzt. Rushdie veröffentlichte am Samstag eine Entschuldigung, weil er Moslems Kummer bereitet habe. Doch die iranischen Behörden sollen erklärt haben, dass diese Entschuldigung nicht ausreiche, um das Todesurteil aufzuheben.

Imam Muhammad Ischaq Qureschi, ein geistlicher Führer der Yousuf-Moschee am 250 W. Speedway sagte, der Islam werde nicht durchs Schwert verbreitet. Er sei eine friedliche Religion. »Wir stimmen der Aktion des Ajatollah Khomeini nicht zu«, erklärte der 55-jährige Qureschi, ein gebürtiger Pakistani. »Wir wollen keine Gewalt. [Rushdie] sollte nicht umgebracht werden.« Qureschi betonte jedoch gleichzeitig, dass Rushdies Roman »die Gefühle eines jeden Moslems verletzt«. Deshalb solle die US-Regierung das Buch auf den Index setzen. »Wir verurteilen dieses Buch bedingungslos«, erklärte er. »Es verbreitet Lügen über den heiligen Propheten. Er ist unser geliebter Prophet und wir schätzen und achten ihn sehr. Wir empfehlen, dass das Buch von der Regierung dieses Landes verurteilt wird, weil es die Herzen von mehr als einer Milliarde Moslems (weltweit) verletzt.«

Khalifa […] legte ein Exemplar von Rushdies Buch vor und sagte: »Ich habe es gelesen. Mich hat es nicht beleidigt. Ich habe den Eindruck, dass dieser Mann ein ungewöhnlich begabter Romanschreiber und sehr gut mit der islamischen Geschichte vertraut ist. […] Als Schriftsteller hat er gute Arbeit geleistet.« »Wer gegen das Buch auftritt, hat es nicht gelesen«, fuhr er fort. »Was einer Beleidigung des Propheten am nächsten kommt, ist die Tatsache, dass er Prostituierte nach den Frauen des Propheten benennt. Das ist eine Frage des schlechten Geschmacks, nichts weiter.«

Khalifa schätzte, dass in Tucson etwa 1000 Moslems ansässig sind. Es gibt drei Moscheen in der Stadt — die Moschee von Tucson, die Yousuf-Moschee und das Islamische Zentrum 1627 E. First Street. Bemühungen, gestern einen Sprecher des Islamischen Zentrums zu erreichen, blieben erfolglos. Khalifa sagte, es sei wohl möglich, dass einige Moslems in Tucson Khomeinis Ruf nach der Todesstrafe für Rushdie unterstützten. »Doch die Zahl der Gemäßigten überwiegt hoffentlich«, fügte er hinzu.

Weiter meinte er, die beste Antwort auf Khomeinis Aktion sei eine »gemeinsame internationale Missbilligung eines solchen Verhaltens. Es wäre eine großartige Sache, wenn die UNO etwas unternähme, um die freie Meinungsäußerung aller Schriftsteller in der Welt zu garantieren.« Khalifa erwartet, dass Rushdie überlebt — trotz Khomeinis Ruf nach seiner Hinrichtung. »Ich glaube nicht, dass ihm etwas geschehen wird.«

Am 31. Januar 1990 fand man Khalifa ermordet in seiner Moschee auf. Das Folgende ist eine Serie von Artikeln oder Auszüge davon aus dem *Arizona Daily Star*, die ein erschreckendes Bild davon zeichnen, was Amerika erwartet.

Donnerstag, 1. Februar 1990:

International bekannter islamischer Führer in einer Moschee in Tucson ermordet

Der 54-jährige Imam Rashad Khalifa, Begründer und geistlicher Führer der »Masdschid« oder Moschee von Tucson, wurde vom Sekretär der Moschee in der Küche tot aufgefunden, erklärten die zuständigen Behörden. Amtliche Stellen gaben bekannt, dass Khalifa wegen seiner Interpretation des Koran bereits Morddrohungen erhalten habe. Freunde und Kollegen Khalifas sagten, er habe in der islamischen Gemeinde durch seine Interpretation der heiligen Schriften Zorn und Hass ausgelöst. Ein Beamter vom Morddezernat hält für möglich, dass sein Tod mit politischen und religiösen Fragen in Zusammenhang steht.

FBI schaltet sich ein

Der FBI wurde bei der Aufklärung des Mordfalls von der Polizeiverwaltung von Tucson um Hilfe gebeten, weil die Möglichkeit politischer und religiöser Motive nicht auszuschließen ist. Die Polizei soll um 5.45 Uhr nach der Meldung einer Schießerei in der Moschee erschienen sein. Allerdings wollte die Polizei keine Angaben darüber machen, ob Khalifa erschossen wurde oder wie er verletzt worden sei ...

Vielzahl von Spuren

[...] »Es gibt eine Vielzahl von Spuren, die wir verfolgen«, äußerte Inspektor Charles Armijo vom Morddezernat der Polizeistation Tucson. »Wir können uns nicht auf einen einzelnen Anhaltspunkt oder auf ein bestimmtes Gebiet beschränken.« [...] »Khalifa war ein gemäßigter Moslem, der Interpretationen des Koran veröffentlicht hat, die viele Moslems im Nahen Osten geärgert haben«, sagte ein Polizist, der nicht namentlich genannt werden will. »Er war ein Mann mit ausgeprägtem Profil, der in der Vergangenheit schon Morddrohungen erhalten hat.«

[...] Der Assistent Khalifas, Edip Yuksel, berichtete, dass Khalifa jeden Tag um zwei oder drei Uhr morgens in die Moschee gekommen sei, um an seinen religiösen Schriften und an seiner Koranübersetzung zu arbeiten. Khalifa sei unter Moslems bekannt geworden, weil er eine Computeranalyse des Korans erstellt habe ... Darin habe er die göttliche Herkunft des Korans bestätigt gesehen. Außerdem habe er ein Buch über seine Erkenntnisse geschrieben und eine Übersetzung des Koran veröffentlicht, in der er zwei »satanische Verse« weggelassen habe, berichtete ein Freund Khalifas, der anonym bleiben wollte. Khalifa habe anderen Moslems vorgeworfen, dass sie einem satanischen Koran folgten, was natürlich Zorn und Hass hervorgerufen hat, sagte der Freund.

Khalifa beanspruchte ein Bote Gottes zu sein, während treue Moslems glauben, dass Mohammed der letzte Bote war. Yuksel erwähnte, dass Khalifa ständig gepredigt habe, dass die Moslems weder Mohammed noch Jesus Christus noch die Heiligen anbeten sollten, sondern allein Gott. Ferner sei Khalifa »von der Türkei bis nach Marokko und von Saudi-Arabien bis in den Iran angegriffen« worden sein. Yuksel ist sich zu 90 Prozent sicher, dass der Mord an Khalifa das Werk eines religiösen Fanatikers war. »Ich hätte nicht gedacht, dass es so bald geschehen würde«, sagte er. »Ein paar Tage vorher hatte er eine Morddrohung erhalten, aber keine weiteren Informationen darüber gegeben. Er sagte nur, die Polizei wisse Bescheid.« Diese äußerte sich nicht dazu.

Anned Betteridge, Professor am Fachbereich für Nahostwissenschaft an der Universität von Arizona, meint, Khalifa sei kein gewöhnlicher Moslem gewesen. »Er erkannte keinerlei Unterschiede zwischen den verschiedenen Sekten des Islam an. Er war der Ansicht, alle Moslems seien Moslems«, erklärte Betteridge, der auch geschäftsführender Sekretär der Middle East Association Nordamerikas ist.

»Wir sind alle sehr traurig über seinen Tod«, sagte Yuksel. »Wir glauben an die Auferstehung. Wir glauben, dass er im Himmel ist.« Yuksel berichtet weiter: »Im Jahr 1976 war Khalifa wissenschaftlicher Berater von Muammar Gaddafi und wurde später von diesem inhaftiert. Einige seiner Freunde wurden hingerichtet, er selbst wurde jedoch wieder freigelassen.«

Am nächsten Tag, dem 2. Februar 1990, veröffentlichte der *Arizona Daily Star* folgende Meldung:
Ein Ermittler der Mordkommission sagte gestern, die Polizei fasse die Möglichkeit ins Auge, dass der Mord an dem islamischen Führer Rashad Khalifa religiös motiviert gewesen sei. Khalifa [...] war durch mehrere Dolchstiche verletzt worden. Außerdem fand man nach amtlicher Verlautbarung unter seiner Leiche am Mittwoch eine Feuerwaffe vom Kaliber 22. »Wir nehmen an, dass es ein religiöser Mord gewesen ist«,

vermutet auch der Inspektor des Morddezernats Charles Armijo.

Gestern Nachmittag trafen sich Anhänger an der Stelle in der Moschee, wo Khalifas Leiche gefunden worden war. Sie umarmten sich und brachten ihre Trauer zum Ausdruck. Dann versammelten sie sich zum Gebet. Bevor die Gebete begannen, erklärte Abdullah Arik, ein Assistent Khalifas, dass dieser bereits seit über 20 Jahren Morddrohungen erhalten habe. Zu dieser Zeit hatte er angefangen zu predigen, dass die Menschen nur Gott allein anbeten dürften und nicht Mohammed, Jesus Christus oder die Heiligen. Khalifa hatte auch außerdem andere Moslems beschuldigt, einem satanischen Koran zu folgen, ein Vorwurf, der ihm nach Aussage eines Freundes Zorn und Hass eingebracht hatte.

Arik berichtete weiter, dass der FBI habe wegen eines Mordanschlags Kontakt mit dem Polizei-Department von Tucson aufgenommen hätte, und zwar drei Tage vor der Tat. Arik meint, dass die Verschwörung ihren Ursprung in Salt Lake City gehabt habe. Seines Wissens sei jemand verhaftet worden. Die Polizei hätte Khalifa vor dem Komplott gewarnt. Armijo leugnete allerdings, dass die Polizei Khalifa etwas über eine solche Verschwörung gesagt habe. Gestern bestritten der FBI-Beamte James Screen aus Salt Lake City und mehrere Polizeibeamte, von einem solchen Komplott unterrichtet worden zu sein.

Ein Polizeibeamter, der nicht namentlich genannt werden möchte, berichtete, dass schon vor einigen Jahren eine Mordverschwörung gegen Khalifa aufgedeckt worden sei. Doch die damalige Aktion hätte ihren Ursprung nicht in Salt Lake City gehabt. Der Beamte sagte, dass »andere Stellen« von dem geplanten Anschlag gewusst und der Polizei in Tucson die Information weitergegeben hätten. »Es kann sein, dass die Sache damals nichts mit dem jetzigen Geschehen zu tun hat«, erklärte der Beamte, »wir werden uns aber darum kümmern.«

Der FBI-Agent Larry Baglay sagte, der FBI wolle im Ausland für die Polizei von Tucson Ermittlungen in diesem Fall durchführen, wollte aber keine weiteren Angaben dazu machen. Wachtmeister Anthony Daykin von der Polizei in Tucson […] erklärte, dass die Polizei mit dem FBI zusammenarbeite, um »Geheimdienstnachrichten über Todesdrohungen zu sammeln«. Er sagte, wegen der Möglichkeit internationaler Auswirkungen würden die Ermittlungen einige Zeit in Anspruch nehmen.

Einen Monat nach dem Mord, am 4. März 1990, brachte der *Arizona Daily Star* folgenden Bericht:

Tod eines »Botschafters« – Freunde und Feinde behaupten, Khalifa sei wegen seiner Lehren umgebracht worden

Rashad Khalifa wusste, dass er bald sterben würde – davon sind seine Anhänger überzeugt. Khalifa-Anhänger – in Tucson sind es schätzungsweise fünfzig, weltweit vielleicht einige Tausend – erklären, ihr Führer habe gewusst, warum, wie und vielleicht sogar wann er sterben würde. Es sei bei Allah so beschlossen gewesen, sagen sie. Sie verbreiten die Auffassung, Rashad Khalifa sei ein Botschafter Allahs gewesen. Gott habe ihm diese Dinge durch den Koran, das heilige Buch des Islam, geoffenbart. Khalifas Verleumder – derer er viele in der ganzen moslemischen Welt hatte – behaupten dagegen, er sei ein großer Egoist gewesen, ein irregeleiteter Mensch, der eine dumme, erdichtete Botschaft gepredigt hätte, um sein Selbstwertgefühl zu steigern.

Khalifas wichtigster Lehrsatz hatte zum Inhalt, dass der Koran das einzige Buch sei, dem die Moslems folgen müssten. Nach Khalifas Schriften ist jeder, der den Gott Abrahams aufrichtig anbetet – sei er nun Jude, Christ oder Moslem – in den Augen des Islam ein Gesegneter. Diese Auffassung habe den abgrundtiefen Hass der großen islamischen Religionen und politischen Führer heraufbeschworen, sagen Anhänger wie Kritiker.

282

»Rashad hat gelehrt, dass Amerika vor allen Ländern gesegnet sei, selbst mehr als der Nahe Osten«, erinnert sich sein Anhänger Muhtesen Erisen, ein Geschäftsmann aus Tucson. »Er hat gelehrt, dass die größte Gabe Gottes die Freiheit sei. Weil führende Persönlichkeiten im Nahen Osten ihren Völkern das Recht der freien Meinung genommen haben, hätten sie dadurch die schlimmste Vergeltung auf sich gezogen.« Die Tatsache, dass Khalifa in seiner Moschee erstochen wurde, sei Beweis für den Plan Allahs, meinen seine Anhänger. Verschiedene bedeutende Imame seien seit der Begründung des Islam durch Mohammed, der 632 n. Chr. gestorben ist, in ihren Moscheen niedergestochen worden.

Sieben Monate vor der irakischen Invasion in Kuwait gab Khalifa im März 1990 einen Rundbrief heraus ... Einige seiner Anhänger sind der Ansicht, dass darin die Ahnung von seinem nahen Ende schon erkennbar sei. Er beschrieb bis in Einzelheiten, wie Allah den Nahen Osten bestrafen würde, weil man dort der Botschaft Allahs nicht folge. Weiter hatte Khalifa eine Geschichte des *Arizona Daily Star* angefügt, in der Theorien eines Weltraumexperten der Universität von Arizona über einen großen Kometen oder einen Planetoiden dargelegt werden, von dem man allgemein annahm, dass er die Erde vor 65 Millionen Jahren verwüstet habe. Khalifa sagte voraus, dass eine weitere solche Katastrophe die Erde in diesem Jahr treffen würde, wobei Allah die Haupteinwirkung des Ereignisses auf den Nahen Osten lenken würde.

Khalifas Rundbriefe, die nach Art vieler solcher islamischer Publikationen verfasst sind, sind voll von dramatischen Ankündigungen von Verhängnissen, die die politischen und religiösen Führer des Nahen Ostens treffen werden. Wenn Khalifa auch ein hartnäckiger, frommer Moslem war, hatte er doch nach Ansicht seiner Anhänger die islamischen Traditionen und Lehren nicht akzeptiert, die in seinem ägyptischen Heimatland und im ganzen Nahen Osten allgemeine Gültigkeit haben. Weil diese alles andere als gewaltlosen Traditionen in der islamischen Welt vom Vater auf den Sohn weitergegeben werden, sah sich Khalifa offensichtlich an einem Punkt seiner geistlichen Entwicklung dazu gedrungen, seinem Vater die innere Gefolgschaft aufzukündigen. Er nannte ihn nur noch seinen »ehemaligen Vater«, berichtet einer seiner Anhänger.

Computerstudien des Koran

Khalifas umstrittene Berühmtheit beruhte anfänglich auf der Tatsache, dass er zwischen 1968 und 1981 mit Hilfe eines Computers beim Studium des arabischen Urtexts des Koran etwas entwickelte, was er als eindeutigen mathematischen Beweis dafür betrachtete, dass die heilige Schrift göttlichen Ursprungs ist. Nach Kritikern und Befürwortern wurde seine Entdeckung in der gesamten moslemischen Welt zunächst positiv aufgenommen, wo an einigen religiösen Universitäten kurz darüber berichtet wurde. Sie erhielt sogar eine vorübergehende Erwähnung in der Bastion logischen westlichen Denkens, im *Scientific American*. Doch mit der Veröffentlichung seines zweiten größeren Werkes, »Koran, Hadith and Islam« im Jahre 1982, wurde Khalifa für gläubige Moslems zunehmend umstritten.

Khalifa wies die Hadith, das heißt die späteren moslemischen Schriften, die sich im Detail mit den frühen Praktiken des Propheten Mohammed befassen, entschieden zurück. Er schrieb und veröffentlichte ein Buch, in dem er diese Schriften scharf kritisiert. Ihsan Bagby, Generalsekretär der Islamischen Gesellschaft Nordamerikas, bezeichnete das Buch als verleumderisch. Diese Gesellschaft gibt an, rund 50 000 Mitglieder in den USA und Kanada zu haben.

Verleumdungen

»Khalifa beschimpft den Propheten und die Überzeugungen der Moslems«, erklärte Bagby und fügte hinzu, dass solch ein Akt an sich schon »ausreicht«, »sein Leben in Gefahr zu bringen

284

durch irgendeinen Moslem, der fanatisch genug« sei, »um darauf entsprechend zu reagieren.«

Ein Anhänger Khalifas meinte dazu: »Die meisten Aussagen der Hadith sind weiter nichts als Erfindungen. Sie geben vor, zu beschreiben, wie Mohammed sein Haus betrat, wie er im Bett zu schlafen pflegte – ob auf der rechten oder der linken Seite – und selbst, wie oft er mit seiner Frau schlief. Rashad hatte darauf verwiesen, dass der Koran nichts mit derartigen Märchen zu tun habe. Er betonte, dass Mohammed selbst gesagt habe, dass es nur ein einziges Buch gebe, den Koran.«

Die Hadith kam auf, so sagen die Anhänger Khalifas, weil verschiedene politische und religiöse Führer innerhalb des Islam persönliche Machtpositionen ausbauen wollten. »Schaut darauf, was die Moslems heute tun«, hatte Khalifa gesagt. »Die ganze Religion zeigt sich heute anders als das, was Mohammed lehrte. Schaut euch Khomeini im Iran an – die Menschen fallen vor seiner Leiche nieder. Der Koran lehrt aber, dass der Körper nicht besonders wichtig ist.«

Wenn Khalifas Angriff auf die Hadith ihm schon an höchsten Stellen Feinde schuf, dann brachten ihm die darauf folgenden Versuche, mathematisch nachzuweisen, dass zwei der Verse aus dem Koran »satanisch«, das heißt, nicht von Gott autorisiert, seien, noch mehr Verurteilungen ein. »Diese Verse wurden wahrscheinlich innerhalb von 40 Jahren nach dem Tode des Propheten angefügt«, erklärt einer der Schüler Khalifas. »Echte Moslems wissen, dass diese beiden Verse immer fraglich waren. Doch die Mehrheit hat keine Ahnung davon. Rashad hat darüber geschrieben. Die Fanatiker ärgerten sich darüber und die Imame fürchteten wegen dieser Sache einen Verlust ihres Ansehens.«

Kollaboration mit den Israelis

»In Ägypten schrieb jemand, Rashad habe für die Israelis gearbeitet«, sagte einer seiner Schüler. »Sie haben eine Reihe seiner Anhänger in Ägypten verhaftet.« Nach Bagby brachte eine Sache, die anderthalb Jahre zurücklag, das Fass zum Überlaufen. Khalifa habe in einem seiner Rundbriefe behauptet, ein Bote Gottes zu sein, der schon im Koran erwähnt werde. »Das versetzte viele Leute in Wut«, sagte Bagby. »Keiner von uns hatte noch Sympathie für sein Tun. Vor kurzem sagte er sogar, dass er zum Himmel aufgefahren und dort umhergegangen sei. Offensichtlich hat es irgendjemand in die eigenen Hände genommen, ihm Einhalt zu gebieten.«

Khalifas Anhänger sagen, der Koran definiere einen Botschafter als jemanden, der nach einem großen Propheten, wie etwa Mose, Jesus oder Mohammed, komme. Ein Prophet gebe seinem Volk ein Buch, das Gottes Wort enthält, während ein Botschafter diese Botschaft lediglich reinige, indem er alle Unreinheiten, die im Lauf der Jahrhunderte von unvollkommenen Menschen darüber gestreut worden seien, wegblase.

Die Koranübersetzung

Sie sagen, Khalifa habe niemals Dinge erfunden. Alle seine Aussagen habe er ausschließlich auf der Grundlage des Koran gemacht. Er war der erste Mensch, dessen Muttersprache Arabisch war — die Sprache, in der der Koran geschrieben wurde —, der ihn ins Englische übersetzte. Sie zollen dem Werk hohes Lob wegen seiner Klarheit und Einfachheit …

Wer war Rashad Khalifa?

»Er war ein sehr freundlicher Mann, meist liebenswürdig, überaus gütig zu Kindern, sehr zuvorkommend und rücksichtsvoll seiner Frau gegenüber«, berichtet Erisen. »Eigentlich war er zu allen Menschen nett, zuvorkommend auch Fremden gegenüber. Mit Worten kann man seine Haltung gar nicht beschreiben. Er war einfach frei von Egoismus.«

Khalifa soll in einem kleinen Dorf in Ägypten geboren worden sei. Als er später den Hadith ablehnte, soll er damit auch die Lehren seines Vaters abgelehnt haben. Diesen hatte er vor seinen Schülern als einen Sufi-Meister bezeichnet. Der Sufismus ist eine mystische Form des Islam und lehrt, dass es letztlich keine andere Realität als Gott gibt. [...]

Khalifas »dunkle Seite«

Vor nicht allzu langer Zeit war Khalifa in einen Streit verwickelt, von dem einige sagen, dass dabei seine Schattenseite zutage getreten sei. Linda Abib, eine 27-jährige Mutter, berichtete, dass sie Khalifa für einen freundlichen und rücksichtsvollen Mann gehalten habe, als sie und ihr Ehemann im Jahre 1988 eines seiner Apartments gemietet hätten, das unmittelbar neben der Moschee lag. Doch sie und ihr dreijähriger Sohn hätten vor kurzem Khalifas Glaubensrichtung verlassen und seien dann untergetaucht. Abib erwirkte eine gerichtliche Anordnung zum Schutz vor ihrem Ehemann. Doch in einem Interview sagte sie kürzlich, dass sie »nicht nur einen gewalttätigen Ehemann fürchte, sondern auch eine gewalttätige religiöse Sekte. Das war es nämlich, was [Khalifa] ausübte.«

Seine Anhänger weisen diese Anklage zurück. Ihr Glauben sei eine Religion des Friedens und der Liebe, behaupten sie. Abib sagt, dass Khalifa das Schlagen ungehorsamer Ehefrauen billigte — was seine Anhänger ebenfalls bestreiten. (Bemerkung von Victor Mordecai: In Sure 4,34 befiehlt der Koran unter der

Überschrift »Die Frauen« den Männern, ungehorsame Frauen zu schlagen.)

Abschließend bemerkte Erisen: »Sie glauben, dass sie ihn getötet haben. Doch sie haben es nur mit seinem Körper zu tun gehabt. Das Gleiche haben sie mit Jesus auch gemacht. Sie dachten, sie hätten ihn gekreuzigt, aber seine Seele war bei Gott.«

Zweiter Artikel aus dem *Arizona Daily Star* vom 4. März 1990:

Islamischer Gelehrter: Einsamer Mord war nicht das Werk einer Gruppe

Ein führender islamischer Gelehrter meint: »Es ist zu bezweifeln, dass irgendeine organisierte islamische Gruppe, wie etwa die ›Moslembruderschaft‹ für den Mord an Rashad Khalifa verantwortlich ist.« Im Geheimen und in »Zellen« organisiert, sodass die eigentlichen Anführer verdeckt bleiben, hat die Moslembruderschaft 1981 den Mordanschlag auf den ägyptischen Präsidenten Anwar Sadat ausgeführt. Damit wurde er für die Aufnahme von Friedensverhandlungen mit Israel »bestraft«.

Die »Bruderschaft« hat sich in den zwanziger Jahren in Ägypten gebildet und besitzt schätzungsweise 1000 Mitglieder in den USA. Doch Mohammed T. Mehdi, Sprecher des Nationalrates für Islamische Angelegenheiten mit Sitz in New York, glaubt, dass Khalifas Mord aller Wahrscheinlichkeit nach die Tat eines Einzelnen gewesen ist. »Der törichte Mensch, der das getan hat, verhilft ihm damit nur noch zu mehr Ansehen«, sagt Mehdi. »Mit der Zeit wird er möglicherweise zum Märtyrer gemacht, selbst wenn er während seiner Lebzeiten nicht in der Lage war, in der islamischen Welt eine bedeutende Stellung einzunehmen.« (Anmerkung von Victor Mordecai: Deshalb habe ich dieses Kapitel überschrieben: Zeugnis eines Märtyrers. Ohne seinen Tod wäre ich auf die Arbeit eines Einzelnen über den Koran vielleicht niemals aufmerksam geworden.)

Mehdi hat auch ausführlich über Sirhan Sirhan geschrieben, einen gebürtigen Palästinenser, der Robert Kennedy ermordete. Kürzlich vollendete Mehdi ein Buch, in dem er den Ajatollah Ruhollah Khomeini angriff wegen der Todesdrohung gegen Salman Rushdie … Mehdi ist der Meinung, Moslems hätten Rushdie, Khalifa und andere Kritiker des Islam einfach übersehen sollen.»Todesstrafen und Morde geben den Ansichten ihrer Opfer viel zu viel Öffentlichkeitswirkung«, erklärt er, der sich selbst als einen gemäßigten Moslem betrachtet, dem die Intoleranz und der Fanatismus des Nahen Ostens Kummer bereitet. Obwohl der Mord an Khalifa schrecklich war, bittet Mehdi um Verständnis. Er wendet sich besonders an die Einwohner von Tucson und an die christlichen Amerikaner im Allgemeinen.»Intoleranz und Gewalttätigkeit haben auch im Christentum eine Rolle gespielt«, äußert Mehdi. Er bemerkt, dass ein solch bedauerliches Verhalten in der westlichen Welt nicht eher zum Verschwinden gebracht wurde, bis Europa vor 400 Jahren mit der Renaissance in das Zeitalter der Moderne eintrat. Mehdi setzt den Beginn des arabischen Modernismus beim Ersten Weltkrieg an.»Die amerikanischen Moslems sind die glücklichsten der Welt, weil wir hier die Freiheit haben, zu denken, unsere Traditionen neu zu überprüfen und ihre Gültigkeit einzuschätzen«, betont Mehdi.»Und wenn wir auf einen gemeinsamen Nenner kommen, könnten Moslems von hier die Moslems in der Alten Welt ins 21. Jahrhundert führen.«

Der Mord in der Moschee von Tucson steht möglicherweise in Verbindung mit einer religiösen Splittergruppe. — 12. Oktober 1992:
Offizielle Stellen in Colorado untersuchen eine mögliche Verbindung zwischen einer fundamentalistisch-islamischen Gruppe und dem Mord an einem islamischen Geistlichen, der vor zwei Jahren hier verübt wurde. Bei einer Razzia auf einem über 40 Hektar großen Grundstück, das dieser islamischen Sekte in Colorado gehört, wurde ein Waffenlager beschlagnahmt. Bei einer anderen Durchsuchung wurden vier Männer

verhaftet. Das Gelände sei für militärische Übungen genutzt worden, teilte ein Mann der Einsatzkräfte mit. Polizeibeamte sagen, dass sie möglicherweise den Beweis dafür hätten, dass Mitglieder der FUQRA-Sekte mit dem Mord des umstrittenen Geistlichen Rashad Khalifa am 31. Januar 1990 in Verbindung gebracht werden können, berichteten die *Rocky Mountains News* gestern.

[…] Joe Reyes, leitender Beamter im FBI-Büro Tucson, ließ gestern verlauten, dass er nicht in der Lage sei, einen Kommentar zu den Untersuchungen in Colorado zu geben oder Einzelheiten über den Fall bekannt zu geben. Sheriff George Chavez aus Chaffee County in Colorado sagte, die Gruppe setze sich offenbar aus schwarzen Moslems zusammen, die ausnahmslos in den USA geboren seien. Chavez sagt allerdings, dass andere Justizbehörden der Ansicht seien, dass einige der Aktivitäten der FUQRA-Gruppe möglicherweise von Leuten in Pakistan und Afghanistan finanziert würden.

Man sagt der Organisation nach, sie sei verantwortlich für einen Bombenanschlag auf ein Hotel in Portland, Oregon, das Anhängern des indischen Guru Bhagwan Shree Rajneesh gehört. Ein Mann mit Verbindungen zu der FUQRA-Gruppe wurde in der Sache überführt, meldeten die *Rocky Mountains News* in einem Artikel. Die Razzia auf dem Grundstück am letzten Donnerstag sei nach einer jahrelangen Untersuchung eines Betruges durchgeführt worden. Dabei ging es um 355 000 US-Dollar aus der staatlichen Arbeiterwohlfahrtskasse, berichtete Chavez. Er bemerkte, dass der FBI anfangs die Verbindung mit Colorado wegen eines Verdachts gegen FUQRA aufgenommen habe. Er sagte, dass in diesem Betrugsfall auf Bundesebene fünf Männer wegen Erpressung angeklagt worden seien, nämlich Christ Childs, James D. Williams, Vicente Rafael Pierre, James L. Upshur und Edward Ivan McGhwee. Vier davon befänden sich in Untersuchungshaft, der fünfte werde noch gesucht. Sie waren bei Überfällen auf Häuser in Colorado Springs und auf ein Haus in Lycoming County, Williamsport, Pennsylvania, verhaftet worden. Bis gestern waren weder das Alter der Männer noch ihre Heimatorte zu erfahren. Etwa 60 bundesstaatliche, nationale und kommunale Justizvollzugsbehörden waren an der Razzia auf diesem Gelände beteiligt, das in der Nähe des Trout Creek Passes liegt, einer rauen und abgelegenen Gegend im Pike-Nationalpark. Das Grundstück liegt in der Nähe der Stadt Buena Vista, etwa 120 Kilometer westlich von Colorado Springs.

Die Polizei beschlagnahmte Schusswaffen, darunter Sturmgewehre vom Typ AK-47, M-16 und M-14. Beamte fanden außerdem 21 Kinder und drei Erwachsene dort. Das Gelände war von der Sekte gekauft worden. Vier Jahre hatte sie dort gelebt, berichtete Chavez. Seine Beamten hätten das Grundstück bereits seit zwei Jahren beobachtet ... Er sagte, bei Ermittlungen sei herausgekommen, dass etwa 30 Menschen, Männer und Frauen, auf dem Gelände militärisch ausgebildet würden. Kinder gingen dort zur Schule, eine Kapelle sei auch dort, dazu ein Wohnwagen und zwei Häuser.

»Das Stammwort von FUQRA bedeutet nach dem arabischen Lexikon eine ›militärische Einheit oder eine Einrichtung, die das Ziel hat, Menschen zu terrorisieren oder in Schrecken zu versetzen‹«, erklärte Abdullah Arik, ein Assistent Khalifas, der nach dessen Tod Direktor der Moschee wurde. Die Gläubigen dieser Moschee haben nach Khalifas Tod versucht, ihre Aktivitäten ganz normal fortzusetzen. Doch selbst nach zwei Jahre finden sich noch Todesdrohungen auf dem Anrufbeantworter der Moschee.

Sieben Personen des Mordkomplotts gegen islamischen Geistlichen in Tucson angeklagt

Arizona Daily Star, Sonntag, 11. April 1993:

Sieben islamische Fundamentalisten werden angeklagt, an einer Verschwörung zum Mord an einem islamischen Geistlichen in Tucson beteiligt gewesen zu sein. Doch die Behörden tappen im Hinblick auf die Identität des Mörders noch im Dunkeln. »Der 54-jährige Rashad Khalifa, Begründer und geistlicher Führer der Masdschid-Moschee in Tucson, wurde vor drei Jahren ermordet, doch wurde der Fall bisher nicht aufgeklärt«, berichtete Wachtmeister Charles Armijo von der Mordkommission des Polizeidepartement in Tucson. »Sieben Mitglieder der FUQRA-Sekte aus Colorado wurden im Februar angeklagt, an diesem Mordkomplott beteiligt gewesen zu sein.« Die Polizei gab bekannt: »Mitglieder der FUQRA, einer Gruppe schwarzer, in den USA geborener Moslems, stehen in Verbindung mit terroristischen Aktivitäten.« […]

Im Jahr 1989 entdeckte die Polizei von Colorado Springs das Mordkomplott, als sie in einer Einbruchssache einen abgeschlossenen Lagerraum untersuchte. Dort fanden sich außerdem 20 Kilogramm Sprengstoff, berichtete Wamsley. Er sagte, die Behörden hätten Khalifa von dem Komplott unterrichtet. Vier Monate später fand der Sekretär der Moschee kurz vor sechs Uhr morgens Khalifa tot im Küchenbereich der Moschee. Wamsley sagte, die Untersuchungskommission hätte Angaben zur Überwachung der Moschee gefunden, darunter Einzelheiten über das Kommen und Gehen von Gläubigen. Selbst die Polizeipatrouillen in der Gegend wurden erwähnt, da man annahm, dass sie wegen der Nähe zur Universität von Arizona häufiger stattfanden als üblich.

Man fand auch Fotos von der Moschee und von Khalifas Anhängern. Außerdem Notizen über das Vorgehen der Mörder. Als bevorzugte Tötungswaffe sollte ein Dolch dienen. Zweite Möglichkeit wäre Aufhängen und dritte die Anwendung von Gift gewesen. Als vierte Möglichkeit sei eine schallgedämpfte 22-Kaliber-Schusswaffe vorgesehen gewesen, berichtete Wamsley. Bei diesen Notizen lag auch eine Anweisung, was geschehen solle, falls Gläubige zum Gebet in die Moschee kämen. »Sie sollten in einen Raum eingeschlossen werden mit der Information, dass die Moschee überfallen worden sei. Dann hätten diese Menschen getötet werden müssen.« Glücklicherweise kam niemand zur Zeit des Mordes in die Moschee.

Der Assistent Khalifas, Abdullah Arik, erklärte letzte Woche, dass er keine Ahnung gehabt habe, wer in den vergangenen Jahren in die Moschee gekommen sei, um die moslemische Gemeinde auszuspionieren und die Informationen zu sammeln, die von dem Mörder oder seinen Komplizen dann benutzt wurden. »Wir heißen alle willkommen, die mit guten Gedanken und zum Beten hierher kommen«, sagte Arik.

Mutmaßlicher Mörder eines Moslemführers aus Tucson entzieht sich durch Flucht

Scripps Howard News Service — Colorado Springs, Colorado — Freitag, 25. Februar 1994:

Amtliche Stellen ließen gestern verlauten, dass es wenig Hoffnung gebe, einen entsprungenen Terroristen bald wieder zu finden. Der Häftling war verschwunden, bevor er wegen Betrugs und Terrorismus verurteilt werden konnte. James Williams, 41, Anführer der in Colorado Springs aufgetretenen Zelle der extremistischen FUQRA-Gruppe, ließ seine Kaution von 50 000 Dollar verfallen und erschien am Mittwoch nicht vor dem Bezirksrichter Michael Heydt. Zur Debatte stand eine Haftstrafe von bis zu 96 Jahren wegen vier Kapitalverbrechen.

Der Sekretär des Justizministers Doug Wamsley machte die Mitteilung, dass die Behörden keine Ahnung hätten, wo Williams sich aufhält. Sie hätten auch kaum andere Mitglieder der FUQRA-Gruppe ausfindig machen können, die untergetaucht seien. »Ich bin sicher, dass es andere FUQRA-Gruppen im ganzen Land gibt, und ich bin ebenso sicher, dass [Williams] dort Hilfe findet.«

Trotz dringenden Tatverdachts und einer Reihe von Auslandsaufenthalten hatte Williams von Heydt die Erlaubnis erhalten, gegen eine Kaution von 50 000 US-Dollar bis zum Antritt seiner Strafe auf freiem Fuß zu bleiben. Williams war mindestens einmal in Pakistan gewesen.

293

Meine Leser werden es mir hoffentlich verzeihen, dass ich hier so viele Artikel aus dem *Arizona Daily Star* abgedruckt habe. Erlauben Sie mir jetzt noch, eine Geschichte anzuführen, die ich unzählige Male von jüdischen Rabbis gehört habe, die aus islamischen Ländern stammten. Es geht um die Frage: »Wer hat den Koran geschrieben?«

Es gibt eine jüdische Tradition, die besagt, dass etwa 70 Jahre nach dem Tode Mohammeds die mohammedanischen Beduinen Analphabeten waren. Sie brauchten deshalb jemanden, der lesen und schreiben konnte, der ihnen ein heiliges Buch schreiben sollte. Und deshalb — so erzählt die Geschichte — entführten sie einen bedeutenden, Arabisch sprechenden Rabbi aus Babylon, wo der Talmud in Gemeinschaftsarbeit zusammengestellt worden war.

Dieser Rabbi wurde in einer tiefen Grube gefangen gehalten und erhielt von den Nachfolgern Mohammeds den Befehl, ihnen ein heiliges Buch zu schreiben. Andernfalls müsse er sterben. Sie versprachen ihm die Freiheit, sobald das Buch fertig wäre. Und so begann der Rabbi zu schreiben. Er war ein Experte im Gesetz und in der Gematrie des talmudischen Judentums und stellte nun für diese Mohammedaner ein Buch zusammen. Danach sollte er freigelassen werden. Doch als das Buch fertig war, dachte man nicht daran, ihm die Freiheit zu geben. Vielmehr befahlen die mohammedanischen Führer den Frauen des Stammes, Steine in die Zisterne zu werfen, weil ein Teufel darin sei. So betrogen sie den Rabbi und brachten ihn, trotz ihres Versprechens, ihn freizulassen, um.

Die jüdische Tradition weiß weiter zu erzählen, dass der Rabbiner den Koran nur unter großer Anfechtung schrieb, nicht zuletzt, weil er Gott treu bleiben wollte. So baute er alle möglichen Widersprüche ein, durch die jeder gebildete, aufmerksame Leser des Koran Unvereinbares und »satanische Verse« entdecken musste, wie eben Rashad Khalifa es tat. Doch 1400 Jahre lang, bis zur Erfindung des Computers, war kein Mensch ausreichend interessiert oder gebildet, um die großartige Fälschung, die als »Koran« bekannt wurde, zu entschlüsseln.

Rashad Khalifa starb als Märtyrer, wenn auch aus den falschen Gründen. Die Buchstaben A, L, M, die am Anfang vieler koranischer Suren erscheinen und die bislang kein Moslems zu deuten wusste, stehen für die arabischen Buchstaben »Alif«, »Lam« und »Mim«, oder auch »Alef«, »Lamed« und »Mem« im Hebräischen. Die jüdische Tradition deutet es so, dass der Rabbi durch diese Abkürzungen sagen wollte: »Ani Lo Ma'amin« (Anfangsbuchstaben der Worte: A L M) was übersetzt bedeutet: »Ich glaube es nicht«. Vielleicht wollte der entführte Rabbiner damit einen Hilferuf an die Leser des Koran senden, in der Hoffnung, dass wirklich jemand seine Not verstehen würde — vergleichbar der verschlüsselten Nachricht einer Geisel, die von ihren Geiselnehmern zu unwahrhaftigen Aussagen gezwungen wird.

Khalifa war überwältigt von der Wiederholung der Zahl 19 in vielen Textabschnitten. Diese Zahlensymbolik hat eine lange Tradition in rabbinischen Kreisen. Jeder Rabbiner, der »sein Salz wert ist«, kann Akrostichons und andere Texte mit numerischen Zusammenhängen verfassen. Zum jüdischen Gebetsrhythmus gehört, dass man dreimal täglich das Amida-Gebet sagt, welches sich aus 19 Bitten zusammensetzt. Ursprünglich war das Amida-Gebet als »Achtzehnbittengebet« (Schmona Esre) bekannt geworden. Im zweiten Jahrhundert v. Chr. wurde es jedoch auf 19 Bitten erweitert, um eine weitere Bitte um Gottes Schutz vor den Feinden des jüdischen Volkes.

Die Moslems haben ein Mondjahr; die Christen ein Sonnenjahr. Die Juden beachten eine Kombination von beiden, die einen Zyklus von 19 Jahren umfasst. Eventuell könnte der Rabbi durch den Gebrauch der Zahl 19 auch angedeutet haben, dass das jüdische System das beste aller Systeme sei.

Khalifa hatte festgestellt, dass der zugrunde liegende 19er-Rhythmus durchbrochen wurde, als die beiden »satanischen Verse« mit aufgenommen wurden. Daraus zog er die Schlussfolgerung, dass irgendwann ein Mensch in die Schriften eingegriffen habe. Khalifas Feststellung, dass der gesamte Aufbau des Buches in sich zusammenfällt, wenn man etwas hinzufügt oder etwas wegnimmt, hatte ihn darauf stoßen lassen. Könnte es nicht sein, dass der legendäre Rabbiner den Koran dergestalt geschrieben hat, dass jemand darüber stolpern und erkennen musste, dass es dabei einen Widerspruch gibt, wenn er den Koran studierte?

Khalifa wurde ermordet — wahrscheinlich von schwarzen Moslems, die ihre Befehle von einer oder mehreren islamischen Mächten im Nahen Osten erhält. Erinnern wir uns, dass Gaddafi Louis Farrakhan und seinen Fußtruppen eine Milliarde US-Dollar versprach. Wäre es nicht logisch, dass der Letztere Gaddafi »Fußsoldaten« besorgt hat, damit dieser die »Festung« Amerika von innen her angreifen kann? Wäre es nicht logisch, dass diese Fußtruppen auch dafür angeworben werden können, jegliche Opposition zum Islam oder zur islamischen Zielsetzung zu eliminieren — auf Befehl von Pakistan oder irgendeines anderen islamischen Landes mit der gleichen Intention?

Ist es nicht satanisch, dass der Koran den moslemischen Gläubigen verbietet, mit Juden oder Christen echte Freundschaft zu schließen? (Sure 5). Ist es nicht satanisch, dass der Koran befiehlt: »Und tötet niemand, den (zu töten) Allah verboten hat, außer wenn ihr dazu berechtigt seid!« Ist es nicht satanisch, dass Männern befohlen wird, ihre Frauen zu schlagen, wenn sie Ungehorsam auch nur befürchten? Ist es nicht satanisch, wenn der Hadith die völlige Vernichtung aller Juden am großen Gerichtstag verkündet, vor allem deswegen, weil der »Messias« ein Jude ist? Wenn der Koran eine rabbinische Erfindung ist, wie ist dann der Islam einzuordnen, der sich auf den Koran beruft?

Es gibt nur eine einzige, gültige Offenbarung, und das ist die Bibel. Es gibt nur einen einzigen Gott, den Gott Abrahams, Isaaks und Jakobs — der nicht etwa mit dem Mondgott Allah gleichzusetzen ist. Darum wird es in der letzten Schlacht am Ende der Tage und am Tag des Jüngsten Gerichtes gehen.

ABSCHLIESSENDE BEMERKUNGEN

In dieses Buch sind die Erfahrungen aus den 48 Jahren meines Lebens und die gemeinsamen Einsichten aus den 27 Jahren Ehe mit meiner in Ägypten aufgewachsenen Frau eingeflossen. Hinzu kommen fünf Jahre Übersetzungsarbeit von islamischen Texten und Pressemeldungen, fünf Jahre intensiven theologischen Studiums von Judentum, Christentum und Islam. Und schließlich lernte ich im Laufe meines Lebens die Größe der westlichen Zivilisation und Demokratie schätzen. In den kommenden Jahren wird viel auf dem Spiel stehen. Die Menschen denken, dass mit dem Abtreten von Nationalsozialismus und Kommunismus von der politischen Bühne alles in Ordnung sei. Ich glaube, dass uns die größte Herausforderung noch bevorsteht.

Und wiederum gilt: Wie man einzelne Deutsche nicht für die schrecklichen Taten eines Adolf Hitler verantwortlich machen kann, noch einzelne Russen für die Exzesse des Kommunismus, so kann man auch einzelnen Moslems die dämonische, böse Strategie des radikalen, fanatischen Islam nicht anlasten — ob er nun seinen Ausgangspunkt im Iran, in Afghanistan, Syrien, dem Sudan, Libyen oder sonstwo hat.

Ich glaube, dass unser aller größter Feind die Unwissenheit ist. Wenn Christen, Juden und Moslems versuchen würden, in brüderlicher Eintracht zusammen zu arbeiten, zusammen zu studieren, gemeinsam zu beten und miteinander zu diskutieren, könnte manches anders sein. Im Christentum und im Judentum gibt es Meinungsverschiedenheiten, selbst unter den treuen Anhängern des Glaubens. Im radikalen Islam dagegen ist Toleranz gegenüber Ungläubigen oder anderen Meinungen nicht möglich. Der Begriff »Ungläubiger« umfasst hier auch Moslems, die den radikalsten und gehässigsten islamischen Extremisten gegenüber nicht loyal und gehorsam sind und sich von ihnen nicht als Werkzeuge gebrauchen lassen wollen. Steven Emerson zeigt Videofilme von Menschen, wie

Scheich Faez Azzam, der sagt: »Die Religion Allahs, gepriesen sei er, muss Skalps aufweisen, muss Märtyrer hervorbringen. Blut muss fließen. Es müssen Frauen zu Witwen werden, Kinder zu Waisen, Hände und andere Glieder müssen abgehackt werden. Menschliche Gliedmaßen müssen überall verstreut und Blut muss überall verspritzt werden, damit die Religion Allahs fest auf ihren Füßen steht« (aus einer Ansprache in Atlanta im Jahre 1990, Ausschnitt aus Emersons Dokumentarfilm »Dschihad in Amerika«).

Die überwiegende Mehrheit der Moslems in den USA wie auch in der übrigen Welt unterschreibt solche Aussagen nicht. Doch gemäß den weltweiten Zielen des Iran, denen zufolge das 21. Jahrhundert das Jahrhundert des Islam sein soll, schließen sich immer mehr Moslems in Amerika diesem Dschihad an oder werden dazu gezwungen. Das Gleiche gilt für den Dschihad in Israel und in der übrigen Welt.

Dieses Problem löst sich nicht von allein. Die Menschheit muss aufwachen und diese globale Bedrohung erkennen, um zu retten, was wir alle hoch schätzen: unsere Freiheit und unsere Zivilisation.

Seitdem ich im Sommer 1994 mit der Zusammenstellung dieses Buches begonnen habe, sind verschiedene neue Faktoren ins Spiel gekommen, die eine unmittelbare Beziehung zu dem überall erfolgenden Vorstoß haben, den ich als die radikale islamische Bedrohung der USA, Israels und der ganzen übrigen Welt betrachte — und der auch die große Mehrheit der Moslems, die nicht zu diesen radikalen, fanatischen, wahnsinnigen Extremisten gehören, bedroht.

In der letzten Juniwoche 1994 erhielt ich ein Paket mit verschiedenen israelischen Zeitungen desselben Monats, die sich in meiner Jerusalemer Wohnung angesammelt hatten. In der Ausgabe vom 15. Juli der *Jerusalem Post* erschien auf einer Innenseite ein kurzer Bericht, der dem internationalen Telegrafendienst entnommen war. Es ging um umfassende Fälschungen von US-Dollars durch den Iran und seinen ehemaligen Feind Irak. Dabei kam heraus, dass hohe Beamte im Finanzministerium in Washington von den Iranern bestochen worden waren und ihnen die Ausrüstung, Technik, Chemikalien und das Papier verkauft hatten, um perfekte 100-Dollar-Noten drucken zu können. Da der Iran ein riesiges Einkommen durch seine Ölquellen hat, hätte er es eigentlich gar nicht nötig, Dollar-Noten zu fälschen. Die Absicht hinter diesem illegalen Druck war die Sabotage der Wirtschaft des »großen Satans«, der USA. Auf der anderen Seite leidet der Irak unter dem wirtschaftlichen Embargo, das der UNO-Sicherheitsrat ihm auferlegt hat. Er braucht Dollars, und – so geht der Bericht weiter – daher gab der Iran den Irakern Hinweise darüber, wer in Washington bestechlich sei. Auf diese Weise sind nun die Iraker ebenfalls groß ins Fälschungsgeschäft eingestiegen – je mehr, desto besser – alles für Dollars, alles, um den »großen Satan« zu erledigen.

Am 22. Juli erschien eine weitere kurze Notiz in der *Jerusalem Post*, wieder aus dem Internationalen Telegrafendienst entnommen. Es ging darum, dass Präsident Clinton gerade eine Anordnung unterschrieben hatte, wonach eine neue US-Währung vorbereitet werden sollte, die die gegenwärtigen Banknoten ersetzen soll. Der Grund seien hochqualifizierte Fälschungen aus dem Iran und dem Irak. Das Bild der Präsidenten würde um 50 Prozent größer sein und Hologramme sollten eingefügt werden, die die Fälschungen erschwerten. Der Bericht besagte, dass diese neue Währung die alte im Jahr 1996 ersetzen sollte. Heute sind die Hundert-Dollar-Noten tatsächlich aus dem Verkehr gezogen und durch neue ersetzt. Eine Möglichkeit, den »großen Satan« Amerika zu vernichten, ist, das Vertrauen in seine Währung zu zerstören.

Am 29. Juli 1994, eine Woche später, hielt ich auf dem Weg zum LaGuardia-Flughafen, wo ich einen Flug nach Orlando gebucht hatte, an einem Zeitungsstand an, um die hebräische Freitagsausgabe der israelischen Zeitungen *Jediot Achronot* und *Ma'ariv* zu kaufen. Auf der zweiten Seite der zweiten Abteilung von *Jediot Achronot* erschien ein kleiner Artikel über eine Operation des FBI in Sachen Stinger-Raketen, die sich einige Tage zuvor in Orlando, Florida, abgespielt haben sollte. Anscheinend wurden ein Iraner und ein Brite vom FBI erwischt, als sie versuchten, 60 Stinger-Flugabwehrraketen zu erwerben.

Ein paar Dinge kamen mir in dieser kurzen Mitteilung merkwürdig vor. Erstens ist es eine bekannte Tatsache, dass etwa 300 Stinger-Raketen vom Krieg in Afghanistan her noch nicht ausgewiesen sind. Für alle, die es nicht wissen oder sich nicht mehr daran erinnern: Durch den Krieg in Afghanistan versuchte die Sowjetunion Afghanistan in den kommunistischen Block zu integrieren. Die USA und der Westen unterstützten natürlich im damaligen Szenario des Kalten Krieges die islamischen Rebellen der Mudschahedin in ihrem Bemühen, die Russen wieder aus Afghanistan zu vertreiben. An dieser Stelle ist wichtig, dass es der Einsatz von Stinger-Raketen war, der sich entscheidend auf die sowjetische Luftverbindung und -versorgung in dem gebirgigen Land auswirkte und die Russen am Ende erkennen ließ, wie teuer und aussichtslos ihre Expedition war. Von den erstklassigen MI-24-Hubschraubern bis zu den schweren Antonov-Transportmaschinen war kein sowjetisches Flugzeug vor den Stinger-Raketen sicher. Zuletzt zogen sich die Russen aus Afghanistan zurück und 300 Stinger-Raketen verblieben in den Händen verschiedener Kampfgruppen im Land. Ich erinnere mich vage an einen Artikel, der vor ein paar Jahren in einigen Zeitungen erschien über einen scharfen Wettstreit zwischen CIA und dem iranischen Savak, um diese 300 Stinger-Raketen zu kaufen. Doch in Anbetracht der Voraussetzungen in diesem Gebiet war es den Iranern wohl möglich, zuerst die Hand auf die Raketen zu legen.

Um nun nach Orlando zurückzukehren: Hier wird sichtbar, dass die »lange iranische Hand« versucht, weitere Stinger-Raketen zu bekommen. Die Frage ist nur: Warum? Als ich später in dieser Woche in einer Kirche in Orlando sprach, stellte ich den Gemeindemitgliedern und Besuchern, die zu meinem Vortrag gekommen waren, diese Frage. Ich sprach von den Fälschungen der Dollar-Noten und der Möglichkeit, auf diesem

Weg die Wirtschaft des »Großen Satans«, wie die USA vom Iran bezeichnet werden, zu zerstören. Eine andere Möglichkeit, dieses Ziel zu erreichen, läge in der Lähmung der nationalen und internationalen Luftfahrt. Wenn die Stinger-Raketen die Russen aus Afghanistan vertreiben konnten, so könnten sie auch den Start oder die Landung eines zivilen Jumbos unmöglich machen — eines jeden Jumbos, einer jeden Fluglinie, in jedem Land.

Und wenn die Iraner tatsächlich daran interessiert sind, in den USA hergestellte Stinger-Raketen zu kaufen, um wie viel leichter wäre es für sie, russische SAM-Raketen zu erwerben? Der Tod von 100 argentinischen Juden beim Bombenanschlag auf das jüdische Zentrum in Buenos Aires im Sommer 1994 hat einen schrecklichen Schock ausgelöst. Um wie viel mehr würde das der Tod von 450 unschuldigen Passagieren in einem amerikanischen Flugzeug auf irgendeinem Flughafen der Welt tun?!

Ein jüdischer Herr, der an jenem Abend in diese Kirche gekommen war, um meinen Vortrag zu hören, stand auf. Offensichtlich war er sehr aufgeregt. Er sagte, sein Kongressabgeordneter Bill McCollum aus dem Bezirk Orlando habe genau das Gleiche berichtet habe über Dollarnoten-Fälschungen und auch über Stinger-Raketen, die eine Bedrohung für die zivile Luftfahrt darstellten. Doch das habe er schon vor vier Jahren geäußert — im Jahre 1990. Der Jude fügte hinzu, dass die Menschen dem Republikaner McCollum nicht geglaubt hätten, weil er im Kongress an vorderster Front im Abwehrkampf gegen den Terrorismus stehe. Die damaligen Zuhörer hatten solche Berichte als maßlos übertrieben betrachtet. Jetzt, vier Jahre später, stehe ich hier und wiederhole die gleichen Aussagen, die der Republikaner McCollum gemacht hatte. Der jüdische Herr stellte dann eine rhetorische Frage: Wenn das realistisch sei, ob dann nichts dagegen getan werde? Und zweitens, ob dann nicht die Menschen ein Recht darauf hätten, es zu erfahren? Meine Antwort lautete: »Danken Sie CNN für O. J. Simpson, weil Sie sonst in Ihren Nachrichtensendungen nichts zu hören bekämen. Es gibt bei den Medien eine Verschwörung des Schwei-

gens in allen Dingen, die den Iran oder den Islam betreffen.«
Übrigens war an jenem Abend auch ein Pastor anwesend, der
über einen lokalen christlichen Rundfunksender etwas über die
FBI-Aktion und die Stinger-Raketen erfahren hatte. Ansonsten
wusste niemand auch nur das Geringste davon.

Im November 1994, auf einer weiteren Vortragsreise,
besuchte ich eine besonders liebenswürdige Gemeinde in
Brownsville, Texas. Nach meinem Vortrag nahmen mich der
Pastor und seine Frau und noch einige nette Paare mit zum
Abendessen in ein Restaurant dieser Stadt. Eine der Damen gab
dabei eine für mich bestürzende Information weiter: Ihr Sohn
hatte zu den »Green Berets« (den grünen Baretten) gehört.
Vor, während und nach den Operationen »Wüstenschild« und
»Wüstensturm« wurde seine Einheit über Notmaßnahmen für
den Fall einer terroristischen Infiltration von Mexiko her in die
USA instruiert. Diese Kräfte ständen bereits entlang der gesamten Grenze — speziell in der Nähe der Stadt Matamoros, gerade
gegenüber von Brownsville. Die erwartete Einschleusung von
Terroristen bezog sich nicht auf Mexikaner, sondern auf radikale islamische Terroristen, die die sehr lockeren Formalitäten
bei der Ein- und Ausreise in die Vereinigten Staaten für sich
ausnutzen wollten.

Hinzu kam, dass ich gerade mit einem neuen Artikel der
israelischen Korrespondentin Sarah Friedman in der hebräischen Tageszeitung *Ma'ariv* aus Israel zurückgekehrt war.
Sie berichtete, wie leicht islamische militante Gruppen die
Grenzen zwischen Argentinien, Brasilien und Paraguay über-
queren können. Ein Muster der internationalen Implikationen
der islamischen Verschwörung wurde deutlicher.

In diesem Buch habe ich bereits über die Killer-Teams
gesprochen, die der Iran nach Europa und Südamerika entsen-
det. Heute gibt es große Gebiete in Lateinamerika — von der
Spitze Argentiniens im Süden bis nach Mexico im Norden —, in
denen Moslems die Freiheit haben, ohne jede Überwachung
mit den Feinden des Islam so zu verfahren, wie es ihnen ange-
messen erscheint.

Nach dem Artikel »Vier Tage in der Stadt des Terrors« von Sarah Friedman, der am 7. Oktober 1994 in *Ma'ariv* erschienen ist, bilden die drei Städte Ciudad del Este in Paraguay, Foz Do Iguaçu in Brasilien und Puerto Iguazu in Nord-Argentinien ein Dreieck, das man allgemein als das »Terror-Dreieck« bezeichnet. Sarah Friedman verbrachte vier Tage in diesem »Hisbollah-Land«. Tausende schiitischer Moslems, die ursprünglich aus dem Libanon und aus Syrien stammen, leben in dieser Region. Sie haben dort Trainingslager für Terroristen, verfügen über Waffen aller Art und natürlich auch über Drogen. Aus dieser Region fließen Gelder in den Libanon und in den Iran und offensichtlich auch zu denen, die verantwortlich waren für die schreckliche Explosion, die hundert Menschenleben im jüdischen Gemeindezentrum von Buenos Aires forderte.

Doch ich denke, der interessanteste Teil des Artikels war der Bericht von einem Einkaufsbummel Sarah Friedmans. Sie ging in ein Waffengeschäft in Ciudad del Este, Paraguay, und erteilte einen Auftrag über verschiedene Schusswaffen, Munition und anderes Zubehör. Dafür leistete sie 150 US-Dollar Anzahlung. Ohne zu zögern gab der Inhaber des Geschäftes ihr eine Quittung und versprach die Auslieferung innerhalb von zwei Wochen. Man kann buchstäblich alles in diesem »Terror-Dreieck« kaufen, von Gewehren bis zu RPGs und Dynamit. Die Armee- und Polizeieinheiten von Argentinien, Brasilien und Paraguay haben — aus Gründen, die nur sie selber kennen — entschieden, sich nicht einzumischen oder irgendwie gegen die Schmuggler und ihre Ware in diesem freien und offenen Grenzbereich einzuschreiten.

Aufgrund privater Informationen kann ich noch eine Erfahrung meiner Schwägerin weitergeben, die sie mir erzählte aus ihrer Zeit als Gesandte mit geheimem Auftrag in Maracaibo, Venezuela. Vor einigen Jahren fuhren sie und ihr Gatte ins kolumbianische Grenzgebiet in die Stadt Macai im Staate Guajira. Dort fanden sie die gesamte Bevölkerung in »Galabiyas« gekleidet (typisch arabische Kleidung, die vom Kopf bis zu den Füßen reicht). Da meine Schwägerin Arabisch versteht, redete sie die Männer, die ihr begegneten, in dieser Sprache an. Sie machten ihr das Angebot, ihr Auto jenseits der Grenze als Schmuggelware zu verkaufen. Sie würden sie sehr gut dafür bezahlen, und dann könnte sie zu Hause in Venezuela die Versicherungssumme beanspruchen. Auch andere Schwarzhandelsgeschäfte schlugen sie ihr vor, zum Beispiel mit Drogen.

Auf einer meiner Vortragsreisen in Colorado Springs im September 1995 sprach ich in einem kleinen Hausbibelkreis, der vor allem von Spanisch sprechenden Amerikanern besucht wurde. Als ich über die islamische Bedrohung für Lateinamerika sprach, erzählte mir eine der jungen Frauen einiges von ihrem Vater, der Kongressabgeordneter der Insel San Andreas in Kolumbien ist. Sie berichtete, dass verschiedentlich Anschläge auf das Leben ihres Vaters durch militante Moslems verübt worden seien. Es sickerte durch, dass die Insel, eine Touristenattraktion, durch eine Invasion von Moslems aus dem Nahen Osten überflutet wurde. Sie hätten eine Menge Immobilien aufgekauft — besonders Hotels —, hätten christliche Angestellte entlassen und sie durch »importierte« Moslems aus dem Nahen Osten ersetzt, die nun an ihrer Stelle arbeiteten. Der Vater der jungen Frau habe versucht, die Interessen der Einheimischen, die kolumbianische Christen sind, gegen die islamische Invasion auf der Insel zu vertreten.

Und noch einmal möchte ich betonen, dass es nicht der Intention dieses Buches entspricht, terroristische Schmuggler aufzuzählen oder die Einwanderung nach Südamerika zu beobachten, sondern zu zeigen, dass die offenen Grenzen ohne Überwachung ein Problem sind. Es herrscht vollständige Freiheit, hin- und herzureisen und mit Konsumgütern, Schmuggelwaren, Drogen oder gar Waffen zu handeln.

Ich habe sogar einen Bericht erhalten, in dem es heißt, dass die Chiapas-Indianer, die sich im Aufruhr gegen die Zentralregierung in Mexico City befinden, ihre Waffen von Moslems bekommen. Das ist nur ein weiteres Zeichen dafür, dass radikale Moslems nach verschiedenen Wegen Ausschau halten, auf denen sie die USA, Mexiko und andere »westliche oder christliche« Länder destabilisieren können. Es wurde sogar in Erwägung gezogen, dass durch die Sabotage an der mexikanischen Wirtschaft und ihrer Währung, des Peso, auch die US-Wirtschaft betroffen sein könnte, weil sie ein Garant der mexikanischen Wirtschaft ist. Zum Glück für den Westen hat Mexiko seine finanziellen Probleme in den Jahren 1995-96 mit Hilfe der USA überwunden.

Im November 1994, einen Monat nach Erscheinen des Artikels von Sarah Friedman in *Ma'ariv*, wurde sowohl in einigen US-Staaten als auch in der übrigen Welt (zum Beispiel in Israel) eine Dokumentarsendung Steven Emersons (früher CNN) über den »Dschihad in Amerika« im Fernsehen gezeigt. Obwohl ich die Sendung in San Antonio in Texas gesehen hatte, weiß ich von den Kirchen im Tal des Rio Grande, dass sie dort nicht gezeigt wurde. Auch in den Regionen von Orlando-Titusville in Florida und im Bereich von Williamsport in Pennsylvania sowie in Tulsa, Oklahoma, war die Sendung nicht gebracht worden – alles Gebiete, in denen ich mich längere Zeit aufgehalten hatte.

Es überraschte mich auch, wie viele Menschen in San Antonio und New York, wo die Sendung ausgestrahlt wurde, sie trotzdem nicht gesehen hatten. Dieser Film müsste immer und immer wieder gezeigt werden, bis alle Amerikaner ihn gesehen haben. Er müsste in Schulen, Kirchen, Synagogen und, ja, sogar in Moscheen gezeigt werden.

Persönlich bin ich der Ansicht, dass Steven Emerson, dessen Leben jetzt durch die islamischen Fanatiker bedroht ist, die Ehrenmedaille des Kongresses für diesen Film verdient. Obwohl ich sicher bin, dass er viel Hilfe von seiten des CIA und des FBI als auch von anderen Agenturen erhielt, um die Videobänder mit den Geheimaufzeichnungen zu bekommen, auf denen zu erkennen ist, was radikale Moslems mit dem »großen Satan« Amerika vorhaben, gilt Emerson doch nicht als »politisch korrekt«. Die Kräfte, die in Amerika gegenwärtig an der Macht sind, wünschen nicht, in irgendeiner Form mit dem Islam oder dem Petrodollar zusammenzustoßen. Tatsächlich zog Steven Emerson es vor, CNN zu verlassen, weil dort eine inhaltliche Zensur des Films vorgenommen werden sollte, Steven Emerson dagegen jedoch seine akademische Integrität wahren wollte.

Im April 1995 explodierte in Oklahoma City vor dem Murrah Federal Building eine Bombe, die 168 oder 169 Menschen das Leben kostete. (Der Unterschied bei der Zählung hat seine Ursache darin, dass man ein überzähliges Bein nicht identifizieren konnte, da es zu keiner der anderen Leichen gehörte und vermutlich das des Selbstmordattentäters John Doe II war.) Nach Emersons Film »Dschihad in Amerika« sollen FBI-Ermittlungen ergeben haben, dass außer dem Bombenanschlag auf die beiden Türme des World Trade Centers in New York City im Februar 1993 fanatische Islamisten langfristige Pläne hegten, auf noch größere und wichtigere Gebäude in den Vereinigten Staaten Bombenattentate auszuüben. Doch trotz dieser Tatsachen und der Überführung von Timothy McVeigh ist der Richter der Ansicht, dass die Beteiligung »internationaler« (sprich: islamistischer) Terroristen nur »wilder Fantasie« entspringt.

Hier gebe ich nun einige Fakten über den Bombenanschlag in Oklahoma City weiter:

1. Aus dem Nahen Osten hatte es vorher Warnungen gegeben. (Aus einem Artikel von Chaim Shibi in der in Israel erscheinenden hebräischen Tageszeitung *Jediot Achronot* vom 20 April 1995, Seite 2.)

2. Der Händler verkaufte den für die Herstellung der Bombe benutzten Kunstdünger an drei Männer aus dem Nahen Osten. Das Material wurde in 80-100 Pfund schwere verstärkte Pappe verpackt, um die Sprengwirkung der Bombe zu erhöhen. Die drei bezahlten diese Düngemittel in bar. (CBS-Nachrichten vom Freitag, den 20. April 1995, 11.30 Uhr.)

3. Die drei Männer wurden auf der Flucht vom Tatort gesehen. Sie saßen in einem braunen Chevrolet, den man später am Dallas-Fort-Worth-Flughafen verlassen vorfand. (Aus dem oben zitierten Artikel von Chaim Shibi.)

4. CNN berichtete, dass die drei Männer aus dem Nahen

Osten im Konvoi mit Timothy McVeigh die Autobahn benutzten, als dieser von der Autobahnpolizei gestoppt wurde. (CNN Öffentliche Verlautbarungen im Auftrag vom FBI, einige Monate nach dem Anschlag.)

5. Radio Teheran berichtete sofort nach dem Sprengstoffanschlag, dass dies eine »innere Auseinandersetzung zwischen den Bürgern des christlichen Amerika« gewesen sei. Woher die Iraner das so bald nach dem Anschlag wissen konnten?

Was die TWA 800 betrifft, so kursieren viele Gerüchte über Dämpfe und Rauch im Treibstofftank, die eine Explosion verursacht haben könnten. Aus diesem Grund lässt man die Theorie vom Abschuss durch eine Rakete fallen.

1. Wie kommt es, dass Augenzeugen eine Rakete in Richtung auf das Flugzeug aufsteigen sahen?

2. Wieso drehte die Maschine der Air France, die unmittelbar nach der TWA startete, steil ab, um den Zusammenstoß mit einer Rakete zu vermeiden?

3. Wieso gaben Laboratorien in Washington zu, man habe explosive chemische Rückstände auf den Tragflächen gefunden?

4. Wieso steht in dem Bericht des Laboratoriums, dass die metallische Struktur der Tragflächen verändert gewesen sei … dass das Schmelzen des Metalls nur durch explosive Chemikalien verursacht worden sein konnte … dass eine Treibstofftankexplosion niemals eine solche Hitze hätte erzeugen können, dass das Metall der Tragflächen geschmolzen wäre?

5. Es gab mindestens zwei Piloten der Luftwaffe, die eine Rakete aufsteigen sahen, wahrscheinlich eine sowjetische SAM-Rakete, die die TWA 800 traf.

Sind das alles wirklich nur wilde Fantastereien oder wird hier etwas bewusst vertuscht? Und noch einmal: In Steven Emersons Film »Dschihad in Amerika« deckt der FBI im November 1994 die Tatsachen auf, dass zu den Plänen der fanatischen Moslems Angriffe auf Flugzeuge gehören. Hätte Amerika nicht gewarnt sein sollen?

In Hosea 4,6 steht: »Mein Volk ist dahin, weil es ohne Erkenntnis ist.« Ich fühle mich verpflichtet, dieses Wissen weiter zu vermitteln. Im November 1996 wurde ein Bericht an den Kongress der Vereinigten Staaten von Amerika vorbereitet, und zwar von der Anti-Terrorism Task Force On Unconventional Warfare, über einen bevorstehenden Krieg im Nahen Osten. Doch die meisten Amerikaner und selbst Israelis wissen nichts davon. Meine Sorge ist, dass wenn das alles geschieht, nicht nur ein Krieg gegen Israel daraus entsteht, sondern auch ein Krieg gegen Amerika. Vielleicht wird die Wirtschaft Amerikas, vielleicht die Weltwirtschaft zusammenbrechen bei dem internationalen Krieg des Terrorismus, den der fanatische Islam führen wird.

In Hesekiel 33,6 steht: »Wenn aber der Wächter das Schwert kommen sieht und nicht die Posaune bläst und sein Volk nicht warnt und das Schwert kommt und nimmt einen von ihnen weg, so wird der wohl um seiner Sünde willen weggenommen; aber sein Blut will ich von der Hand des Wächters fordern.« Das ist der Grund, warum ich — bei all den Risiken, die das einschließt — dieses Buch geschrieben habe. Der fanatische Islam ist eine globale Bedrohung. Und Gott wird uns alle entsprechend richten.

hänssler

Christine Schirrmacher
Der Islam

Geschichte – Lehre – Unterschiede zum Christentum
2 Bände im Set, gb., ca. 750 S.
Nr. 394.092, ISBN 3-7751-4092-1

Diese Einführung in den Islam spricht in allgemeinverständlicher Weise Themen an, die für das Verständnis der islamischen Welt sehr hilfreich sind. Dabei geht die Autorin u. a. auf die Geschichte dieser Religion, seines Propheten Muhammad und die Entstehung des Korans ein. Auch aktuelle Themen wie »Islamischer Fundamentalismus« oder das Thema »Frau im Islam« werden angesprochen.
Das Ziel des Buches ist eine fundierte Darstellung des Islam. Dabei wird durch eine sachliche Argumentation auf die Unterschiede zum Christentum hingewiesen.
Mit zahlreichen Erklärungen zu Fachbegriffen und Literaturhinweisen.

Bitte fragen Sie in Ihrer Buchhandlung danach!
Oder schreiben Sie an den Hänssler Verlag,
D-71087 Holzgerlingen.

hänssler

Informativ, provokativ und zukunftsweisend:
In unserer **Reihe »Kontroverses«** finden Sie Bücher zu
aktuellen Themen unserer Zeit.
In dieser Reihe sind bereits erschienen:

Georg Huntemann
Die Selbstzerstörung des Christentums überwinden
Pb., 280 S.,
Nr. 392.930, ISBN 3-7751-2930-8

Gerhard Besier
Konzern Kirche
Das Evangelium und die Macht des Geldes
Pb., 260 S.,
Nr. 392.858, ISBN 3-7751-2858-1

Klaus Wagn
Die Abschaffung des Geistes durch die Moderne
Pb., 190 S.,
Nr. 392.789, ISBN 3-7751-2789-5

Bitte fragen Sie in Ihrer Buchhandlung nach diesen Büchern!
Oder schreiben Sie an den Hänssler Verlag,
D-71087 Holzgerlingen.